U0035378

晚清遺事續編

高伯雨等——原著
蔡登山——主編

《晚清遺事》（正、續編）編輯前言

蔡登山

早在十多年前當時筆者常在中研院圖書館找資料，屢屢翻閱諸多港台老舊文史雜誌，見到有好的文章就隨手影印下來，時日既久，累積文章之多，可謂盈千累萬，但苦無時間整理。直至二〇一四年間，見堆積之文章已氾濫成災，乃費時分類整理出一部份，將之編輯成書，分別有《袁世凱的開場與收場》、《北洋軍閥：雄霸一方》、《北洋軍閥：潰敗滅亡》、《太陽旗下的傀儡：滿洲國、華北政權與川島芳子秘話》諸書之出版，然而這僅是我蒐集的這些資料的一小部分而已，但礙於沒時間整理，其餘也就繼續擱著。這兩年適逢疫情肆虐及中研院近史所圖書館外觀在整修，院外人士無法入內，於是我就利用這段時間把這舊有的資料再整理一下，將陸續編出《晚清遺事》（正、續編）、《民初珍史》、《抗戰紀聞》諸書。

這些文章幾乎都是香港雜誌居多，他們當時十之八九都用的是筆名（甚至臨時隨意採用一個名字），因此真實姓名就很難查考，雖是如此，但其所寫的文章卻都是親歷親聞，有根有據的，這批執筆者學問都很好，或為遺老或因政治原因寓居香江，他們之前都曾任要職，如「花寫影」者，從文章得知是位將領級的人物，但其詩詞古文的造詣又極高，可惜真實姓名無從查考。其他的諸多作者情況亦然。而用真實姓名的如費子彬，其祖籍江蘇武進的孟河，他的遠祖費宏，在明世宗朝官居首輔，因鑑於宦海多故，勉子孫勿再從政，開始以醫為業。計自明中葉以迄有清一代，孟河費氏之醫學，代有傳人，亘數百年之久而盛譽不衰。清代著名文人如俞樾、翁同龢、李慈銘等人的著作，都有關於孟河費氏醫藥之記載。尤以從不輕許人的李慈銘，在其《越縵堂日記》中推崇孟河費伯雄為「當代第一名醫」。費伯雄有獨子費畹滋，通六藝，精書畫，著有《舌鑑》、《群方警要》二書，皆為醫學名著。畹滋有三子，其中老三費惠甫，就是費子彬的父親。費子彬儘管家學淵源，但他並不急於繼承醫道。在他裘馬少年時代即遠走京華，公卿笑傲，極得段祺瑞之器重。燕都本為人文薈萃之區，他所結交的又都屬當代碩彥，側帽歌場，寄情詩酒，又誰知他從政之外，還懷有濟世活人之絕學？到了一九二六年秋，他南旋上海，在靜安寺路鳴玉坊，創設孟河費氏醫院。當時求者紛沓，有醫門如市之盛。其所以如此，不但是由於三百多年的名醫世家，還在於費子彬對於治症有獨擅的心得，所謂「輕藥治重症」，這是中醫最難達到的造詣，譬之太極拳術之「四兩撥千金」，寥寥幾味草藥，卻讓您藥到病除，不費吹灰之力。一九四九年春，費子彬由上海南下，懸壺濟世於香江數十年。費子彬於龔定盦詩集研讀甚精，掩卷背誦，無所揫肘，故其於診務之餘，遣興寄情，每就龔句剪裁，綴集渾融，天衣無縫，曾寫有《古玉虹樓集龔定厂詩》。至於宋訓倫字馨菴，號心冷，原籍浙江吳興，生於福州，移居上海，幼承家學，身受古典庭訓，一九三二年畢業於國立中央大學，先後供職於浙江地方銀行、上海中國銀行總行、香港郵政儲金匯業局等，一九四九年後，離滬寓港，服務於香港航運巨擘經營之輪船公司三十餘年，後寓泰國曼谷。他賦詩填詞以寄託情興，文辭燦燦而有勝趣，曾匯集詞作與論詞相關文稿成《聲菴詞稿》一書。而劉豁公，安徽桐城人。近代戲劇理論家。在上海主要從事戲曲創作和理論研究，與京劇理論家馮小隱、姚哀民、楊塵因等編輯《鞠部叢刊》，發表了不少關於京劇名伶的評價文章。出版《京劇考證二百齣》、《戲學大全》、《梅郎集暨新曲本》，還親自創作戲劇，編輯、撰寫通俗小說，又主編《戲劇月刊》，奠定了他在戲劇評論界的重要地位。策劃和運作了「四大名旦」的選舉，所出《梅蘭芳》、《尚小雲》、《程硯秋》、《荀慧生‧言菊朋》、《譚鑫培》、《楊小樓》六個專號，為後來研究中國近代戲曲史，提供了珍貴的史料。一九四九年以後來臺，除在雜誌報刊發表文章外，亦主編《戲劇叢談》不定期刊物。近日我蒐集他來台後的文章，有《劉豁公文存》一書出版。

而書中的「林熙」、「竹坡」、「洛生」、「高伯雨」、「楊竹樓」都是高伯雨的筆名，其中「楊竹樓」之筆名，我透過香港著名的收藏家和掌故家許禮平先生詢問其女兒高季子女士說不知他父親有此筆名，但我根據其文章內容，行文風格，引用文獻，判斷還是他，其中的鐵證是楊竹樓在〈記辜鴻銘這個怪人〉中有寫到「這個王某畢業後，在貝滿女子中學教物理，有一個時期，他住北辰宮寄宿舍，和我的房間相對，我一見到他，就想起辜鴻銘的影響之大。」而高伯雨曾以「林熙」的筆名寫有〈我和北平的北辰宮公寓〉（發表於一九八〇年十一月一日出版的《大成》雜誌）時間上是在一九三四年，是完全吻合的。高伯雨原名秉蔭，又名貞白，筆名有超過二十五個之多，是著名的掌故大家。在港期間，高伯雨編過晚報副刊，為報紙寫過稿，也開過畫展（因他曾隨溥心畬習畫，從楊千里習篆刻），更辦過文史刊物《大華》雜誌。但終其一生，可說寫稿為生，一寫就是五十多年，他曾自嘲為「稿匠」。據保守估計他一生所寫文字當有千萬字之多。然而令人遺憾的是，如此龐大的著作，最後結集出版的只有以「聽雨樓」命名的文集五種（一九九八年遼寧教育出版社出版的《聽雨樓隨筆》，還在高氏去世之後），及以秦仲龢為名翻譯的《紫禁城的黃昏》和《英使謁見乾隆紀實》。其他還有幾種雜著，如《乾隆慈禧陵墓被盜記》、《中國歷史文物趣談》、《春風廬聯話》、《歐美文壇逸話》等，但都是戔戔小冊。直至二〇一二年香港牛津出版社整理出版高氏著作十巨冊《聽雨樓隨筆》，其中多冊是首次結集出版。有的是在《大華》雜誌的、有的是在《信報》的專欄，都屬於較短小精幹的文章。二〇一六年許禮平撰寫《掌故家高貞白》一書出版（香港牛津出版社）。

《晚清遺事》內容極為豐富，可謂琳瑯滿目，美不勝收，而由於篇幅過大，因此分為正、續編出版。書中提及的人物有龔定盦、袁子才、王湘綺、曾國藩、左宗棠、李鴻章、張之洞、張謇、載灃、端方、夏壽田、羅振玉、哈同、曾紀芬、陳三立、譚嗣同、吳保初、丁惠康、辜鴻銘、胡雪巖、袁世凱、張佩綸、彭玉麟、翁同龢、瞿鴻禨、李文田、寶竹坡、吳樾、楊崇伊、咸豐皇帝、慶親王、康有為、徐世昌、清道人、盛宣懷、冒鶴亭、溥心畬、溥雪齋、溥傑、嵯峨浩等等。涵蓋的範圍非常廣，有皇帝王公大臣、疆吏大員、名士才子、財閥讒臣、富商烈士、王孫畫家等等不一而足。而如曾國藩、左宗棠、李鴻章、張之洞、張謇、辜鴻銘、王緗綺、溥心畬等人更同時有多篇文章來描述他們，從不同的角度切入，讓你能做一更全面的觀照。

相傳晚清咸（豐）同（治）中興諸賢，有撰聯語，或單句，或錄古人格言，懸諸座右，以作警惕自勉習慣；此習慣起於陶澍、林則徐等督兩江時，而盛於文正（曾國藩）時代。花寫影在〈晚清中興名賢聯話〉中提及清同治年間，欽差大臣沈葆楨來台籌辦防務，上疏朝廷，為鄭成功追謚建祠，列入祀典。將開山王廟擴建成「明延平郡王祠」。沈葆楨親撰聯曰：

開萬古得未曾有之奇，洪荒留此山川，作遺民世界；
極一生無可如何之遇，缺憾還諸天地，是刱格完人。

有「同治甲戌冬月穀旦，巡臺使者沈葆楨敬書」字樣。此聯寫出鄭成功當年之處境，最為貼切，讓其餘諸聯為之失色！沈葆楨是林則徐的乘龍快婿，其才識學力，實不在張之洞、李鴻章之下，為船政大臣，連膺疆寄。花寫影寫〈曾國藩薄皇帝而不為〉談到諸將領都想擁曾國藩而自立為王，但沒想到曾國藩卻光風霽月，朗朗乾坤，「不為」就是「不為」，決不是可為不可為，更不是敢不敢為，或能不能為，而是壓根兒不想為。於是他提筆寫下：

倚天照海花無數；
流水高山心自知。

我們更冥想當文正為此聯時，其浩氣流轉，襟懷磊落之概，已穆然躍於紙上！而其對諸將手寫此聯時之手揮目送，無人無我意態，所謂高也明也！悠也久也！感人之深也！而林斌寫〈談談曾國藩的私生活〉其中有談到曾國藩善於觀人，曾國藩有他一套的說法：「邪正看眼鼻」「真假看嘴唇」，「功名看器宇」，「事業看精神」，「壽夭看指爪」，「風波看跟腳」，「若要看條理，盡在語言中」。一日李鴻章令淮勇中三位將領往見國藩，次日李往問究竟，曾氏對李說：「昨天臉上有痲子那一位，將來功名事業，恐不有你我之下；那個子高高的也很好；至於那位身材短小的，前途有限，將來頂多做一個道員罷了。」李問曾氏何以見得？國藩說：「他們三人來時，我叫他們在我大廳閣子外面階臺上站著，始終沒有正式見面，沒同他們說一句話，大約快有兩個時辰，我就叫他們走了。在這中間，那位痲子認為我不傳見他們，叫他們站立許久，是一種恥辱，因此面紅耳赤，大有攘袖揎拳、要打人之勢，可見他有大丈夫威武不能屈的氣概。那位高個子，在這很長的時間中，始終彬彬有禮，毫無倦容的站著，表示此人沉毅有為，亦是絕好的人才。你知道，我大廳內，有一個穿衣鏡，我這一兩個時辰中間，在廳內兩頭走動，無論我面對他們，或背對著他們，所有他們一舉一動，我都看得十分清楚。當我面對他們的時候，那個矮個子恭恭敬敬的站好；我背過去，他就隨便懈怠下來，有時還向那兩位嬉笑，這種人，實在沒有多大出息。」。而所謂有痲子的，是劉銘傳，大個子是張樹聲。矮小的一位，是吳××。後來他們的成就正如曾國藩所料者也。

高伯雨（竹坡）的〈閒來無事話狀元〉談到說起狀元之矜貴，真是世上無雙，較諸今日鍍金的洋博士要名貴千百倍。三年出一個狀元，已經難得了，何況這名狀元又是從全國那幾十萬個讀書人中考出來的一個第一名。舊時代的女子以嫁得狀元郎為榮，故此舊小說、戲曲、彈詞等，都是小生落難、小姐後花園贈金、高中狀元後奉旨完婚那一套。試問博士有否乎？而他以林熙筆名寫的〈中國第一位實業家：張謇中狀元記〉及費子彬的〈南通狀元張謇外史〉，澤蒼的〈從張謇跪接西太后說起〉到鈞天的〈張季直在開國前後的重要事蹟〉這幾篇都在寫張謇，也就是張季直，他是晚清狀元，是南通著名的實業家。在南通隨處可見張謇所創之事業，如公園、博物院、天文臺、圖書館、通州師範、女工傳習所。後人常盛讚張季直：「當清民交替之際，國人談教育，談實業，談自治者，必首舉南通，事雖發動於一隅，而影響及於全國。」

聞愚的〈李鴻章對待洋人有一套手法〉和思遙的〈李鴻章出使瑣事〉都在寫李鴻章與外國人打交道的情況。李鴻章是清代咸同中興名臣之一，其後更迭主外交事務，成為中外知名的人物。當時李氏譽滿天下，謗亦隨之。譽之者稱他忍辱負重，老成謀國；毀之者罵他媚外辱國，甚至加以「漢奸」的頭銜。而李鴻章遺疏有無保薦袁世凱，曾引起過爭論。高山流的文章說他閱過全文，其中並無保薦任何人繼任直督的話，這是事實。由此，可證流傳或不足信。袁世凱以戊戌告密，簾眷至隆，拳亂保障一方，又頗博時譽，兼有榮祿在內奧援，復得洋人之推重，擢督畿輔，固不必恃文忠之保薦也。但花寫影的文章則有不同的看法，他說徐世昌曾告訴他當時于式枚（晦若）曾用「附片」代合肥（李鴻章）草疏薦袁，有「環顧宇內人才，無出世凱右者！」。袁世凱有致于晦若函云：「……此雖出節相之口授，實亦由足下之玉成，弟當詔示子孫，永銘大德！茲隨函奉上骨董八件（另附一單於函末），戔戔之物，聊表謝忱……」看了袁氏此函，則合肥臨逝前，有薦袁一疏，殆為事實。

鈞天的〈左宗棠與胡光墉一段深厚關係〉和鐘起鳳的〈晚清江浙活財神胡雪巖興衰史〉談的就是「紅頂商人」胡雪巖（光墉）的故事。胡雪巖為清末之江浙巨富，長袖善舞，曾有「活財神」之稱。左宗棠征新疆時，他在滬杭專責為左氏料理軍餉武器的採辦轉運諸務，並經常借墊巨款，供前方支付軍餉，為當時左氏最得力的助手。胡雪巖以金融業和國際貿易崛起，涉身龐大的政商勾結系統，他前後和王有齡、蔣益澧、左宗棠等疆吏權臣互相利用，不斷提升層次。做為他政治靠山的疆吏權位愈高，他的事業和信用也水漲船高、急速擴張。他龐大的關係企業建立在政商一體兩面的信用擴張上，他的金錢王國也潰敗於斯。小說家高陽曾寫過胡雪巖系列小說六冊：包括《胡雪巖》（上）（中）（下）、《紅頂商人》、《燈火樓臺》（上）（下）轟動一時，而其取材卻是在此真實的史料中。

高伯雨還有一篇談及〈曾國藩的幼女崇德老人〉這和同為掌故大家的徐一士的〈讀崇德老人紀念冊〉有異曲同工之巧合，似乎這本《崇德老人自訂年譜》成了掌故家必讀的書。崇德老人其實就是曾國藩的幼女曾紀芬，書中記載了曾紀芬後來嫁給了聶緝槼（仲芳），因此該年譜可視為聶家與曾家整個家族史，甚為好看，也是難得一見的豐富珍貴史料，是研究掌故者的瑰寶。其中談到曾紀澤的日記中對聶仲芳負面的評語，左宗棠認為「日記云云，是劼剛一時失檢，未可據為定評」。但關於曾紀澤光緒四年九月十五日的這段日記，據高伯雨說僅見於最早的《曾侯日記》（光緒七年秋申報館仿聚珍版排印，尊聞閣主人編），而後來的《曾惠敏公日記》，（見《曾惠敏公遺集》，光緒十九年江南製造總局刊印），及曾紀澤的孫子曾約農在臺灣影印的《曾惠敏公手寫日記》，（見吳相湘主編之《中國史學叢書》第十三輯，臺灣學生書局一九六五年據手稿影印出版。）均找不到此段記載。高伯雨認為「曾紀澤一定後來因妹夫已漸『生性』，而且也出來替皇上辦事了，不好留下這些話給子孫，傷了兩家的感情，於是把這天的日記重寫，不留一些塗抹之跡。」由此可見日記也可以刪改的，例如《翁同龢日記》手稿本也有過挖補的痕跡。另外曾紀芬記錄光緒八年時任兩江總督的左宗棠約她見面的情形。原來十年前，擔任兩江總督之任的正是曾國藩，那時候曾紀芬尚待字閨中，隨父母一同住在這座府邸裡。曾紀芬說：「別此地正十年，撫今追昔，百感交集，故其後文襄雖屢次詢及，余終不願往」。左宗棠知悉其意後，特意打開總督府的正門，派人把曾紀芬請進去。曾紀芬在其《自訂年譜》中云：「肩輿直至三堂，下輿相見禮畢，文襄謂余曰：『文正是壬申生耶？』余曰：『辛未也。』文襄曰：『然則長吾一歲，宜以叔父視吾矣。』因令余周視署中，重尋十年前臥起之室，余敬諾之。」左宗棠與曾紀芬這段對話，非常精妙。曾國藩長左宗棠一歲，左宗棠固久知之，此處顯然是故意說錯曾國藩的生年，然後借機搭話，向曾紀芬表達關照的意願，做得自然而然、不露痕跡。然後左宗棠很暖心地陪著曾紀芬找到了當年她曾經住過的起居之室。可以想像當時曾紀芬的內心，會是何等的溫暖。都說官場人情淡薄，而左宗棠卻在曾國藩故去多年之後，把他心底最溫情的父輩之情給了曾紀芬。後來曾國荃到南京時，曾紀芬還回憶道：「嗣後忠襄公（按：曾國荃）至寧，文襄語及之曰：『滿小姐已認吾家為其外家矣。』湘俗謂小者曰滿，故以稱余也。」——也就是說，左宗棠認為自己家就是曾國藩小女曾紀芬的娘家了。

以上僅能鼎爐一嘗，書不盡意。非常感謝這些精彩的作者群，雖然十之八九不知真實姓名，或有的知道但也聯繫不上後人，在此僅能致上萬分謝忱。感謝許禮平兄幫我聯繫上香港的高伯雨女兒高季子女士，蒙其應允收錄其父親的幾篇文章，以光篇幅。而在台北的著名建築設計師宋緒康兄也答應我收錄其父親宋訓倫的文章，並贈送我其父的著作《聲菴詞稿》一書，該書在宋訓倫生前就已出版，當時還請翻譯《紅樓夢》的英國著名漢學家閔福德（John Minford）譯成英文，中英並存。更難得是附有錄音，把詞真正地唱出來，別開詞壇的新境界。這些都是值得我再三感謝的，附記於此，以誌莫忘。

目次

《晚清遺事》（正、續編）編輯前言／蔡登山 3
曾國藩薄皇帝而不為／花寫影 23
一張小紙條事關重大 24
王湘綺罵曾不受抬舉 25
左宗棠示意鼎似可問 26
胡林翼尾批妙不可言 27
雷霆雨露一例是春風 28
張裕釗聯語獨受歎賞 29
書聯示意絕不做皇帝 30
金陵幾可立即變陳橋 32
王湘綺一聯有段經過 33
曾九帥還會玩點魔術 34
曾九打仗罵仗一樣行 35
文正絕招在從容二字 36
終身奉行三勤不稍懈 37
為武侯以後的第一人 38
談談曾國藩的私生活／林斌 41
——用人先看相 41
——圍棋癮最濃 44
——納妾甚勉強 47

晚清江浙活財神胡雪巖興衰史／鐘起鳳　50
胡雪巖受知於左宗棠　50
採辦外洋槍炮的能手　52
借墊巨款曾引起物議　53
創設船政局與織造局　54
舊社會大商家的作風　55
翎頂輝煌賞穿黃馬褂　56
經營絲繭出口蝕大本　57
錢莊倒閉又革職查抄　58
戶部要追算十年舊賬　59
左宗棠曾經出面辯護　60
曾國荃亦曾說公道話　61
遣散群姬每人五百金　63
李鴻章出使瑣事／思遙　65
不吃牛眼睛　66
拒舞與觀操　67
棺材隨身帶　67
猛吸雪茄烟　68
贈杖與植樹　69
李鴻章究有無遺疏保薦袁世凱？
——並紀張佩綸成為合肥女婿的一段故事
／花寫影　70
合肥遺疏係于式枚代擬　71
合肥逝前確有薦袁一疏　72
合肥幼女為張佩綸繼室　73
喪師沉船閩人恨張入骨　74

「祖玄女史」獨同情張氏 75
閩人為張建敗績紀恥碑 77

彭玉麟、張之洞是否真能「和衷共事」？／花寫影 79
彭玉麟致友函牢騷滿腹 79
對張香濤不望同為君子 81
翁同龢對張詩見微知著 82
張之洞喜阿諛愈老愈篤 83
彭玉麟謚剛直死而不朽 84
彭張兩人始終貌合神離 85
各方責文襄有負彭剛直 86
得謚文正、忠武屬殊榮 88
左宗棠對謚號斤斤計較 89

李鴻章遺疏並未保薦袁世凱／高山流 90
「金匱留名」有段古 90
李氏「遺疏」未提袁 91
資望雖淺簾眷甚隆 93

閒話晚清幾位名臣的遭際
——由翁同龢、瞿鴻禨、李文田說到寶竹坡／梅僧 95
翁瞿兩軍機先後被罷免 95
拉攏岑春煊仍難敵慶袁 96
瞿鴻禨相貌很似同治帝 97
李文田能講實學未大用 98
一條光棍起平空的原詩 100
寶竹坡娶船家女而罷官 102

王細綺「空有文章驚四海」！／羅石補 104
（一） 104
（二） 106
（三） 108
（四） 110
清末吳樾血濺北京前門車站／光華 113
吳張柳事蹟未受沾染 114
張榕是濟南世家子弟 114
漸漸接受了革命思想 116
張公子不喜歡東洋人 117
結識了很多南方朋友 118
吳樾的身世知者不多 119
張榕僮僕談一段往事 119
兩人又結識了柳聘儂 120
藉口投考結伴到北京 121
赴京目的在擒賊擒王 122
買來舊手槍竟是廢物 123
試槍失敗再試製炸彈 124
終於製成了引爆銀藥 125
慷慨赴死是英雄心理 126
機會來臨五大臣出國 127
計劃週詳作最後準備 127
吳樾身上掛兩顆炸彈 128
站台外聽到轟然一響 129
整個事件死了一個人 130
戊戌政變中楊崇伊密奏慈禧首先發難／從龍 131
樂於做守舊派的鷹犬 131
劾康有為疏參文廷式 132

政變前三日首請訓政 134
王大軍機家碰一軟釘 135
戰戰兢兢求見李總管 136
慈禧對功狗未加擢賞 138
康有為口述戊戌政變的因果／三無廬主 139
康氏逃抵香港接受訪問 139
他具有驚人的現代知識 140
先說西太后再說李蓮英 141
高燮曾李端棻與翁同龢 142
與總理衙門各大臣會談 143
建議設立十二個新部門 144
恭親王與榮祿皆表反對 145
仁壽宮召見奏對兩小時 146
要用年青精明強幹之士 148
皇上無權力黜革舊官僚 149
廢科舉建立新考試制度 150
危險信號何時開始出現 151
從天津經煙台抵吳淞口 152
皇上賞賜我二千兩紋銀 154
與徐世昌談清末民初政海趣聞／花寫影 156
段祺瑞難得大事不糊塗 156
徐世昌太息宰相不易做 157
約晤徐東海避免談政治 158
徐氏一生最服膺幾個人 159
不誠無物袁兼上智下愚 160
東海心許之文武兩人物 161
李鴻章投文正門下經過 162
文忠升擢快過擲陞官圖 163

東海藏百硯皆世間珍品 164
每日必臨聖教序二百字 165
東海詩集絕無哀感氣息 168
左宗棠自輓聯雄偉奇詭 169
陳寶琛題《天風海濤館圖》 171
袁世凱自負有名將之才 172
王公大臣薦袁督練新軍 173
項城力爭新軍全部皆新 174
中上級幹部以人才為準 174
相幹部學自文正與文忠 175
據軍隊為工具始自老袁 176
小站保定黃埔名震全國 176
項城命眾僚屬入房尋寶 177
袁氏此舉實屬意義深長 178
寶物原來是一塊「馬版」 179
版上勒鑄成吉思汗手令 179
曹錕才氣平庸福澤深厚 180
曹錕被囚馬版輾轉易手 181
蔣公當年亦囑學生尋寶 182
小站黃埔各有不同之點 182

咸豐一家的戲癖／劉谿公 184
我所知道的「慶記公司」／劉谿公 203
書法家清道人的逸事趣聞／祝味菊 207
改裝道士租界充遺老 208
煞有介事爭過氣官印 209
廉潔自守賣字討生活 210
覆信訴苦匪徒受感動 211
並非同道拒作發起人 214
以勞易食埋骨牛首山 216

盛宣懷的兒女／巢甫 218
八子八女兩妻五妾 218
長子死於縱慾 219
盛老四對四字著迷 221
正月初四盛老四死 222
盛老七一夕賭輸七十萬 223
盛宣懷的家產／汪大士 225
記冒鶴亭／高伯雨 227
記兩個王孫畫家：溥心畬與溥雪齋／胡天月 243
載澂不肖引同治冶遊 243
強搶婦女被恭王圈禁 245
拳亂罪名盡諉過親貴 246
懷恨恭王特懲治載瀅 247
罪名忤逆載澍遭重辦 248
慈禧最忌人夫婦和美 250
清末親貴都會唱京戲 251
舊王孫溥心畬／宋訓倫 252
西山逸士的幾段逸事／萬大鋐 262
（一）三絕馳名 262
（二）書畫自評 263
（三）求畫之道 265
（四）王孫生涯 267
（五）凜然大節 269
（六）安貧樂道 273
（七）生活趣事 276
（八）仁者不壽 279

附錄：
溥傑與浩子一段政治性婚姻經過／思瑤　281
道光皇帝四代女孫　281
溥傑改名清水次雄　282
日人撮合別具用心　283
浩子婚後極盡恭順　284
痛失愛女溥傑何堪　285
溥儀姪女在日本殉情記往／朱顏　287
發現了一雙殉情的男女　287
慧生大久保是同級同學　288
迫使慧生和大久保絕交　289
思想太進步儲蓄為死亡　290
到靜岡縣天城山去旅行　291
兩人並未發生肉體關係　292
慧生家人堅決拒絕合葬　294
嵯峨浩對溥傑情深一往／遼東舊侶　295
從偽滿帝位繼承法說起　295
溥傑十四歲的自傳　296
嵯峨浩為貴族家世顯赫　298
異國姻緣乃由軍方內定　299
只想做畫家並不想結婚　300
見到溥傑大家都喜歡他　301
婚後在千葉縣租屋而居　302
他倆呈給溥儀的幾封信　304
滿洲皇帝退位黯然收場　305
嵯峨在北京見到了家翁　307
搭上了最後一班遣俘船　308
山河雖依舊人事已全非　310
母女慶重逢太后曾召見　311
偽滿一批金條運日失踪　312

溥傑從伯力寄來明信片 313
慧生寫信給周恩來求助 314
是學習院國文科高材生 316
溥心畬訪日本欣逢姪女 317
溥儀與溥傑仍覊留撫順 318
殉情前曾給老師一封信 319
謫紅塵傷心徒喚奈何天 321

曾國藩薄皇帝而不為

花寫影

胡文忠（林翼）贈曾文正（國藩）一聯，聯曰：

用霹靈手段；
顯菩薩心腸。

上款書「滌翁壽」三字。下款書「潤之胡林翼」五字。滌翁者，文正別字滌生也。聯筆縱橫馳騁，如長槍大戟，其豪邁恣肆之處，酷肖文忠為人，迥與平日所為書異，倘將語意筆致，治貫起來，大有《水滸傳》裏，黑旋風李逵，用大板斧，掩殺了來神氣。對看過久，令人頓生寒意，合眼一想，又令人有如太原公子所稱：魏徵最難相與，但覺有嫵媚感。怪不得翁同龢相國讀《胡文忠遺集》，有「光芒萬丈，吾安得從斯人遊」之歎！此聯原藏彭笙陔家，彭為研究周易與明史之權威學者，在文正家講學，前後近二十年，其所撰筆記原稿二厚冊，多縷述在曾家時，所聞見之各種重要文獻與逸聞，而世所謂不傳之謎之李秀成（太平天國忠王）函文正勸進原稿，亦存彭家。筆者少時以好奇，曾閱讀數次，尚能記其大略，併同其所收集之各方面手札、筆記、聯帖、詩章等，容他日另述，以公諸愛好讀文正時代逸聞者。茲且單說上聯一段不平凡來歷。

一張小紙條事關重大

另據筆者所藏文正幕僚署名楚狂者，所著手鈔本《投筆漫談》，其中一段載：「昨胡公（指胡林翼）來謁公（指文正），親送此聯（即上述聯），公極為激賞。胡臨行。遺一小紙條於案次，公方去送胡，余偶趨視，則赫然『東南半壁無主，我公其有意乎！』十二字。余驚駭，即退離室，俄而公入室，當必看到此紙條。……」

按當時三湘間，曾盛傳胡林翼等，有勸文正「自為」之意，今將胡氏所贈之聯，與挾以俱來之小紙條並加推理，所謂事出有因，不無微諷，其然？豈其然乎！

《投筆漫談》又載：「……王壬秋（湘綺）來謁公，語刺刺不休，公惟唯唯。而以指醮杯中茶汁，頗有所點畫。適公因他事少離座（筆者以為係故意離座），王竊起視，則所畫者，皆「荒謬」二字……。」

大概文正以其書生狂縱，避之若凂，特取此半幽默態度，逼王收科，故王別曾幕諸友詩，有「我慚携短劍，真為看山來」之句。

陳石遺以詩人眼光，謂二語殊冷雋！而不知此中固大有事在，只是「行不得也」，則看山亦可解嘲。後人謂湘綺〈齊河中道〉一詩，是決定其一生出處者，余謂此詩乃真令其絕緣仕路者也。故湘綺自輓聯有：「縱橫計不售，空留高詠滿江山」之句，亦不自諱其為縱橫者流耳。

王湘綺罵曾不受抬舉

我讀中學時，從郭復初、李少聃兩先生學為古文詞。兩先生亦均謂湘綺主衡陽及成都講席時，每對諸生大罵：「曾大不受抬舉！」曾大者，指曾文正在諸昆季中行長故也。今觀其詩與其罵，殆不甘心於「荒謬」二字，而決不是單純「悠然見南山」已也。

再證以湘綺老人手寫送郭筠仙（嵩燾）赴粵撫任詩序，序中亦借「運會有嬗遞，大器有移轉」為言，其「是可取而代也」之意，猶表露字裏行間。我真佩服此老頑強到底，決不怕誅九族。及文正薨，此老輓以聯曰：

平生以霍子孟張叔大自期，異地不同功，戡定僅傳方面略；
經術在紀河間阮儀徵之上，致身何太早，龍蛇遺恨禮堂書。

細味聯意，表面雖不再提往事，但總痛惜文正之不能起碼做到霍光輩，則往事固還在心頭。前見黃旭初先生在本刊撰有「李秀成供詞，被曾國藩刪毀一部份，希有好事者，能加證說，以解此百年之謎」等語。我本想就平日所饜聞於湘中故老，及所搜集當時各項資料，略為編衍，以補寫此一重公案，但算來非近十萬言不辦。以學殖荒陋，又不耐伏案，而尤非好事者，遂不敢動筆。現只擬就人所未常道及之資料，簡單的再引證一二聯語，替古人一發其奇，兼饗讀者。

左宗棠示意鼎似可問

一般人都說當時作「陳橋兵變、黃袍加身」之想者，為胡（林翼）與王（湘綺）輩，而不知曾文正在收復安慶前後，及攻破金陵時，其中作此想者，更大有人在。

（一）筆者藏有左宗棠手書聯稿一卷，係用鶴頂格，題〈神鼎山〉者。聯曰：

神所憑依，將在德矣！
鼎之輕重，似可問焉！

此聯稿，係筆者於一九三八年冬，由九江、漢口一路退駐平江縣城，為一平江籍僚佐所贈，並云此聯稿初藏李次青（元度）家，稿用八寸花箋紙楷書，裝璜成一小卷，卷尾有署名者，於光緒二十八年春（一九〇二）題跋數百字，略云：

左季高（宗棠）被官制軍秀峯文嚴劾，左正擬赴愬於朝，得曾文正、胡文忠、郭筠仙、王湘綺諸公，或以百口担保，或分向肅順及潘文勤祖蔭道地，始得解，廷旨且令左幫辦曾營軍務。一日，左氏忽專差封此聯稿致胡（林翼）轉曾（國藩），請同為刪改。胡啟覗，見對句「似可問焉」四字，當然已知來意，因一字不易，加封轉曾。曾閱後，僅將下句「似」字改為「未」字，又原返還胡。……

胡林翼尾批妙不可言

今諦審文正在聯稿上所改「未」字，係用硃筆，其字跡可斷為曾左二公手筆無疑，最足珍貴；而可令吾人於百年後睹之，猶堪發一大笑者，厥為胡文忠在箋尾大批八個字曰：

一似一未！
我何詞費！

我每次把玩此箋，不禁大叫文忠可人！我想此項「公文旅行」，大概回程到文忠（胡林翼）處為止，如再還送左季高（宗棠），則第一、胡必不肯批此八字，以觸發左之羞怒。第二、如左看到曾胡二公如此批法，必「仰天長歎」（左對人書札，往往用此四字）而拍案撕毀無疑，則此妙聯妙批，我們永無眼福看到了。所以此事，亦必是不了了之。

後來曾薨於位，左聞其諡名兩字為「文正」，乃忿然罵曰：「曾大配諡文正？我左某將來諡『武歪』好了！」不過左罵過之後，其輓文正聯，則有「謀國之忠，知人之明，自愧不如元輔！」語。一方面，固由文正之偉大人格有以感召；而另一方面，所謂「謀國之忠」四字，豈倔強自是如左季高者，亦因內心有愧，而不自覺其言之流露耶？

再證以彭笙陔所撰筆記中之一段云：

昨晚與襲侯談（曾紀澤襲父爵，故稱襲侯），偶及「左帥於洪楊圍省城時（指長沙），傳曾微服由柳莊（屬湘陰）走長沙謀謁洪楊於城南天心閣畔，上萬言書，確否？」襲侯笑答：「家叔（按：指曾九帥國荃）亦常罵左帥非善人，但此事或係謠傳。」

我們看了此段筆記，也不妨承認是謠傳，好為讀者諸君留一不解之謎如何？

雷霆雨露一例是春風

（二）當時勸進派如胡（林翼）、如左（宗棠）、如王（湘綺）外，其暗中煽動最力者，似為郭筠仙（嵩燾）與李次青輩。相傳安慶破，諸將佐欲張宴賀，文正不許，只准各賀以聯。據《投筆漫談》載：「次青首擬聯成，有：『將相無種，帝王有真』語，為文正毀斥，次青大不懌。嗣後文正每勉次青戒慎，而次青從此亦多蹭蹬。」筆者按：文正薨，李次青哭以詩，有「雷霆與雨露，一例是春風」句，李此時殆已曉然於「先生之風，山高水長」者矣！

李聯被斥，其他所擬，無一當公意者，公因徐語小岑先生曰：（按小岑姓歐陽，湘潭人，文正所為《歐陽生文集》序之歐陽生，即小岑之子，文正與伊交極深厚）「蔭甫余樾雖讀書，奈過迂謹；少荃李鴻章英發，又奈不讀書！筠仙、雪琴彭玉麟，又遠離，此間決無聯手矣！待廉卿來，或有妙句（按：廉卿鄂人，即張裕釗，文正許為入室弟子者）。」

張裕釗聯語獨受歎賞

嗣後張（廉卿）果以一聯進，聯曰：

天子預開麟閣待；

相公新破蔡州還。

文正一睹此聯，擊節嗟歎，即傳視諸將佐。有以麟對蔡為不工整者，文正勃然曰：「汝輩只知拉我上草窠樹（湘人俗稱荊棘為草窠樹），以取功名，圖富貴，而不讀書求實幹。麟對蔡，以靈對靈，還要如何工整？」蓋蔡者大龜也，與麟同屬四靈，宜為文正所激賞。

書聯示意絕不做皇帝

（三）走筆至此，已將五鼓，猶無倦意，索性檢取出可直接證明文正不願為皇帝之二聯，一為文正所自撰，聯云：

倚天照海花無數；
流水高山心自知。

一為湘綺老人手筆，乃為文正聯下一注腳者，聯云：

花鳥總知春浩蕩；
江山為助意縱橫。

右二聯，係抗戰期間，筆者于役曲江，吾友朱氏夫婦，特遠道來訪，親舉以贈，並媵以其曾祖父手寫筆錄一冊，內多述在文正幕中所目睹耳聞之密勿。朱兄並加以說明曰：「文正聯，為自吾曾祖以來所遞藏；湘綺聯，則吾祖父所遞藏也。兄好古敏求，金石文字，搜羅遍海內，今以累世所寶重之歷史文物歸兄，願什襲藏之。將來能印寫以公諸世，非敢請也，固所願也。」

記得我們當時一授一受情景，今猶歷歷在目，筆者與朱兄夫婦已暌別廿餘年，音問久疏，如知余今日手寫此文，固猶是不負平生期許之殷。歌乎？哭乎？吾何敢想！

今先解釋文正此聯所由作：據朱兄曾祖手錄之一段載云：

> 南京破，余隨節（謂文正）抵金陵，則見頹垣敗瓦，滿目凄愴，秩序猶未復。一夕，將夜分，公親審李秀成諸犯畢，剛入室擬小休，諸將僚佐，約三十許人，忽來集前廳，請白事。公左右覺有異，即稟聞。公問：九帥偕來否？（九帥為文正弟國荃）答未。公乃徐起凝立，凜如天人，指巡弁曰：請九帥！俄而九帥扶病應命，公始出，指眾坐。眾見公嚴肅至極，迥異平時，仰視之不敢，遑論坐！良久，公忽呼左右取紙筆，左右進以簿書紙，公呼易大紅金箋，即就案揮成「倚天照海花無數，流水高山心自知」聯，擲筆起，一語不發，眾屏息惶悚有頃，九帥徐就案前視所書，眾始敢趨視，則見有咋舌者！有舒臆者！有細味而點首者！亦有歎息者！有熱淚承眶者！有木立無所表白者！獨九帥始似忿然，繼亦凜然！終乃皇然曰：「誰敢有後言者，此事我曾某一人担當！」於是眾始惘惘然散去。

金陵幾可立即變陳橋

我們看了這段經過情形，倘非諸將佐平時深信文正之為人，而文正又不如此斬釘截鐵作出區處，則金陵可立變陳橋，諸將即向文正大呼萬歲矣！蓋南京破後，曾九帥以次攻城諸將，獨攬大功，嫉之者謂太平天國所貯寶器磁貨，盡入軍中，且有追抄之謠。今諸將之扮演「黃袍加身」，亦實欲自保，祇是文正不為一潑皮趙點檢（趙匡胤）；所謂「泥塗軒冕，天下孰加焉」者，文正有之。潑皮可以無所不為，而文正卻有所不為；憶其官京朝時，〈懷郭筠仙諸友詩〉有：「丈夫舉足騰兩龍，豈肯趦趄躡人後」句，超超元箸！何等胸襟！

我們更冥想當文正為此聯時，其浩氣流轉，襟懷磊落之概，已穆然躍於紙上！而其對諸將手寫此聯時之手揮目送，無人無我意態，所謂高也明也！悠也久也！感人之深也！以與胡文忠贈聯比對，看似不同風格，實則各擅千秋！各踞斗魁！其揆一也！陶元亮所云：「帝鄉不可期。」猶有可不可之一念在。而文正「倚天照海」，直是胸中並無此事，決非如近人之所臆測，以為文正之不為帝，係恐左宗棠輩之掣肘，真淺之乎視此一代巨人。至於祁雋藻輩同慈禧進讒，引文正少年時渡洞庭詩：「直將雲夢吞如芥，未信君山剗不平」句，指為有此思想，一成氣候，恐不可復制；又引文正憶劉蓉詩：「我思竟何屬，四海一劉蓉……他日予能訪，千山捉臥龍」句，指為隱然以劉先主自許。此種讕言，有詩為證，入情入理，何等動聽，豈只興文字獄，直可滅十族而有餘。萬不料慈禧以一貪殘淫毒婦人，竟能絲毫不動，對文正深信不疑。則慈禧者，一生叢百詬，大可以此一慧力，一洗諸污，而高視千古女主、與鬚眉男子。然歸根究底，實文正素守，早已見信於天下也。

余謂文正為此聯時，又幸破城諸將，除李臣典數人，係挖煤出身，不懂文正所寫為何物外，其餘都學有根柢，深能了解此聯涵義；故滿天迅雷烈風，不一瞬，即雨過天青。假如換在今日，有此一群打手，硬性捧場，一鬨而起，你不入彀中才怪？袁項城之稱帝以自娛，即其一例。

此聯何以藏於吾友朱兄之家？據朱君曾祖筆記載稱：「余以隨文正司文墨兼管卷檔，此聯遂存余手，願我子孫永寶之。」

筆記又一段載：「九帥壽辰，公寄壽詩九首，聞九帥讀至『刮骨箭瘢天鑒否，可憐叔子獨賢勞』句，為之放聲大哭！」又可見文正對乃弟當時之憂讒畏譏，功不補患，久已看在眼裏，悶在心頭，便抓著機會，用至情至性語句，為之開遣。請看，何等動人！

王湘綺一聯有段經過

現再來述湘綺聯原委。據朱兄稱：「民國四年，先祖特携文正聯謁湘綺老人，縷述世守經過，求為跋識數語，以垂信來者。湘綺驚歎曰：有是乎？滌丈襟懷，今日以前，我只知一半，今而後，乃全知。吾老矣，微君相示，幾不知文正之所以為文正，更不知左老三（謂左宗棠）之所以為左老三。老人沉思有頃，即欣然命筆，為此書聯畢，曰：吾不敢著墨文正聯上，以重污文正。另書此，紀文正之大，且以志吾過！」云云。

余觀湘綺對文正，迄老尚多評譏，如上所舉輓文正聯，如其日記中所紀，如其手札中所論列，尤其《湘軍志》一書，特闢〈曾軍篇〉以相諷詰，乃今一睹文正此聯及經過，便翻然驚歎，而若有悔焉者，則此老固亦服善。文正有靈，或不再點畫其「荒謬」歟？一笑！

上面提到湘綺所撰《湘軍志》，猶憶其〈曾軍篇〉內有：「江南鎡貨，盡入軍中」諸語。曾引起曾國荃一派人光火，直鬧到要湘綺毀版，彷如今之所謂「停刊」。不過那時還沒有「美援」、「民主」、及「不民主」一類題材，尤其胡適之輩，又未出世，更無「美國人看不慣」等說法。於是便由中間人建議，由曾國荃另倩一王姓者另撰《湘軍記》歌頌功德，以搬演此一對台好戲。看官！《湘軍志》與《湘軍記》之志記兩字，意義本來相近，何況撰寫人又同姓王，在「不求甚解」之旁觀者看來，極易發生錯覺，而可混為一談，如事後有人「大胆懷疑」！我可替他「小心求證」焉！

曾九帥還會玩點魔術

其實曾九帥（國荃），亦振奇人也！筆者曾見湘綺老人致丁稚璜（文誠）一函略謂：「曾九真可兒！聞此次太原祈雨（時曾國荃為山西巡撫），內著道裝，外施袍褂，頭頂香爐，實以火藥，置引線，炷香其上，露天長跽，口中唸唸有詞，謂：『天如不雨，任待爆炸！』其泯不畏死之蠻勁！

彼天亦當退避三舍，何論髮賊？」

但隨又作調侃語曰：「僥倖及時雨降，否則，吾湘又弱一個，少一紅頂矣！」

蓋湘人盛傳，曾九帥頗信步罡禳斗之術，間亦効披髮仗劍之所為，以資鍛鍊，此次求雨，或即作實地表演也！

曾九打仗罵仗一樣行

湘綺老人何以要說：「更不知左老三之所以為左老三」呢？蓋左氏自始至終，總罵文正「無將略」、「無遠識」、「無毅力」，客氣一點，便用「滌丈」、「節相」、「侯相」諸稱謂；一到蠻性發作，便直稱：「曾大」、「曾滌生」。對曾（國藩）如此，對胡（林翼）亦不例外。曾胡以次，更無論矣。試觀左氏文集，及左氏所流傳各項手札，上例舉不勝舉。

不錯，左倔強無比，幹勁沖天，有時也罵得對，只可惜曾、左兩氏同讀一篇蘇子瞻〈留侯論〉，文正剪取了「天下有大勇者，卒然臨之而不驚，無故加之而不怒」三句，且真算切切實實做到了。左氏則截取了「拔劍而起，挺身而鬥」兩句，也剛剛做到了，然高下自分。試觀郭筠仙撫粵，被左宗棠矯情劾罷後，郭連篇累牘的向文正函訐，謂左如何詆毀，如何謾罵，文正總裝聾不理，偶覆郭一函，亦不對題，而亂以他語，迨曾九帥挺身幫腔，逼文正攤牌，文正始經描淡寫以覆郭曰：「季高（指左氏）畢竟是我輩中人！而非『曲性小人』。」「非曲性」云云，即所謂是真小人，而非偽君子。曾九則再也按捺不住這口鳥氣，其致毛寄雲與左宗棠函，則直斥：「公等從此不得為『善人矣！』不罵是惡人，而稱非善人，曾九打仗行，罵仗也行。吾謂曾家兄弟，均富幽默感者，如生於現代，可以出席聯大，折衝蘇酋，準可「完事」！

文正絕招在從容二字

張之洞所為品題文物詩，無論對異代人，對同時人，諸多誚怨，無足贊許，惟登石鍾山，有「大傅功名誰不贊，服公勝算在從容」之句，卻能道著文正心深處，文正如在，必且莞爾而笑曰：「孺子知我也！」

文正絕招——殺手鐧，即「從容」二字。此二字，古今中外，真能做到者，恐無幾人。而文正即以從容其行，達到從容其心。至如何歷鍊而達到此種境界，即左宗棠眼裏所看不見文正之有遠識與毅力，而文正之遠識與毅力，卻實在不許粗糙如左宗棠者所能看見。看不見，怪自己視力差，何得怪人？抱有無窮毅力與遠識，而不經易暴露出來，即所謂從容其行，從容其心者，而從容遂以長成，也即所謂學從容，遂要用從容去學也！文正曉然於此，請看其如何歷練與實踐！也便知其如何薄皇帝而不為。

終身奉行三勸不稍懈

相傳文正通籍以後，未督師以前，有三勸：第一、聽其師唐鏡海之勸：「必也博學於文，行己有恥！」此二語，蓋本諸顧炎武氏。第二、聽其友劉霞仙之勸：「不要以為文章學韓退之、王介甫，詩詞學杜子美、黃山谷，便就算學問經濟，謂可治國平天下而有餘」；第三、聽其弟沅甫之勸：「不可因聚結講學，釀成門戶標榜之習，而不自知！」蓋指文正在北京，與倭艮峯等之結契論道。此三勸，皆出之以函；而文正均能傾心接納，終身行之而不稍懈，於其一生行逕，可覆按也。

蓋文正之中心思想，則以中國數千年來，所稱之「道統」二字為基點；用此基點，而蔚成一種衛道的風氣，因而出品了比今日的原子彈為更具威力之一種武器，即所謂「道義」二字。文正獨能躬行實踐此二字，終於產生了有史以來所未見之兩項奇跡：

即自練團勇起，至平定太平天國止，前後歷十有餘年，當然也打過多少敗仗，但文正從沒有殺過一員將領，最重的處罰，亦不過劾免而已！而卻能始終維持紀律與威嚴，此一奇也；

文正所部，與太平軍戰來戰去，幾乎繞遍了整個中國，有時十決十盪，有時屢進屢退，有時被攻而潰，有時被圍而破，甚至如江南江北兩大營之皇軍，潰則屢潰，因文正有「死則死耳」之誡，早已樹之風聲，均不能不向文正方面看齊，而從無一大將投降於對方。以地方性之團勇，軍儲又半由自給，勝則拔劍爭首功，敗則棄甲歸老家，說一聲：「老子未吃你皇糧！」「悠然而逝」！又奈他何！而文正如慈母將雛，嚴父抱犢，必令儒者祛其懦，痛者滅其痛，至誠許與，公義昭然，使受之者，涵濡卵育於威儀大化中，此二奇也！

咸同中興諸賢，遺聞趣事，固自多著。我將另標題目再寫，現則擬就「曾國藩薄皇帝而不為」一題，略加論列，告一段落。先說標題為何取「薄皇帝而不為」數字？讀者可望文生義，蓋「不為」云者，「不為」就是「不為」，決不是可為不可為，更不是敢不敢為，或能不能為，而是壓根兒不想為。我前面所舉各例證，都是表達其從頭遂「不想為」。不管當時政治環境如何？軍事力量如何？其內部將領情緒又如何？其外在敵人趨勢又如何？總之，均不能絲毫影響其為與不為。我想權替文正來一簡單而又明瞭之闢謠啟事曰：「區區皇帝，國藩根本就沒有想到要做！」文正其嫌我僭越乎？讀者其責我武斷乎？所不及計也！

倒是對文正「倚天照海花無數，流水高山心自知」一聯，還想更舉一例，以永吾思。

為武侯以後的第一人

當金陵克復不久，曾九帥（國荃）告假回籍，文正獨辦善後，即招邀碩學友好來敘，一時勝選如：何子貞、莫子偲、俞蔭甫、李申夫、張嘯山、歐陽小岑、李賓叔、湯依谷、張廉卿、楊見山等等，先後來集金陵，開書店，復科考，何貞老目睹耳聞，撫時感事，曾為〈金陵雜咏〉四十首，對文正及忠襄（沅甫）備致贊揚與慰藉，語無虛飾，恰如其分，就中摘錄數首，以資例證。

其一：

相公懷抱海天寬，節院論文靜不寒。
席帽聯翩群彥集，一時舊雨接新歡。

照此詩首句看，何貞老對文正撰寫上聯情形，似已略知底細。

其二：

向帥遲回孝陵衛，曾公徑逼雨花台。
從知胆略殊高下，坐看堅城力戰開。

何自註曰：「沅甫直逼雨花台，人人危之，卒成大功，豈不偉哉！」按向帥，即指向榮，九帥統軍逼雨花台，雖文正屢函詰為險著，而九帥抵死不撓；及大功告成，文正壽詩有：「提挈湖湘佳子弟，隨風直薄雨花台」句，亦驚魂甫定，安不忘危意耳。記得蔣百里先生稱：「曾九直薄危城，死纏不放，使太平軍失卻主動，真辣著也！」知言哉！

其三：

潛刳龍脖許誰知，制勝從來貴出奇。

一體軍民呼九帥，元侯兄寫紀功碑。

此詩讚美九帥從「龍脖子」掘地道轟城，文正為作〈修復金陵城缺口記〉一文並銘，以一件如許大事，觀其記，只寥寥數十字，便了無賸義，真有曹武惠：「由江南勾當公事回」氣概。尤其十六個字銘曰：

窮天下力，復此金湯。
苦哉將士，來者勿忘。

其有諸內而不形諸外之毅力，可於言外得之，何等從容？何等熨貼？以視大唐平淮西碑，語語著緊，筆筆吃力！直覺退之先生（韓愈），太費勁！太裝空了！文章雖末技，而近百年來，學為古文者，往往囿於所謂桐城筆法，致不能以自拔，則文正與於作者之林，亦已造乎潛霍巔頂，而腑瞰如斗桐城矣！數十年前，段合肥（祺瑞）曾語人：「說來說去，文正為武侯以後第一人！」個性倔強之段氏，晚年而能作此語，殆亦飽嘗世味，知天下之不易為也。

談談曾國藩的私生活

林斌

曾國藩生平用人，最講究看相；養生之道，更是講求最力。尤其對於窒慾一項，從在京師做翰林時起，便毅然決然以最大勇氣去做，而且做得相當徹底，似乎一切嗜欲都給他剋制了。不料圍棋的魔力實在太大，一代巨人終身給圍棋圍困著，沒有逃出重圍；以他養攝身心的功夫，應該可以登上長壽，不幸六十二歲即逝於兩江總督任內。

——用人先看相

曾國藩看人，有他一套的說法：「邪正看眼鼻」「真假看嘴唇」，「功名看器宇」，「事業看精神」，「壽夭看指爪」，「風波看跟腳」，「若要看條理，盡在語言中」。本文所要敘述的就是屬於「功名看器宇」一類，亦即曾氏為淮軍將領看相的故事。

曾氏自清咸豐二年在原籍湘鄉創辦團勇，抵抗太平軍，前後十餘年，轉戰十數省。在金陵（南京）未克復前兩三年，已覺湘軍漸漸衰退，故向朝廷陳奏：「淮徐風氣剛勁，不患無可招之勇，但患無訓練之人，若得一二名將出乎其前，則兩淮之勁旅，不減三楚之聲威。」

又常言：「今日所當講求者，惟在用人，用人賴於妙用，有轉移之道，有培養之方，有考察之法，三者不可偏廢。」

咸豐八年十二月，李鴻章謁曾氏於建昌，因留幕中，平時曾氏對李，以師長自居，鼓勵甚多，督責亦嚴，如令他寫大字須學李北海，糾正他早起，李不上桌、曾不舉箸之類的故事很多，都是他培養人才的方法。李受多時薰陶，終於兩年後，奉曾命招募淮軍，獨樹一幟。

先是李鴻章回故鄉合肥招募淮勇，鄉人迫於保家衛鄉，從軍者極多。一日李令淮勇中三位將領往見國藩，原係推薦人才之意。次日李往問究竟，曾氏對李說：「昨天臉上有麻子那一位，將來功名事業，恐不有你我之下；那個子高高的也很好；至於那位身材短小的，前途有限，將來頂多做一個道員罷了。」

李問曾氏何以見得？國藩說：「他們三人來時，我叫他們在我大廳閣子外面階臺上站著，始終沒有正式見面，沒同他們說一句話，大約快有兩個時辰，我就叫他們走了。在這中間，那位麻子認為我不傳見他們，叫他們站立許久，是一種恥辱，因此面紅耳赤，大有攘袖揎拳、要打人之勢，可見他有大丈夫威武不能屈的氣概。那位高個子，在這很長的時間中，始終彬彬有禮，毫無倦容的站著，表示此人沉毅有為，亦是絕好的人才。你知道，我大廳內，有一個穿衣鏡，我這一兩個時辰中間，在廳內兩頭走動，無論我面對他們，或背對著他們，所有他們一舉一動，我都看得十分清楚。當我對他們的時候，那個矮個子恭恭敬敬的站好；我背過去，他就隨便懈怠下來，有時還向那兩位嬉笑，這種人，實在沒有多大出息。」—。

上面所謂有麻子的，是劉銘傳，臉上麻子並不多，大個子是張樹聲。矮小的一位，是吳××。這段故事，是王謙齋先生告訴人的。謙齋先生是晚清有名的持人，與當時名流唱和極多，著有《遺園詩集》，為李鴻章少時同學，又與淮軍將領多所往還，所談當然可信。

同治元年正月，李鴻章募淮勇到安慶，國藩仿照湘軍，為定營伍、薪糧、器械等制度。二月上海官紳錢鼎銘等，為援助上海，籌銀十八萬兩，僱輪船七艘，到安慶迎接李軍，自三月十四日至三十日，分三次將八千人全部運滬。初到滬時，士卒衣履破敝，外兵（這時已有英將戈登所率外兵，參加上海商團，及與太平軍作戰）看見，極感奇怪，以為這是一群難民，如何能打仗？淮軍初在江蘇境內作戰，隨後轉戰於浙江、安徽、湖北、河南、山東數省。此際太平軍的軍勢漸頹，不久捻匪又告猖獗，而捻軍素以馬隊擅長，在淮河黃河兩岸平原地帶，來去飄忽，為害至烈；淮軍除用火器外，善操大刀，專砍馬足，馬仰人翻，所向無敵，捻匪卒為淮軍所殲。淮軍將領中，以劉銘傳、程學啟、劉松山、張樹聲、潘鼎新、周盛波、周盛傳、張樹珊、吳長慶、唐殿魁等為最著。

張樹聲以一秀才，為淮軍名將，積功至兩江總督、直隸總督，政績頗著。吳××係以舉人從軍，文學極好，而勇略稍遜。據傳：「程學啟向稱勇敢，同治三年二月攻嘉興時，程自坐護城河大橋上督戰，雖受槍傷不退。是役吳亦參加。當戰爭最激烈那一天，吳帶十幾個親兵，在離城幾里外一條河內，用一隻小船划來划去，不敢上陣。城破時，各軍仍在城內外繼續打殺，肅清殘餘，吳首先由水關跑進城內，見程學啟，那時程將頭部傷處包起，神志不很安寧，見各將領中，祗有吳先到，以為他首先進城，打得最好，立時向吳道賀，保他首功。保案呈上後不久，程學啟就死了，等到保案下來，吳受上賞，各軍以吳並未努力打仗，竟得首功，全體大譁，因此許多天內，該部官佐不敢穿吳營制服，在外面走動，恐怕被別營官弁打罵。」這是吳從軍時一段笑話。後來他回鄉歸隱，果以道員終其身。

劉銘傳少壯時，在鄉里行為放蕩，讀書亦少，以曾國藩賞識，一入淮軍，就當營官。當時軍制，以營為單位，每營五百人，配長夫一百八十人，蔣方震（百里）先生有〈營官五百兩，長夫二百人。〉一文，極推崇這種厚祿與不擾民的制度，可見當時營官位置之重要。劉銘傳智勇雙全，所向有功。同治七年，國藩奏言：「剿捻之師，謀勇以劉銘傳為最，請於寄諭中，奬其勳謀，慰其勞苦。」劉氏三十六歲即封男爵，為淮軍冠。光緒十年，中法越南之役戰起，劉統兵到台灣，與法軍在基隆、淡水一帶苦戰，結果大敗法兵。至於劉治台六載，修築鐵路，興辦實業，種種政績，遺愛在民，實為鄭成功後第一人。足見曾氏相人，果然了得！

——圍棋癮最濃

曾國藩下圍棋始自何時，不得而知，從他的日記裡查考，他在京師當翰林時，一班同鄉京官如：何子貞、子敬兄弟、毛寄雲、鄒雲陔、陳海秋諸人，閒散無事，都愛此道，因此曾氏常和他們對奕。但是那時（道光二十二年壬寅，國藩三十二歲）他正和唐鑑、倭仁、吳廷棟、邵懿辰、陳源兗等，致力程朱義理之學，互相砥礪，痛自刻責，天天檢討自己，改良自己，對於窒慾也是重要項目之一。他僅有兩種嗜好：

第一是吸煙，在壬寅十月二十日，立志戒絕，日記云：「每日昏錮，由於多吃煙，因立折煙袋，誓永不再吃，如有食言，明神殛之。」以後雖煙癮時在發作，他拚命苦熬，幾天之後，又記云：「自戒煙以來，心神彷徨，幾若無主，遏慾之難，有如此者，不挾破釜沉舟之勢，詎有濟哉？」後來果然戒絕，終身沒有再吸。

第二是圍棋，他也要力戒，自己時時在警惕，可是一面又犯戒。壬寅十月初一日日記云：「見人圍棋，躍躍欲試，不僅如見獵之喜，口說自新，心中實全不真切。」十一月二十二日又記有：「與子敬圍棋一局。前日服樹堂之規而戒之，今而背之，且由我倡議，全無心肝矣。十一月十六日又圍棋一局，此事不戒，何以為人！日日說改過，日日悔前此虛度，畢竟從十月朔起改得分毫否？」十二月廿三日記載：「子敬留我作圍棋一局。嬉戲遊蕩，漫不知懼，適成為無忌憚之小人而已矣。」癸卯二月二十七日記云：「與海秋對奕一局。自以精神不強，不敢構思，而乃凝神對奕，是何故耶？」這些記載是壬寅、癸卯正在省尅功夫做得最起勁之時。曾氏一生立德，其根基實奠於此時。但圍棋這一嗜好，他雖已用了破釜沉舟的決心，卻終奈何它不得。

咸豐十年上半年，每有緊急軍情，便停奕數日，如正月間鮑超被圍，六月間寧國告急，都稍奕即止，未嘗為棋所圍。八九月寧國失守，徽州大敗，內則因參劾李元度，激起幕僚反感；外則英、法聯軍陷天津，咸豐北狩，十月、十一月間，景德閉塞，建德失守，祁門危殆，這時他處境極窘，憤怒難遏，惟有借助圍棋，強自鎮定，每日一、二、三局不等。雖然如此，他仍時存戒心。十一月初二云：「日內荒於奕棋，精力彌憊。」十二月云：「近日圍棋不止，一緣心緒焦灼，二由勤勞之心不甚堅定，故遇有事變，仍不能不怠荒散漫。」同時他的九弟國荃也寫信勸他，不宜下棋太多。可見習慣漸成，非此不可，心雖要戒，偏戒不了，早飯後一局已成定課。

曾氏有時生病或牙痛，也要奕棋。這都是借此以鎮定自己的心神，不讓它太緊張、太紛亂而已。又遇到憂急之際，臨時無人對奕，他獨自也要擺擺棋勢以自遣。

同治七年十一月，曾氏入覲留京，應酬甚繁，停奕數月。八年赴直隸總督任，因忙於整頓吏治，清理積案，研究河工，課兒讀書，甚少閑暇；又以文債未清，此時並無軍務縈心，發憤為文，將以垂世，故圍棋較少，或日奕一局，或十天半月不奕。同治九年三月，右眼失明，四月病劇，更使他不得不稍稍歛慾，略減弈興。五月天津教案棘手，他又按捺不住了，故態復萌，縱情肆奕。嗣在調任兩江總督途中停奕有日，一至金陵，豪興如故。四月初九日日記云：「近來每日圍棋二局，耗損心力，日中動念之時，夜間初醒之時，皆縈繞於楸枰黑白之上，心血因而愈虧，目光因而愈矇，欲病體之漸痊，非戒棋不為功。」

次日曾氏果然下決心戒棋，因為天氣燠熱，困倦殊甚，竟日在洋牀上睡。十一日、十二日白天總是睡在洋牀上，不思治事，大概是棋癮發作，心裡難過之故。迄十三日，終於熬不住了，又犯起戒來。直到同治十一年二月初三，他還是每日照舊圍棋兩局。初四日戌刻逝世。照他的老例，早飯後必圍棋，而每晨則書前一日之日記，可斷言他在臨死的初四日那天早晨必圍過兩局，真可算死而後已了。

——納妾甚勉強

曾國藩的買婢納妾，僅係其私生活的一頁，無關其生平大節，亦非盡如鄉曲小儒所論有礙其「文正」的美諡；特以其事暫而且秘，而曾氏身後之碑誌墓銘、乃至黎庶昌所編之《曾文正公年譜》均諱言其事，必至傳說紛紜不一，茲據《湘鄉曾氏文獻》為之略加考證，則這一秘而不宣的問題便可了然。

咸豐十一年十月初四日，曾氏致澄侯家書中，即首先提及：「余身體平安，惟瘡久不癒，癬疾如常，夜間徹曉不寐，手不停爬。人多勸買一妾代為爬搔，季弟代買一婢，現置船上居住，余意尚未定。大約此是積年痼疾，非藥餌所能癒，亦非爬搔所能癒也。」（文獻第一冊）又參以是年十月初十日《日記》云：「前季弟代余買一婢，在座船之旁，因往一看視，禮貌頗重厚，特近癡肥。」

由此觀之，則此時納妾尚未成議，不過為時僅隔半月，曾氏即已另行置妾，十月二十四日日記云：「前季弟買了一詹姓女子，初十日在船一見，未有成議。旋韓正國（按：正國為曾氏之親兵營官，後隨李鴻章馳援江蘇，戰歿於上海）在外訪一陳姓女子，湖北人，訂納為余妾，約本日接入公館。中刻接入，貌尚莊重，習字一紙。中飯後，陳妾入室行禮。」

但同年十一月十四日，曾氏致澄沅兩弟書，則謂：「余身體平安，惟瘡癬之癢，迄不能癒，娶妾之後，亦無增減。陳氏妾入室已二十日，尚屬安靜大方，但不能有裨於吾之病耳。」（見文獻第

三冊）

據此可知曾氏納妾之時日，及其妾之姓氏里籍。時曾氏五十一歲。後因陳氏妾於同治二年即逝世，有關患病及喪葬經過，國藩日記記之尤詳。（見文獻第三冊）

陳氏妾歿葬後不久，曾氏長子紀澤來安慶省視其父，而歐陽夫人亦偕紀鴻率全眷於九月二十九日自湘抵皖，入駐兩江總督行署。至於外傳置妾係為彭玉麟所勸納，歐陽夫人聞之，亟自湘鄉趕來，將至，國藩匆匆遣姬由後門逸去。又謂國藩門丁某為納一妾於軍府密室，經彭（玉麟）極諫，以軍中有婦人則軍氣不揚，且新督兩江，例不應取部民為妾，國藩遂立即遣去。其說前後矛盾，今以日記證之，皆不足為信。

爾後，曾氏於同治八年二月接任直隸總督後，尚有買妾之議（見是年三月初三日諭紀澤家書中），直到九年閏十月回任兩江總督後，仍由軍門黃昌岐代為購買一婢（按：昌岐即黃翼升，湖南長沙人，時官長江水師提督，俗稱提督為軍門。黃妻陳氏，為歐陽夫人之義女）。詎曾氏忽有悔意，不欲收納。在文獻第二冊同治十年七月二十六日致澄沅兩弟家書中，曾言其事云：「善長帶一婢女來，云將為余置妾，係昌岐所辦，而吾弟亦贊成之者。吾以精力太衰，理不久於人世，不欲誤人子女，故未收納；不久即當倩媒，另行擇配。」

上信發後，其九弟國荃於九月十三日覆書，仍力為之慫恿，並引自己將納婢為辭，認為「無關一生之大節者，行其心之所安而已。」函中略謂：「……湖南文徵序文，讀之者無不欽企，丁、羅二文，亦極精彩。即文章以覘精神之強壯，耄耋期頤，乃兄固有之壽；倘得少陰以助老陽之氣，益覺恬適有餘味矣。昌岐、善長二人所買之婢，弟未曾看過，亦未能出力贊襄，今因來函道及，覺意，竟不能不挽回其初兩層皆無不可施行也。弟婦去年曾將婢女納為弟之側室，弟比未允，今年秋冬，竟不能不挽回其初意，以就弟婦之意。此固無關於一生之大節者，隨其心之所安而已。」

是則國荃於其夫人熊氏生前，似亦有納妾之事。其對乃兄之勸說，是否為國藩所接受，文獻無徵。但距國荃復書後為時未久，國藩即於同治十一年二月在兩江督署逝世，則他自己所云「不久於人世，不欲誤人子女」，倒是真心話，而不是敷衍他九弟的。

晚清江浙活財神胡雪巖興衰史

鐘起鳳

胡雪巖為清末之江浙巨富，長袖善舞，曾有「活財神」之稱。左宗棠征新疆時，他在滬杭專責為左氏料理軍餉武器的採辦轉運諸務，並經常借墊巨款，供前方支付軍餉，為當時左氏最得力的助手。

胡氏本人以經營範圍過廣，於光緒九年，因絲繭出口業務失利，損折逾千萬兩，牽一髮而動全身，咄嗟之間，產業蕩然。清廷更落井下石，將之革職查抄，左宗棠雖屢為辯護，亦愛莫能助！

胡雪巖受知於左宗棠

滿南政府在平定太平天國和稔、回諸役，據說都得到當時浙江的大富豪胡雪巖在經濟上很大的支持。可是當他後來破產之後，反而受到清廷革職查抄的處分，把他從前的功績都一筆抹煞，所以在《清史列傳》裡，自然亦沒有他的地位了！

按胡雪巖字光墉，浙江錢塘人，家資巨萬，富甲數省。清咸豐初年，當太平軍得勢的時候，清吏王有齡在江浙兩省籌捐籌餉，頗著能聲，胡雪巖便是他最得力的助手了！稍後王有齡由江蘇布政使轉授浙江巡撫，對於軍需的供應，亦始終依賴胡雪巖。迨杭州失守的前一個月，雪巖便預先派人把糧米、軍火等，從上海航海運去；可惜到了錢塘，為太平軍的重圍所阻，不能進城，大批糧米、軍火等，便被太平軍劫走了。

以後左宗棠左奏摺裡也曾提及此事：「胡雪巖素敢任事，不避嫌疑。從前在浙歷辦軍糧軍火，實為緩急可恃。咸豐十一年冬，杭州垂陷，航海運糧，兼備子（子彈）藥（火藥），力圖應援。舟至錢塘江，為重圍所阻，心力俱瘁，至今言之，猶有餘憾！」可見左宗棠對他的倚畀之重。

王有齡便是在杭州失守時殉難的。其時，左宗棠適奉命援浙，遂繼任為浙江巡撫。到了同治二年又詔授閩浙總督，仍兼浙江巡撫。至同治三年二月，左氏克復杭州。在這一時期中，左宗棠對胡雪巖最為賞識，舉凡一切軍糈軍餉，完全交給他負責調度。如左宗棠在奏摺中亦竭力贊揚：「福建補用道胡雪巖，自臣入浙，委辦諸務，悉臻妥協。杭州光復後，在籍籌辦善後，極為得力。其急公好義，實心實力，迥非尋常辦理賑撫勞績可比。迨臣自浙而閩、而粵，疊次委辦軍火、軍糈，絡繹轉運，無不應期而至，克濟軍需。」由此可見胡氏在左宗棠的心目中的份量了！

胡氏原是江西候補道員，迨左宗棠任總督後，便把他奏調到福建來。又因左宗棠屢次向清廷保舉，乃先後蒙清廷賞加胡氏鹽運使、按察使、布政使等榮銜，備極貴顯。此後因連年為左宗棠效勞，頗受寵任，使事業一帆風順，漸漸即成為社會上的著名人物了！

採辦外洋槍炮的能手

至同治五年秋，左宗棠任陝甘總督，移師西征，由陝西而甘肅、而新疆，皆以胡雪巖為上海「採辦轉運局」委員。當時的採辦轉運局的辦公地點，即以後之上海北京路一百號「恒利銀行」。左宗棠對於胡氏所辦的外洋新式槍炮，極為滿意，贊不絕口。觀其答胡氏書有云：「田鷄炮已到，果是利器。十六磅、十二磅鋼礮尚未到蘭州。昨次克復各城所用者，乃前次解來之十六磅大礮也。敵方亦有洋製槍砲，亦有開花子，然不如兄處所購之精！足見閣下講求切實，非近今自命知洋務者所能及也。………」可見胡氏當時也實在是一位出色的洋務專家哩！

又當左宗棠平定新疆之後，又曾上奏摺給清廷，備言胡氏之功：「胡雲巖自奏派辦理臣軍上海採運局務，已歷十餘載。轉運輸將，毫無貽誤。其經手購買外洋火器，必詳察良窳利鈍，伺其價值平減，廣為收購。遇泰西各國出有新式槍炮，隨時購解來甘肅。如前購之布魯斯後膛螺絲開花大炮，用攻金積堡賊巢，下堅堡數百座，攻西寧之小峽口，當者辟易。上年用以攻達坂城，測準連轟，敵方震懼無措。賊畏之如神，官軍亦羨為利器，爭欲得之。現在繼續運解來甘肅者，大小尚存數十尊，後膛馬步槍亦存數桿。各營軍迅利無前，關隴新疆速定，雖曰兵精，亦由器利。則胡雪巖之功實有不可沒者！」

借墊巨款曾引起物議

其次，陝西、新疆兩省都是貧瘠之區，大軍遠征，全賴東南各省關稅協助餉款接濟。而各省關稅的協款，大都延宕拖欠，成為慣例。其催領轉運諸事，全賴胡氏一手經理。遇到緩不濟急的時候，胡氏更設法舉借華、洋商款墊付，使前線將士可以安心作戰，這是使左宗棠最為高興感激的事。如其答胡氏書有云：「尊意以兵事可慰，餉事則殊可憂！不得不先一年預為之謀，洵切實確鑿之論。弟心中所欲奉商者，閣下已代為計之，非設身處地，通盤熟籌，不能道其隻字！萬里同心，不言而喻。……」

左氏又在奏摺中向清廷極力推崇胡氏籌餉的功績。如云：「臣軍餉項，全賴東南各省關稅協款接濟；而催領頻繁，轉運艱險，胡雪巖必事先籌維借湊，預解洋款，遲到則籌借華、洋商鉅款補之。臣軍倚賴尤深，人所共見！此次新疆底定，據其功績，實與前敵將領無殊！」可見左對胡的稱頌表功，真有點兒像漢高祖的對蕭何了。

據典籍所載：當時在左宗棠西征的幾年裡，胡雪巖經手所借洋商的款項，可考者凡五次：

（一）一百二十萬兩——月息一分三厘；

（二）一百萬兩——月息不詳；

（三）五百萬兩——月息一分；

（四）三百五十萬兩——月息一分二厘五毫；

（五）四百萬兩——月息八厘。

合計一千四百七十萬兩，其數字可謂驚人！但在當時外國銀行的普通借款，只不過年息三厘半至四厘而已。

又據曾紀澤《出使日記》載，謂上列各次借款，債主實得利息八厘；而胡氏所報者竟高出許多，其在從中沾潤揩油，乃無可諱言！此亦種下後來清廷把他革職查抄的禍根。此外，經由胡氏手代墊及代借華商的款項，當然也相當的多，可惜因資料無存，已無法查考了！

創設船政局與織造局

又：胡氏除了為左宗棠擔任籌餉和買軍火的兩大重任外，還幫左宗棠辦了很多工廠。

一為同治初年的「福建船政局」，購買法國機器，雇用法國技師傳授技術，為中國自造輪船之始。

一為光緒初年的「甘肅織呢總局」，購買德國機器，雇用德國技師傳授技術，也為中國自辦機器毛織之始。

這兩大建設，在當時都有相當成績。其後，胡氏又向德國泰大洋行接洽德國技術和機器，到甘肅平涼去開鑿涇河，到肅州文殊山去採金，雖然沒有滿意的成功；但也開了中國水利工程和採金工程的新頁！

總之，上述這幾樁事件的購買機器和雇用技師，都是胡氏在上海一手經理的。足見左宗棠對於胡氏是始終信任，視為辦洋務的得力助手，毫無嫌疑，且他們兩人的感情亦甚厚。例如左氏在兩江總督任內，曾到上海三次，但每次均到胡氏寓所探視，情好無間，誼逾骨肉。據當時上海《申報》載云：

（一）光緒八年四月二十五日：「侯相答拜諸西官後，又到陝甘糧臺（按即『採辦轉運局』）與胡雪巖觀察略談片刻……。」

（二）光緒九年九月二十三日：「昨晨九點鐘時，胡雪巖方伯詣侯相坐船稟見。敘談良久，禮意有加。侯相即於十點鐘登岸拜客。……過三馬路……向北至後馬路，於糧臺局拜胡雪巖方伯，聚談片刻。」

（三）光緒十年正月三十日：「侯相……在製造局中用午膳畢，由西門外至法租界大馬路，過三茅閣橋朝北，至糧臺局。因胡雪巖觀察往金陵，即經李秋坪太守恭迎侯相入內稍坐。……」（見光緒八至十年上海《申報》；侯相即指左宗棠。）

舊社會大商家的作風

左宗棠雖對雪巖終生信任不疑，視為得力助手，財經幹材；但胡氏終究是一個不學無術的商人，只懂得投機取巧，阿諛逢迎，俾便從中牟利。如果我們認為他之所以用全心全力來協助左宗棠，是為了忠君愛國的話，那就錯了！我們知道，大凡中國舊式社會裡的大商家，都有一套傳統的作風：他們先結交官場以圖發財；當他發了財之後，再分一點出來做善舉，賑濟窮人，以博得社會人士的一個好印象，那他就好捐官了。因此他便能富貴兩全，名利雙收，成為朝野中的一個「紅人」了！

故胡雲巖自做了「採辦運轉局」委員之後，便開始利用官方的號召力，來發展他自己的事業：先後開設「泰來」（總號設在杭州）、「阜康」（總號設在上海南京路）兩個錢莊。其分號遍設南北各埠，營業鼎盛。又擁有典當舖二十九處，良田萬畝，且在上海、杭州都建築有高樓大廈，生活豪華，揮金如土，一時有「浩財神」的雅號。這就是造成他發迹和暴富的原因。

翎頂輝煌賞穿黃馬褂

至於胡雪巖在地方上的貢獻，的確做了許多善舉：如他對於全國各地的賑災，歷年所捐的款項，據有確實史料可查的，總計達三十萬兩以上。這個數字在當時來說，已屬驚人！也不是任何的人所能拿得出來的。就是有財產能拿得出，他們也絕不肯拿，也絕沒有那樣大的氣魄和急公好義的心腸。不管他是存心取寵也好，或別有企圖也好。固然，胡氏不久便以他的聲望而換得了頭品頂戴、三代封典。最後，還託人到甘肅去見左宗棠，希望左氏去替他說情，請皇上賜一件黃馬褂給他；但這卻不是很輕易的事。因為御賜黃馬褂，若非有軍功，向來是不易得到的，除非是皇帝自動賞賜，絕不可能由臣下指名請求。但左宗棠為了要滿足他的心願，竟不辭千里跋涉，並準備碰釘子，向清廷試探一下。結果，想不到僥倖蒙皇上破格允准，真的賞賜給胡氏一件黃馬褂。這在胡氏來說，當然是生平最光榮、最得意的一件事！

胡氏除了經營錢莊和典當業之外，還開設了一爿鼎鼎大名的「胡慶餘堂國藥號」，這在滿清末年，是無人不知，亦無人不曉的。他又曾經把自己製造的膏丹丸散，捐贈西北軍隊，頗受到軍士們的歡迎與贊仰。左宗棠給他的信也有云：「軍中多病，尊處所寄丸散，希再配寄一份，以便分布。飛龍奪命丹尤為合用，須多見付為要！………」

經營絲繭出口蝕大本

胡氏又大規模的經營絲繭，其大去大來的本領，震驚中外！江浙本為育蠶之區，其所產絲繭，每年大宗出口；但向為洋商所把持，國人無法染指。只胡氏能以一人之力，壟斷居奇，與外人爭衡，獲利無算；但胡氏卻也因此遭到慘敗。

緣其時中外交通不便，中國人不能明瞭外國市場情況；且以航運之權，全操諸洋商之手，彼能自由來回，而我不能往，處處受其牽制。加以光緒九年，外歐蠶絲市場不振，洋商全數停止收購，無人過問；而胡氏存貨如山積，又加以保管不善，擱置腐朽，盡喪其貲，損失達千萬兩以上。因此影響所及，使他所經營的錢莊，也開始動搖。

是年十月初六，杭州泰來莊先行倒閉，幸得浙江布政使從旁協助料理，才得彌縫無事；但不久因壞消息傳播開去，風聲鶴唳，使到上海阜康莊的存戶，爭相前來提款，擠提者絡繹於途，一時無法應付，也不得已於十一月初二日宣佈倒閉。之後，各地分號亦繼之倒閉，遂使胡氏一生事業盡付東流，造成總崩潰的悲慘局面。

錢莊倒閉又革職查抄

又由於倒風的影響，而使我國南北金融界無不遭受波累。如李慈銘《越縵堂日記》載云：「阜康錢莊，杭州、上海、寧波皆有之。其出入皆千萬計。都中富戶自王公以下，爭寄重貲為奇贏。前日之晡，忽天津電報言其在南方有虧折，都人聞之，競往提取所寄者，一時無以應，夜半遂潰，劫攘一空。聞恭邸文協揆（碩）等，皆損折百餘萬兩。亦有寒士得數百金，託權子母為生涪者，同歸於盡。聞內城錢舖曰四大恒者，京師貨殖之總會也，以阜康故，亦被擠提危甚！此亦都市之變故矣。」是真所謂一敗塗地，誰也想不到胡雪巖失敗如是之速！北京的情形如此，上海和其他各地的慌張擾攘情形，當然也可以想見了！

不過，如以情理來說，胡雪巖歷年來替清廷籌軍需之功如此，不管其存心如何？到底對清廷不無貢獻！且其錢莊倒閉之後，對國內金融業之影響，又如此之大！則清廷在當時自應設法予以維持，或寬予貸款，使市面得以安定。無奈，當時清政府不但不予支持，且更用打落水狗的方式，下了一道給胡氏革職查抄的上諭：「……現在阜康商號閉歇，虧欠公項及各處存款，為數甚鉅！該號商江西候補道胡雪巖，著先行革職，即著左宗棠飭提該員嚴行追究，勒令將虧欠各處公私款項，趕緊逐一清理。倘敢延不完繳，即行從重治罪。並聞胡雪巖有典當二十餘處，分設各省，買絲若干包，值銀數百萬兩，存置浙省。著該督咨行各該省督撫查明辦理。」

戶部要追算十年舊賬

據說：當時阜康錢莊的倒閉，僅一時週轉不靈，尚不致於完全坍台！因胡氏那時的其他營業還很大，根柢堅固，對於人欠欠人，約略可以相抵。倘若清廷肯加支持的話，自不難於渡過這次「危機」，再來重整旗鼓，恢復生機；而想不到清政府在此時卻下令把他革職查抄！那真是譬如「落井下石」，使得他走頭無路，也使得他的生機斲喪了。故逼迫得他不得不陷於總崩潰的悲慘境地！此亦可見宦海之黑暗，以及滿清官吏對他嫉忌之深！

又如光緒十四年四月，戶部還奏請皇上要求向胡雪巖追算十年前的舊賬，故清廷便繼續下了一道上諭：「戶部奏籌撥新疆工程銀兩一摺，據稱新疆南路應修衙署等工程，需款孔亟！請飭浙江將胡雪巖侵取西征借款行用補水等十萬六千七百八十四兩，於該革員備抵產業內，迅速變價，照數措齊，限本年閏月以前，解交甘肅糧臺應用。……」

這裡所謂「行用補水」者，即指他當時向華、洋商借款時所花用之交際費，和裝運軍需用品時之水腳、保險等種種費用；但這些已早經左宗棠核准，列入正項報銷了！今於軍事結束，胡氏事業失敗之後，忽然來個舊事重提，迫其追繳，這不但是對胡氏為無理欺壓，亦使左宗棠甚為難堪，沒有面子了。

左宗棠曾經出面辯護

聞左宗棠當時對這案件，也甚為痛心！並曾鼎力幫助胡氏，屢向清廷覆奏，替他辯護，請免其追繳。惜原文今已不傳，未知其措語如何？不過，由這點已使我們知道左宗棠一生對胡氏的恩義之重、愛護之深，那真是世間少有！至世間之有所謂「雲情厚誼」者，亦只有於左氏見之！

又左氏當時也有〈致陝西巡撫譚鍾麟書〉云：「……就籌餉而言，弟不能得之於各省方面者，僅得之於雪巖。平心而論，設無此君，前敵諸公亦將何所措手？」可見左宗棠對於胡雪巖以前幫忙他籌餉運糧諸事，亦永不忘恩。今見窮途末路受此窘逼，衷心苦悶，可想而知！

不過，當胡雪巖收到皇上的「上諭」後，態度也極為爽朗，立即將他的產業清單和帳簿全數交出，聽憑巡撫處理，氣概依然，不稍貶抑。以一個商人來說，能有這樣的襟懷，亦屬難能可貴，大概左宗棠始終看得起他也在此！

曾國荃亦曾說公道話

又關於清廷向胡雪巖追繳款事，當時兩江總督曾國荃有咨戶部一文，敘述詳明，可以看出這件事情的始末。茲錄於後：

在戶部度支總掌，苟有礙於成例，即不准予核銷，本大臣爵部堂何敢置喙！惟查抄銀商，事不常有；前值收還伊犁，俄人多方狡展，和戰未定，而關外防營需餉孔殷！前督辦大臣左宗棠奏旨陛見，其時局勢一更，協借迫不及待，旋又議給伊犁守費，餉力愈艱！而既賴以集事，未暇與之細較。其光緒三、四兩年所借之五百萬及三百五十萬，恰當山右陝豫各省同時旱災，軍餉頓形減色，幾難為繼。前督辦大臣左宗棠，深悉因餉譁噪，一面慰諭各軍，一面貸銀接濟，情形迫切；雖其所費較多，而其所全甚大！此三次息借商款開支外費之所由來也。竊計每次借項，多至數百萬兩，決非市商所能遽集，尤非一手一足所能為功。商人與官交涉，兑出現銀，每多顧慮。在官以為結息相還，綜核極為受累；在商則謂挾資求利，到處務欲取盈。計較錙銖，必思渥沾利息。又懼官事恒有遷變，非素信之人從中關說，未易破其疑團。所謂行用補水，乃事之所必然。至若保險、水腳二者，皆輪船之定章。特數目多寡之間，有不可一概而論耳！以胡雪巖素業商賈，不足深責，公議早已洞燭無遺。而為公家屢借巨款，咄嗟立應，是其當日聲名架空可以動眾，究之就中點綴，所費當自不貲！動支雖累巨萬，入己亦可想見。譬之人家遇有急需，不惜厚利稱貸，而事難湊措，竟莫能解其困厄。於此時代籌之款，彼受借者縱令格外喫虧，亦所甚願；而現款斷非易致。在代借者聲氣廣布，百計圖成，雖或優得使用，及至前後牽算，仍歸浪擲，斯亦人情之常。

胡雪巖所借之銀，三次共一千二百五十萬，數稱極鉅！僅委員之虛名，其平時交接酬酢，絲絲入扣，一旦緩急相依，即竭力以圖，骨節向不靈通，所假無幾。奉公非不謹飭，而揆之事機，即猶投一滴於巨壑也。胡雪巖之揮霍，好沽名譽，人所共聞！此番倒閉，中外騷然，豈彼始願所及料哉？亦由貪多務得，不復細針密縷，遂至一蹶不振！統觀今昔，其藉以屢救隴塞之困難者在此！因而身家破敗，公私交怨者亦在此！現在清查數目，就胡雪巖三次所支之數，合之誠多，如陝甘督部堂之駁斥，戶部之核追，不究既往，正為嚴儆將來，自是慎重餉需之道！祇以前兩次支項，均經胡雪巖具報，有案可稽。七年支項，係屬援案開報；今以濫支，從中追繳，於理誠當，於情轉若可矜。蓋此費用，前督辦大臣左宗棠知其僅能以公了公，故未核駁。迄今事隔數年，忽令追賠，不獨胡雪巖已窮途無措，即其備抵諸物，驟易實銀，徒作紙上空談，追繳亦屬具文。且彼恃其早經報銷，將不咎己之浮開，必先怨官之失信！在胡雪巖一市儈耳，曾何足惜！而紀綱所在，或不得不慎重出之。

夫統籌出入，嚴杜違例浮支，司農之成憲也。宏濟艱難，亦須原心略跡，天下之公道也。軍興以來，所有盪平劇寇，類皆開單報銷，實事求是，核與則例轉難吻合，為戶部所稔知。前督部大臣左宗棠進規西域，所以迅奏膚功者，仰賴廟謨堅定，無復掣肘之虞；而迭當各省歉荒，強鄰逼處，亦本借款之可恃。庸有私於胡雪巖乎？似亦可以共諒矣！總之，借用商銀，事不常有；從前軍務倥偬，往往有例之所礙而勢之所必需者，並須當機立應，否則稍縱即逝。一切用款難以預計，多未奏咨立案，實心實力，第求協於機宜，不能計較一時一事之盈絀也。戶部經權互用，近因海宇肅清，定以條奏之限，從苛繩舊案，務在謹守所章。所有甘肅新疆歷次借款開支經費，久已彙單奏銷。若胡雪巖之罔市累人，固須懲以示戒！而此番案屬因公支用，非等侵吞，以視戶部現辦章程，係在舊案准銷之列，應請戶部鑒核，轉予斡旋。嗣後不得援以為例，以昭大信！

遣散群姬每人五百金

這篇文字實在費盡心血，公私兼顧，而且措辭委婉，條分縷析，裡面雖處處為胡雲巖袒護；但卻看不出其有一點私心來。這的確是一篇好文章。無如，這件案雖經各大員竭力幫忙，多方維護；但依然無效。其主要原因是滿清各王公權貴在胡雪巖處存款甚多。他們本來已對他很不滿了，碰著他失敗時，他們更不肯放鬆了。結果，主辦該案的巡撫，乃在胡氏備抵產業內變價解交。其餘各顯貴的存款，大都如數取償。文協揆存款三十五萬兩，疏請捐出十萬，報效公帑，其餘的二十五萬，換得了「胡慶餘堂」十分之五的股東。惟胡氏本人已先於光緒十二年九月逝世了，還不及見此清算悲劇的結束。可見其暴發亦快，其崩潰亦快，哀哉！

最後，說到關於胡雪巖的私生活，他一生除了起居豪華，用度闊綽，揮金如土，為應有之事外，其他如流傳的艷事逸聞也甚多，因限於篇幅，恕不能一一細舉！譬如《海上花列傳》中的黎篆鴻，據說即是影射胡雪巖的。相傳當其失敗前夕，嘗把群姬叫到外堂會集，一面把各人的私室立即下鎖，每人給五百金遣去，不准再回房取物，隨身所穿的衣物，則聽任攜帶。於是，群姬即一哄而去，如鳥獸散；但其他尚沒有被遣去而為家譜上所承認的副室，尚有十一人之多，由此可見其姬妾之眾矣！

李鴻章出使瑣事

思遙

李鴻章是清代咸同中興名臣之一，其後更迭主外交事務，成為中外知名的人物。當時李氏譽滿天下，謗亦隨之。譽之者稱他忍辱負重，老成謀國；毀之者罵他媚外辱國，甚至加以「漢奸」的頭銜。自古有「蓋棺論定」之說，但李氏逝世迄今已數十年，謗毀與稱譽者仍各有人，知人論世之難，可以想見了。

李鴻章以大學士之尊，久任封疆大員，光緒一朝的對外交涉，幾全由其負責，所以外國都聞其名，後來他又出國一行，更增加了他的聲望。

光緒廿二年（公元一八九六年），俄皇加冕，清廷特簡李氏為致賀專使。李氏在俄的任務完畢後，曾訪問荷、比、法、德、英、美六國。是年二月啟程，八月回國，出國計七月之久。他那次聘訪各國，有很多瑣事趣史，可以值得一談。我今根據其隨員所撰之《傅相遊歷各國日記》，以及先輩所傳信而有徵之事，略記如下。那些道途傳聞，附會不經之談，一概屏而不錄。

不吃牛眼睛

光緒廿年甲午戰爭後，日本的氣焰日盛，李鴻章有心聯俄制日，所以他那次赴俄之行，除了祝賀外，實含有秘密外交的任務，所以俄皇對於他特別重視，除例宴各國賀使外，又特別設盛筵款待他。筵中有烤子牛一品，全牛置於堂下，片割以進。俄皇特以烤牛的雙眸敬李，猶如北京風俗，主人以烤鴨的臀，敬首座特客。李氏起立致謝，並對俄皇說：「敝國以牛為太牢，惟天子享之，臣下不敢嘗。」照禮節來講，李氏拒絕主人的盛意，是有失禮貌的，但俄皇很機警，連忙以肅然起敬之容，告諭他的陪席大臣道：「李專使萬里海外，一臠之微，尚不忘其君，中華真不愧是禮義之邦，爾等應當多多效法。」一幕尷尬的場面，就在主人得體的外交詞令下，敷衍過去了。

李氏抵達比利時後，比王對李非常尊重，勸李勵精圖治，發奮求強，免使中國召瓜分之禍，又勸中國與比利時互好提攜，比國雖小，但工業發達，可以為中國效力云云。李回國後，想和比利時訂約，借款聘人，興辦實業，但不為朝議所許。比利時國王因此大為失望，認為李雖有首相之名，但無實權，並為李無法大展抱負惋惜。

拒舞與觀操

李到達德國後，受到極隆重的款待。一日晚筵，德國皇太后邀李共舞，李以不會推辭。皇太后為大不滿，認為李無禮之極。後來經別人代為解釋，中西禮俗不同，李使實在不會跳舞，德太后才釋然。

德皇威廉二世邀李觀操，台上只設兩個席位，德皇與德后並坐其上。李上台後，認為將使自己侍立觀操，不滿之色形於面。威廉二世會意，急將自己的座位讓給李，使與皇后並肩而坐，他自己則下台去躬預操演。操演開始，金鼓齊鳴，旌旗閃耀，德皇跨駿馬，馳經台下，拔身上所佩的劍，向台上一揮，表示對李致敬，當時觀操的各國使臣及德國的文武大員，均嘆為異數。操演既畢，威廉二世又回到台上，陪李同下。

棺材隨身帶

德國克虜伯軍火廠曾邀請李氏去參觀，李所乘的車經過之處，凡數里之遙，均散滿鮮花於地上。該廠接待李氏的一廳，全用中國式的布置。那間廳一直保持原狀很久，表示紀念這位大清帝國的名臣。

李鴻章出使外洋的時候，已是七十四高齡，他深恐此去，沒有再生歸國門的機會，所以特召子姪輩到上海話別，又隨身帶了一具棺材同行。他到法國時，法國人見到這具棺材，大為奇異，請李捐贈給博物館，李拒絕說：「這並不是貯物的匣子，而是我的棺材。是陰沉木所製，炎夏的時候，將肉類掩藏其內，可以數日不腐臭。我花了一萬兩銀子，在四川購得的，絕對不可贈人。」這具棺材，後來仍與李氏一同歸國。

猛吸雪茄烟

當時英國維多利亞女皇在位，設宴款待李鴻章，李以雪茄煙猛吸，這在女皇面前是失禮的。但女皇為顧及李氏的體面起見，便傳諭侍宴群臣說：「你們今晚都可以吸煙，宴中國貴賓，必須遵行中國的禮習。」一時煙霧繚繞。

傳說李鴻章在英國為他所舉行的國宴中，將肉骨隨便投擲在地上，主人為免使貴賓難堪起見，也投骨於地。這個傳說，真假不敢確言，但按照情理，是不會有的。因為我國逢到盛宴時，也不能亂擲肉骨在地上的，何況歐洲盛大的宴會中，地板必潔淨得一塵不染，或者鋪上華貴的地氈，李氏決不會視若無睹，隨便弄髒地方的。

贈杖與植樹

李鴻章出使美國，遺聞軼事更多。迄今美國華僑所經營的中國餐館內，尚有「李公雜會」名目的菜餚。李氏在美的遺聞，最值得一記的是贈杖、植樹二事。

美國格蘭特總統退職後，曾來我國天津一遊，與李氏相交甚歡。格蘭特有一手杖，李見了很喜愛，請格蘭特送給他。格蘭特說：「一杖本不足奇，但這是敝國國會以我有功於國而送給我的，所以不能轉贈他人。不過我既與你異國知己，盛意也不可拂，我死後，當遺命家人，如你能到敝國一遊時，當以此杖相贈。」

李鴻章到美國時，格蘭特總統業已故世，李氏特去謁墓致敬，墓旁陳列故總統的遺物，手杖亦在其中。格蘭特夫人對李說：「先夫曾有遺命，囑將手杖贈公，但這是當年國會代表全國公民所贈，還須徵求國會的同意。」國會開會討論此事，議員們認為李氏是世界名人，現在又來訪問美國，為了敦睦中美的邦交，同時成全故總統的心願，通過將手杖相贈。這根手杖，杖端非屈頸，乃是平頭，上鑲白寶石，寶石中嵌黃金一方，毫無痕跡，好似天然生成。李愛不釋手，後來作了他的殉葬品。

李謁格蘭特墓時，曾植樹留念，並護以鐵欄杆，立碑刻石。民國廿六年（一九三七）該樹忽枯萎，美國曾徵求園藝專家設法醫治，現在不知死活如何了。

李鴻章究有無遺疏保薦袁世凱？
——並紀張佩綸成為合肥女婿的一段故事

花寫影

近人對於李文忠鴻章，臨死前奏保袁項城（世凱）為替一事，以文忠集內，無此奏稿，頗滋存疑。我前在本刊為文，亦曾述及此事，則並非重聽傳聞，乃根據袁氏答謝于式枚（晦若）之手書函札，及在天津見徐東海（世昌）時，所口述經過情形，而略為論列及之。當承學識淵博、素所心儀之江先生，致函筆者，加以指教。江先生針對事實，考覈精審，極所傾佩！

茲先摘錄江先生大函如次：

……拜讀尊著，歡喜贊嘆不止，以為此乃真說掌故者。……茲以拜讀大作之餘，有兩點，擬略貢愚見就正者：

（一）關於彭剛直與張文襄者，筆者擬另文奉答，因不錄全文，免佔篇幅。

（二）關於李文忠與袁項城者。尊文述及李文忠疏薦袁慰庭事，按此說流傳頗久，然揆之事實，容有不確，查《李文忠全集》所載疏稿，內文全無保薦何人繼任之語。

當光緒二十七年秋，孝欽與德宗抵滎陽，行在軍機處，接用馥電稟鴻章出缺，即奉旨以袁世凱署直督。……冬初，始接閱鴻章遺疏；由此，可證流傳或不足信。袁以戊戌告變，簾眷至隆，拳亂保障一方，又頗博時譽，兼有榮祿在內奧援，復得洋人之推重，擢督畿輔，固不必恃文忠保薦也。……

合肥遺疏係于式枚代擬

江先生所述與推論，均切合事實與情理。我當時在天津曾雲霈（毓雋）寓所，記得談「李臨死前，項城又收買李氏左右，騙李上遺疏，薦己以代」者，乃姚國楨氏。姚氏最熟諳北洋掌故，我信其不會全無根據。後見徐東海，曾以姚說相詢，徐氏曰：「事誠有之，不過非全騙，乃半騙半就。你想，合肥瀕死，猶神明不衰，豈項城所能騙者？按照當時形勢，合肥一死，亦祇有項城較為出色，此北洋大臣之命，即項城不做活動，十之七八，亦必降諸其身；但項城熱中名位，乃不俟出缺，即先取準備，如對方忌諱，認其有詛死之謀，則項城殆矣！好在合肥左右，或者進言得體，使合肥略不生疑；然自好者，決不出此下策也！」

我又詢以：「合肥遺疏，出何人手筆？作何等語言？」

徐氏見告曰：「代擬此疏者，為于式枚（晦若）。據晦若語我：薦袁用『附片』，並遺疏遞發。『附片』云者，如遇機密，謄之附片上達，可以留中不發。我亦曾叩其如何言？晦若曰：片中有環顧宇內人才，無出袁世凱右者，二語，乃合肥所口授，因在拳亂中，合肥見袁行動穩健，與眾不同，故肯按以此語。」云云。

徐氏又補充己意曰：「項城此舉，恐所費亦不貲，然項城不惜也。」所以我對江先生所引述與推論，謂均切合事實情理者，亦根據東海說也。

合肥逝前確有薦袁一疏

我在所寫〈與曾毓雋談上下古今〉一文中，不是說過我所得袁氏手札十餘通中，有致于式枚（晦若）一通乎？即項城以答謝其代合肥（李鴻章）草疏薦己之德也。茲摘錄原函一段如左：「……節相騎箕，天下共慟！弟識陋望淺，何敢作此替人？乃承示以疏稿，竟過許：『環顧宇內人才，無出世凱右者！』此雖出節相之口授，實亦由足下之玉成，弟當詔示子孫，永銘大德！茲隨函奉上骨董八件（另附一單於函末），戔戔之物，聊表謝忱……」

看了袁氏此函，則合肥臨逝前，有薦袁一疏，殆為事實。又據《堪隱軒隨筆》（案：謝興堯著）所載：「拳亂之際，帝后出奔，調合肥入京議和，付以全權。合肥以中興元勳，負天下安危，力請回鑾，乃行至中途，合肥告逝，天下震驚，慈禧北望，泣謂帝曰：『鴻章死，吾母子將不能歸矣！今遺摺力保袁世凱，可負重任，然袁又何能及李之什一？』堪隱軒此段記載，據其自稱：係根據李合肥裔孫李國杰襲侯所述。當國杰被引見時，慈禧又哭指謂光緒曰：『我母子無汝祖，那能有今日？今委汝廣東蒞政，好為之，毋負我母子也！』可見此一元老重臣，慈禧對其信賴之專且篤如此，宜乎項城，雖已具有根基，猶必乘時，以打通此一關鍵。」

至堪隱軒所紀，治清民交替時史實者，多所引用，頗能傳信，故並及之。寫至此，已佔了千字以上篇幅，而拉集無章，殊不敢以用答於江先生也。

合肥幼女為張佩綸繼室

因錄述項城致于晦若氏一函，使我又想起其致張幼樵（佩綸，李鴻章之婿）函。前所為文，僅述其於該函之尾，開列一古物名單，有同商店之發票，為俚俗不可以耐。現擬補述張氏一二事，以見持權者之庇護親信，不顧時評，即明智如李合肥，亦所難免。

按張氏初以少年詞翰，為李合肥所激賞，漸乃成唯一親信。親信矣，而又唯一，即令後來鬧到聲名狼藉，朝野交攻，而李氏不恤，仍袒庇而信賴之；甚且以年幼愛女，媵一年歲懸殊之張氏為繼室而不計！後人有以李合肥之於張幼樵，比諸段合肥（祺瑞）之於徐又錚者，雖則又錚與幼樵，才氣與性格，各有其極不相侔之處；而知遇同，信任同，殆亦各有莫可理解之緣份在也。

喪師沉船閩人恨張入骨

當甲申中法之役，張氏得李合肥之大力援引，獲派為「會辦福建軍務」、「兼船政大臣」。當時督辦軍務之欽差大臣，即平定回疆返旆之左文襄（宗棠）；幫辦，則為穆圖善、楊清濬二人。以中法肇衅，海防告緊，故清廷有此措施。其時左已年邁，為暮氣所乘，無復昔時經綸與光燄，遂一切委諸幫辦與會幫。實際則任會幫之張氏，負責為多，因張才識，自較穆、楊兩幫辦為優也。

及戰事起，喪師於基隆，沉船於馬尾，不戰而潰，致使法人猖獗，閩人遭其蹂躪，乃恨之入骨，閩人官京之潘炳年編修，憤張氏之誤國，斥李氏之偏袒，即會同閩籍在京官員三十九人，公揭彈劾，其參摺洋洋數千言，略謂：「……張佩綸到閩後，一味驕居，撫藩畏其氣燄，事之維謹，排日上謁；而張佩綸除大擺其官架外，竟未籌及防務。至法艦已駛入馬尾，艦官倉卒入告，張得勝，又緝得引港奸細請辦，張佩綸竟置而不理。……身為將帥，足未嘗登於船艦，乃聚十一艦於馬江，環以自衛，各輪管帶，迭諫屯艦之非，張佩綸又斥之。事急，則竟乞緩於敵，如國體何？聞炮而先逃，如軍令何？『中歧』即『馬尾』，『彭山』即『鼓山』麓。張佩綸自言其走，或混或分，如地勢迴隔何？如二而一何？」

潘氏此摺，已揭露張氏醜態無遺。隨又作結論曰：「……張佩綸所恃為奧援之人，聞私電某公，有：『閩船可燬，閩廠可燼，豐潤學士，必不可死』之語，則張佩綸早存必不至死之心，無怪乎調度乖張於先，聞戰潛逃於後，敢肆無忌憚如此也」等語。摺中所指奧援，即李合肥（鴻章）、張南皮（之洞）也。豐潤，張氏籍也。閩人殆亦知有李合肥等為張氏護符，必難獲直，乃妙想天開，發起為張氏在馬江立一「敗績紀恥碑」。此碑一立，張氏以傳，合肥亦何幸，因乃婿之殊榮，而得以附傳焉！後世袓親信至死而不悟者，其鑒諸。

「祖玄女史」獨同情張氏

正值舉國對張幼樵皆曰可殺之際，閩省人士，方起為其建立「敗績紀恥碑」，乃有紅粉知音，號「祖玄女史」者，卻獨同情張氏，為〈基隆詩〉二首以慰憐之，據某稗史所紀，其大略如次：「崙樵（指張幼樵）就坐在床邊，一面和肅毅伯（指李鴻章）談公事，瞥見了桌子上一本錦面的書，上寫著『綠窗繡草』四個字，下面題著『祖玄女史弄筆』六個字。崙樵趁肅毅伯一個眼不見，將書輕輕拖了過來，翻了幾頁，見字跡娟秀，詩意清新，知道是閨閣手筆，心裡羨慕不已，忽見兩首七律，題目是「基隆」二字，你想，崙樵此時，怎不觸目驚心？……」

這可想到，基隆馬尾，正是張幼樵敗逃之地，當然對此二詩，要細看下去了，今錄其全詩於左。

其一曰：

基隆南望淚潸潸，聞道元戎匹馬還！

一戰豈容輕大計，四邊從此失天關。
焚車我自寬房琯，乘障誰教使狄山！
宵旰甘泉猶望捷，群公何以慰龍顏？

其二曰：

痛哭陳詞動聖明，長儒長揖傲公卿。
論才宰相籠中物，殺賊書生紙上兵。
宣室不妨留賈席，越台何事請終纓。
豸冠寂寞犀渠蓋，功罪千秋付史評。

按稗史所指「祖玄女史」，即合肥最鍾愛之幼女，大概平時，已習聞乃父之稱許張氏，為一代奇才。其馬江逃敗時，又見乃父有：「閩船可燬，閩廠可燼，豐潤學士，必不可死」之救助電報，遂以動其一片憐才之芳心，因而有此二詩之作。

閩人為張建敗績紀恥碑

抗戰時，筆者遇薩鎮冰海軍上將於衡陽，薩閩人，又屬海軍耆宿，因詢以上述各事之有無虛實？據薩笑曰：「聞張幼樵看到此二詩，尤其看到『焚車我自寬房琯』一聯，感情激動，不禁熱淚盈眶，即乘勢向合肥叩頭，謝其舉家見知見憐之大德，以後因以與李女聯成姻眷。」

今將薩說，用來比較稗史所載「崙樵看了此詩，知是肅毅伯掌珠所為，即趁勢跪在牀前，向上求婚」一段，則薩將軍所述，似為自然而又合理。

我又詢那「敗績紀恥碑」的碑文，出誰手筆？措詞何若？

薩將軍答稱：「事隔數十年，已記憶不清，只記得還配有一副對聯，為七字句，頗諧妙，也一字記不起了。」

適有河岳路局督察蕭君在側，戲謂薩氏曰：「此君（指筆者）工為聯，曷不請為補作一副，以留佳話？可保證滿意。」

薩氏時已年近八十（或逾八十），聞言大喜曰：「君作我寫，即以交君保存，留一故實如何？」

我見老人逸興遄飛，比即集句，勉為湊成一聯曰：

渺渺兮予懷，竟負所懷，瞻之不見馬首！
堂堂乎張也，是亦走也，死有重於泰山！

薩將軍初看此聯，有點茫然，只贊以「句句，都是成語，真不容易。」及再細看，似有所悟，始大笑曰：「妙哉！妙哉！張幼樵敗在馬尾，當然『不見馬首』；而泰山句，又剛剛指著乃岳合肥，抑何其神？」

我謹謝曰：「一已成過去史實，本不應再作譏彈，只以承長者命為之，初未計及出語有傷忠厚，奈何？」

薩氏笑慰曰：「君出語渾凝，並不尖刻，將來壽命，保證比我還高。」

於是相與鬨堂。為念老人風趣，特記及之。

彭玉麟、張之洞是否真能「和衷共事」？

花寫影

彭玉麟致友函牢騷滿腹

現擬一談彭雪琴（玉麟），與張香濤（之洞），於「瘴海同袍」時，是否真能「和衷共事」？以告讀者，並以答江先生函示之另一節。江先生大函中一段略謂：「彭剛直（指彭玉麟）薨後，張香濤曾挽以聯，其中所稱『瘴海同袍』，大概係指甲申中法之役。剛直當時奉命，以兵部尚書，督師廣東，因與粵督張振軒（樹聲）不睦，朝中乃調張香濤（之洞，時任晉撫）署理兩廣總督。彭張間，頗能『和衷共事』，諒山之勝有以哉！張香濤此聯，似頗能道實，其實讚彭，亦兼以讚己也。又張得諡『文襄』，論者不無疑焉。按清會典臣謚項，對襄字之完義曰：『闢地有德，甲冑有勞，因事有功。』張之能得『襄』字，而與左季高同，或即因甲申之役，彼在兩廣任內，有選將籌餉之功也」云云。

按彭剛直與張香濤間之所謂：「和衷共事」，彭個性忠清，確能老老實實「和衷」；張則於和衷之際，並不十分老實。我們可參看剛直致友人書，及文襄詩註，便可知其大凡。茲請引證剛直致其鄉人何鏡湖氏手函，其中略謂：「愚奉命南來瘴海，規畫海防諸端，始則受扼鈞名怕死之張振軒，繼則受紿於巧宦大言之張香濤。張香濤初似推誠相與，恭維備至，故凡一切摺奏電奏，均由伊屬稿，愚具名或聯銜而已。以心相許，不虞有他。但後來廷寄中，間見過則責我，功則屬張之處，方悟其詐，此吾先師文正所謂：『寧替蠢漢著鞋，不共巧人打齋』者是也。愚因漸以鄙其喜弄權術，而又好為大言，賢於張振軒亦有間也。曾懇切諷其：『好大言，徒欺自己，文正師，訾為智笑愚騃者；弄權術，乃對待敵人，語孟所謂「不誠無物」者也！』伊於此論，不許為出諸肝膈，以臨患難，反視為有意戳穿其短，幾至惱羞成怒。此種誇詐之境，以愚憨直之性、疾病之身處之，又何能以一朝居？刻已奏請病假，如獲放歸，花藥寺旁，回雁峯頂（均在衡陽近郊），為吾與子，共寫十萬樹梅花處也。」

剛直（彭玉麒）與何（鏡湖）同里，共擅畫梅，有時，何為代筆，可以亂真，故剛直題何所寫《南嶽探梅圖》，有：「萬樹梅花半姓何」之趣句。可以見其彼此投分之深！宜乎，剛直嘔氣於宦海之中，只好向天末故人，作盡情之宣洩也！

對張香濤不望同為君子

又請引證剛直致其知友王湘綺氏手函，其中一段略謂：「弟於張香濤，惟冀『不可罔以非其道』，而從未望其同為君子！更何敢許為聖人？乃足下來書，竟責以『不聽忠告，不作預防，致受如馬士英者之侮弄。』而不知弟方受命於艱危震撼之頃，除以誠待人，以共固吾圉外，尚暇與彼輩鬥閒氣哉？往者，足下亦常誦香濤『君去江干蘭自芳，君詩蕩氣更迴腸』之贈句，許為才氣不群；近者，則聞香濤，曾面調足下以：『君為博學，我做鴻詞，始稱實際』之語。而足下斥張為不自量，而不知香濤已自量其位高望重，始敢凌獵到皋皮撰杖之上都也！又誰謂香濤為不智哉？弟行前，彼曾約以必枉道衡陽訪我，弟辭以：『君慣廊廟！我慣江湖！君欲為張劭，我或不及范式也！』」

我們讀剛直上述二函，則彭、張間之所謂「和衷共事」者，恐有待研討。剛直為鐵錚錚男子，輕死生，重然諾，清廷畀以高官厚祿，而獨能竣拒不受，豈尚欲於嶺外，與兩張「爭座位」乎？吾謂文襄，實亦當時健者，一念之誤，頗能知悔，試引證文襄所為詩及附注，便可略窺其隱。

翁同龢對張詩見微知著

現更引張香濤本身所為詩，及其詩註，以資取證。張氏在未督兩廣，及未與剛直共事前，曾為謝伯馨氏題〈彭侍郎（即剛直）畫梅圖〉一詩，中有：「此花倔強如此老，老將畫筆龍矢矯。……但見嶺頭月掛樹，不知世上霜殺草。」等句，其對剛直，何等傾慕？接著又說：「豈知霜寒冰已堅，長松巨柏今凋殘。」這兩句下，記得文襄曾自註曰：「時文正新薨。」是其對死者，亦尚傾慕而無間言。至對其業師胡文忠，則更頌揚與欽佩齊來，標榜與捧場備至。當時明眼人，已漸覺其讚胡即以自況，後來再督兩湖，其謁胡祠諸詩，讚還有讚，但詩中有骨了。如〈同楊叔嶠登樓望餘雪〉末二句云：「憫牛誰誦河東賦，清嘯南樓恐不倫。」其所登樓，即胡祠北樓。已有南樓北樓對峙之概。及題〈杜征南祠〉末二句云：「羊傳德優才未若，遺踪卓冠漢江潯。」則有點以征南自況，而抱冰堂（文襄在黃鶴樓旁所築堂名），已卓冠曾祠胡祠間矣！則又何有於區區一「退省庵」？

又當文襄（張之洞）由兩江再移督兩湖也，翁常熟（同龢）致鄧小赤（華熙）函，有：「近偶見孝達督部：〈發金陵至牛渚〉一詩，已覺其驕倨自喜，恐不能為足下道地也」等語，此詩屬詞比事，均臻上乘，不管其如何驕倨，而筆者絕喜誦之。茲錄其全詩如左：

牛渚春波淺漲時，武昌官柳已成絲。
東來溫嶠曾無效，西上陶恒抑可知。

文襄只自比於溫嶠、陶桓，而未比管仲、樂毅，翁常熟即已見微知著，宜後人許翁為一代權相也！我何以必引證這些詩？請摘錄曾著文襄弟子籍之鄭海藏（孝胥）與樊雲門（即樊增祥），相互論答手函各一通，便知其詳。

張之洞喜阿諛愈老愈篤

樊致鄭函略謂：「南皮師詩稿，初經袁忠愍（昶）、龍伯鸞（鳳鑣）諸公，先後刻印，而師屢有刪易，迄未定稿，且多補作之什，故每年次更難編定。……，癸卯（即光緒二十九年，一九〇三）以後諸作，則杜陵徙夔，東坡渡海，有神無跡，亦純屬自然，技也神乎，為歎觀止！世人病其揚己抑人，大言炎炎，處處見諸詩內，固其平生一短，有以過於自是，欲刪而不存者。增祥獨謂徵信補闕，存之為是，賢者以為何如？」

海藏答函妙極，略謂：「……廣雅（即文襄張之洞）驕人，實因眼中人，皆太低落；至於喜承奉，好大言，則愈老愈篤，生性然也！閻文介（敬銘）、李文忠，均謂其無心之為惡，與有意以沽名，恰同於左湘陰；則吾黨小子，尚在同意與否之間！於詩則尊函所論誠是。廣雅於後進中，極喜散原（即陳三立），乃散原侍遊詩，有『作健逢辰領元老』句，廣雅誤會為散原想領導老師，大搖其頭，斥為費解；及散原再獻詩，有：『會起臥龍襄水曲，更當騎馬習家池』句，廣雅始對賓僚微哂曰：『陳詩，欲吐還吞，多晦澁語，惟此詩，頗明暢達意。』賓僚有退而笑曰：『比以臥龍，又替龍點睛，豈止達意？而且通靈！散原從此不朽矣！』廣雅一生，既喜阿諛誇誕，故以為不必刪減，存全貌可也。」

該函又論到易名一事，略謂：「本朝易名為文正者，約五六人，如湯斌、朱珪、曹振鏞、劉統勳、曾文正等，廣雅對『昭代五文正，惟公踞斗魁』之曾滌生（即曾國藩），尚有微詞，其他無譏焉矣！易名為文忠者，約八九人，如林則徐、胡林翼、周天爵、沈兆霖、駱秉章、文祥、李鴻章、傅恒等，廣雅更以為卑不足道，而自認：「他年易名之典，『文正』二字恐已無份，如遇一讀書宰相為擬簽，則『文忠』二字，必佔一席。」此孝胥於廣雅坐上，所親聆者。乃復竟易名「文襄」二字，非廣雅始願也，殆遇著不讀書宰相也！」

彭玉麟諡剛直死而不朽

按彭剛直（即彭玉麟），卒於光緒十六年（一八九〇年）四月。其年三月，曾劼剛（紀澤）已前卒；八月，前雲貴總督，與剛直同以水師起家之楊岳斌亦卒；十月，曾九帥沅甫又卒。湖南於一年內，而喪四良，時人多惜之。尤其彭剛直之薨也，天下高其亮節瓌行，清廷以「剛直」二字易名，朝野翕然稱當！據名重一時、發言不苟之劉蔭渠（坤一）致其同郡魏都郡午莊（光燾）函略謂：「雪翁（指剛直）之喪，朝臣初擬『剛介』二字，以為易名之典；呈進後，宸定『剛直』二字，以國家二百年來，無此直臣也！此公其不死矣？張香濤，功名之士耳，初慕雪翁之名，如對大賓，專事表面敷衍，宜乎豪邁如雪翁之挹鬱寡合，而彼尚幸以為雪翁未察其隱為得計，此間諸君子，聞其挽雪琴聯，有『艱危共奠重溟浪』語，均以為『雪翁下水，香濤並不在場，鞋猶未脫，又何曾橫海共奠此浪？』不過弟卻取其不步張振軒興風作浪之後塵，以顧全危局，實有足多。少荃宮保，八面玲瓏，以不見涯岸著稱，惟對剛直與張振軒之間，則力主罷張，真不愧認包龍圖作鄉親也」等語。蓋宋包拯，亦合肥人，李少荃少時，曾戲仿袁簡齋：「錢塘蘇小是鄉親」句，鐫一詩章曰：「龍圖學士是鄉親」故也。

彭張兩人始終貌合神離

同時，劉（坤一）又致函剛直族侄彭向青太史，其中一段略謂：「……雪翁往矣！浩氣固長存天壤間！昔張振軒督粵，自督淮軍，守黃埔第二陣，漸又移近城郊第三陣，而令粵軍守虎門各壘為頭陣，粵軍怨噪，致釀成淮粵水火之局！雲翁見其處置乖謬，乃更於虎門各壘之前方，築二炮台，自督湘軍，守最前一陣！淮粵兩軍，俱為慚服。但振軒制軍，又誤雪翁為揚己抑人。雪翁聞而大忿，推倒『香腰』，投箸而起，即遞摺稱病！」

香腰者，剛直所創製之名菜，其法會烹雞豚牛羊肉各如干斤，佐以蔬筍，堆砌成塔，香氣四溢，故曰「香腰」，又曰「寶塔菜」。剛直食量兼人，非如此，不能饜飽也。至今，其故里衡陽，尚沿習之。

又劉函最後一段則謂：「振軒離粵，香濤署督，雪翁以其對己尊禮有加，滿冀可以有為，然終於貌合神離，有苦莫訴，古人謂『白首相期猶按劍』，處功名之際，亦誠難矣！雪翁與湘綺，交稱莫逆，如撰雪翁傳略，恐非湘綺莫屬，敢祈以僕所論列，於下筆時略及之，以存史實。……」等語。

各方責文襄有負彭剛直

吾人看了上述各項紀載，已大略知彭剛直之為人如何？而張文襄之為人又何如？文襄挽剛直一聯外，尚有一詩，詩則後來在鄂補作也。中有：「天降江神尊，氣吞海若倍。軍離終成睦，民恐頓忘餒。雪濤擁虎門，兩角高崔嵬。孤軍壁其外，免冑不披鎧。共苦感士卒，任難服寮寀。」等句，其自註約百餘字（過長不錄），亦縷述淮粵軍不和，及剛直獨率湘軍，屯虎門最前陣事，與劉蔭渠致彭向青函意正同。

又有：「北歸未過衡，一面至今悔！急難不尸位，此意空千載。……群蒿豈任柱，雨泣問真宰。」等句，則為抵鄂後，各方有指其負剛直者，文襄乃坦率述意，且自註曰：「余移湖廣，本擬自韶州度嶺，取道衡陽，專視公疾，後以有奏明過滬商榷之事，遂由海道，不得過衡陽」云云。當時代文襄寫《勸學篇》之鄒沅帆（茂才），睹此詩註笑曰：「既有張范久要之約，又何不奏明先過衡陽，一視剛直？」其實文襄此詩，真意百轉，朱絲三歎，已能不再欺死友，再忘死友矣！又何必過責？

吾謂張香濤詩，最能見道者，莫如〈連珠詩〉三十首，蓋仿陸士衡「演連珠」體，以寫平生經歷，大概數十年來積累而成，非一時一事作也。就中如追念剛直，視其「好大言」一首有句曰：「耕當問奴，織當問婢。兵繫國存亡，將繫民生死。書生好大言，法吏多吝鄙。劉秩陳陶覆，吳隱廣州委。謏才蹶街亭，琦賢挫好水。軍容唐掣肘，言路明鬨市。罷鎮歸郡縣，宋氣不能起。能兼文武才，翁歸世無幾。……」曲折道來，亢龍有悔，剛直九原可作，亦當首肯其見道之深、進德之猛也。

張香濤，卒於宣統元年（一九〇九年）八月，距今已數十年。那時筆者，不過一丱角小童，當然與張氏既無交往，更無恩怨，故對張氏之敘述，完全根據最近數十年內，各方面所存藏之筆記、手札、及師友們所口述者，熟加甄審，方敢引用。尤其不敢鈔書矜博，僅憑記憶所及，寫以自遣，因之，引用劉蔭渠函中：「雪琴下水，香濤並不在場」二語時，亦不欲瑣屑說明來歷，徒佔篇幅，致勞江先生賜函：有「引或人譏張之言，或有誤會」之代慮，此「或人」，蓋即劉坤一，及其所稱：「此間諸君子也」。謹以置答，用副雅命。

得謚文正、忠武屬殊榮

又有清一代，獲謚「文襄」者，亦近十人左右，其中佼佼，如福康安、左宗棠、李芝芳、勒保數人，對襄字之定義，除「闢地有德」一項，只能做到地闢而德待修外，其餘如「甲冑有勞，因事有功」二項，則均做到八九成也。次如明亮、如靳輔、如舒赫德、如兆惠等，或者不「真襄」，或者「襄而不文」，便不一定謚號與謚義相符。可見清廷對臣謚，有時亦不公平或失當。最鬧笑話者，為對洪亨九（承疇），既列入貳臣傳之前茅，而又予以「文襄」二字之美謚，此雖表裡互用，要亦自打嘴巴！朱竹垞所嗤為「投之糞坑，而又供之廟堂」者也。至張文襄，論其才詣，在一群「文襄公」中，亦屬佼佼之選，如取謚義，嚴格相衡，則「闢地有德，甲冑有勞」二項，恐亦不能謂其銖兩悉稱，當之無愧！或者當時廷臣，亦以其「因事有功」，予以斯謚。故江先生亦謂：「張得謚文襄，論者不無疑焉！」所見固略同也。

自宋以來，文人以得謚「文正」，武人以得謚「忠武」為殊榮！因「文正」二字，司馬君實（光），曾稱為「謚之至美者」，後人遂循尊之。「忠武」二字，則為中國歷史上，第一個具有最高武德的岳鵬舉（飛）所領有，後人更為珍視。但有清一代，獲「忠武」二字美謚者，連最後一個張勳，亦算在內，如向榮、如塔齊布、如楊遇春、如馬玉崑、如張團樑等等，幾有六人之多！此六公者，固各有平生；但亦可見清廷謚典之寬而且濫矣！尤其皇帝之師保近臣，甚有於死前，即預乞某項謚號者，身後是非，自己來管，所謂「死也要臉」，又何譏焉？

左宗棠對謚號斤斤計較

更可哂者，如左襄，聞曾滌生之薨，予謚「文正」，便大呼：「曾滌生可謚『文正』，我死後應謚『武歪』了！」故其致郭意城函中，有最幽默而微露淺薄之數語曰：「……但於身前自謚曰：忠介先生可乎？一笑！」以左氏之目空天下，猶斤斤計較於身後之一謚，而亟思以及身得悉為安，則如死而有知，知其不得躋於曾文正、胡文忠之列，乃竟降而與張香濤同一易名，不且更要羞與為伍，一辭再辭，大罵特罵乎？

又如曾九帥予謚「忠襄」，美之者如易實甫，則有：「合胡文忠左文襄為一人」之挽句；而譏之者，則有：「文襄之霸，不務於諸侯」之誚詞。蓋穿鑿子大叔語以相戲謔也！

再如翁同書，貶死戍所，一切處分尚待開復，而乃弟翁同龢，則以進退，以代罪，力爭易名之典，因其兩代宰輔，又屬天子師傅，故終獲謚以「文勤」；但譏之者則曰：「柳下惠為盜跖表忠。」

至如李次青（元度），自知李廣數奇，封侯無份，聞左季高、李少荃輩，亦獲封號，乃為詩以誚曰：「功名幾輩爛羊頭。」曾文正聞之，獨憮然曰：「次青低處不勝寒矣！」不作莞爾，而獨憮然！不曰「高處」，而曰「低處」，實深能體味低處人之苦況也！

李鴻章遺疏並未保薦袁世凱

高山流

袁世凱一生權詐，為了一己的權位利祿，什麼手段都可以用得出來；最後，終於玩火自焚，為天下後世留下永久的罵名。筆者早年寄居故都時，與北洋政府若干舊人時有往還，其中有關袁世凱之軼聞頗多，今願藉《春秋》一角，補而述之。

「金匱留名」有段古

張國淦字乾若，是當年北洋政府的要員，歷任總統府秘書長，農商、教育、交通等部總長，他因湖北同鄉的關係，深得黎元洪的信任；同時，他在清末曾服官東北，為徐世昌所賞識，因此結識了袁世凱和段祺瑞等北洋巨頭。袁世凱當政時，為要利用他拉攏黎元洪，一度任袁的總統府秘書長。袁死後，黎元洪繼任總統，和段祺瑞發生「府院之爭」，他經常從中調處。

據張國淦當年親口對我說：袁在搞帝制以前，曾授意參政院「選」他做終生總統，並規定總統生前推薦繼承人，作為下一任的總統；推薦的辦法是在中南海的某一假山裡，鑿一石室，總統密寫繼承人的姓名，放置在一個金匣內，藏入石室，加以封固，等總統死後出缺，即由國務卿會同其他大臣開啟。如推薦者在一人以上，則由參政院就其中選舉一人作為總統。這個金匣和石洞，當時稱為「金匱石室」。

帝制失敗，袁羞憤而死。他死後，段祺瑞等去開啟這個金匱石室，卻發現袁所推薦的繼承人乃是段祺瑞、馮國璋和徐世昌等三人。當時段等感激涕零，認為過去懷疑老袁一心只為子孫打算，原來他對老部下還是有深情的。

據張國淦說，這是袁的故弄玄虛。在雲南起義，各省紛紛響應，袁被迫放棄帝制以後，有一天他叫張國淦秘密把這個金匣子取來「看看」，第二天，又叫張氏送回去重新固封起來。因為張氏是袁的老秘書長，也是最信得的人，所以才叫他去取出再放回原處。顯然，就在他「看看」的那天晚上，已把原來寫的袁克定換了段祺瑞等三個人的名字了。

袁這一手，不僅想在死後籠絡段、馮等老部下，也挑撥了這些人對黎元洪的關係，伏下以後「府院之爭」的火藥線。

李氏「遺疏」未提袁

光緒二十七年辛丑五月，與慶親王奕劻並受命為庚子全權議和大臣的文華殿大學士李鴻章，在任病故，所遺的直隸總督兼北洋大臣之缺，朝旨以山東巡撫袁世凱署任。袁世凱在當時雖然已經貴為封疆大吏，但資望畢竟尚淺，一旦繼李鴻章之後而出任「疆吏之長」（直隸為皇畿，直隸總督在全國督撫中，名列首位。曾任直督的陳夔龍，在所撰的文中就曾有「忝列疆吏長」的得意語），自不免引起世人的揣測。傳說這是由於李鴻章在遺摺中一力保薦，袁世凱方得膺此重任。但筆者以為此說絕非事實。

因為李鴻章的遺疏，我從前在北京曾閱過全文，其中並無保薦任何人繼任直督的話。茲在舊匣中尋出囊日抄件，特將李氏遺疏，全文照錄於後：

> 奏為臣病垂危，自知不起，口占遺疏，仰求聖鑒事。竊臣體氣素健，向能耐勞，服官四十餘年，未嘗因病請假。前在馬關受傷，流血過久，遂成眩暈。去夏冒暑北上，復患泄瀉，元氣大傷。入都後又以事機不順，朝夕焦思，往往徹夜不眠，胃納日減，觸發舊疾時作時止。迭蒙聖慈垂詢，特賞假期，慰諭周詳，感激涕零。和約幸得竣事，俄約仍無定期，上貽宵旰之憂，是臣未終心事。每一念及，憂灼五中。本月十九夜，忽咯血盌餘，數日之間，遂至沉篤，群醫束手，知難久延。謹口占遺疏，煩臣子經述恭校寫成，固封以俟。伏念臣受知最早，蒙恩最深，每念時局艱危，不敢自稱衰病。惟冀稍延餘息，重睹中興。賫志以終，歿身難瞑。現值京師初復，鑾輅未歸。和議新成，東事尚棘。根本至計，處處可虞。竊念多難興邦，殷憂啟聖。伏讀迭次諭旨，舉行新政，力圖自強。慶親王等皆臣久經共事之人，此次復

同更患難，定能一心效力，翼贊訏謨。臣在九原，庶無遺憾。至臣子孫，皆受國厚恩，乞皇
太后，皇上聖鑒。謹奏。

遺疏中並沒有保薦袁世凱繼任直督的話。但根據袁世凱致于式枚的函中所述，似乎李鴻章向兩宮奏薦袁世凱之才一事，確屬實在。看來，李鴻章的保薦袁世凱，事屬不虛；不過，並不是在遺疏的正文中言及，而是在附片中奏陳的。

資望雖淺簾眷甚隆

李鴻章遺疏保薦袁世凱，這件事即使是事實，但仍不能說袁由魯撫擢任直督是由於李的保薦之力。這點，我們從時間上來看，就可知道。光緒廿七年九月二十六日，太后與帝由河南鞏縣抵汜水，接獲李鴻章電奏：「臣病十分危篤……現已電令藩司周馥來京，交代一切矣。」二十七日，兩宮抵滎陽，行在軍機處接直隸布政司使周馥電稟李鴻章因病出缺，當即奉旨以山東巡撫袁世凱署任直隸總督兼北洋大臣；袁未到任前，由周馥以藩司護理；山東巡撫則由張人駿補任。直至十月初二，兩宮由中牟抵開封駐蹕的次日，才接到由郵驛遞來的由周馥代遞的李鴻章遺疏。從先後時間來看，可見朝旨的以袁署任直督，並非由於李的遺疏保薦。

袁世凱在當時雖然資望尚淺，但我們知道他在戊戌告密而出賣光緒帝一役中，已深獲太后賞識

和感激，自此以後，簾眷甚隆。袁在魯撫任中，嚴禁義和團，又深得洋人的讚許推重。八國聯軍入京後，那拉氏由排外而懼外，由懼外而媚外，唯恐洋人不歡，袁世凱能得洋人推重，已具有升官的條件；再加之簾眷本隆，又得那拉氏的心腹親信大臣榮祿為他的奧援（榮祿當時隨扈還京，日在那拉氏之側），其被擢督畿輔，自有因緣，固不必待李鴻章的遺疏保薦也。

閒話晚清幾位名臣的遭際
——由翁同龢、瞿鴻禨、李文田說到寶竹坡

梅僧

清朝的政治，是君主獨裁制，所以沒有宰相這一類官。大學士雖號稱宰相，那只是沿襲舊稱，並無實權。軍機大臣雖有實權，但只等於皇帝的秘書，也不是宰相性質，不過無日不與皇帝見面，在必要時，一日見面還不只一次，一切章奏諭旨，都經他們之手，事實上算是最高負責政務的人；因此皇帝於軍機大臣要選擇極親信的，在禮貌待遇上也比較隆重，很少加以罪名而罷免的。

翁瞿兩軍機先後被罷免

到了慈禧后統治時期，卻發生過兩次軍機大臣單獨被罷免的事：一是戊戌四月的翁同龢；一是丁未五月的瞿鴻禨。幾乎十年之中照樣重演了一次。翁同龢的罷免是由於慈禧與光緒帝的磨擦。翁氏為帝黨，引進維新派人物，觸慈禧之怒，本來還不過用開缺回籍的名義；及至八月政變以後，又

加上一個交地方官嚴加管束的處分。這對於一個執政重臣而又兼為兩代帝師者，在當時實是太不留面子了！

瞿鴻禨的罷免，也用開缺回籍的名義。表面上是由於有人參劾他勾結御司和報館，其實也與接近維新派有關。據一般傳說：有一天，慈禧單獨召見瞿氏，告以慶親王已老，我要叫他休息。瞿向不滿慶王，喜而歸告其家人，當時中書汪康年之夫人正在瞿宅任女教師，聞得此消息，輾轉漏言於外報記者。過一天，慈禧宴請各國公使夫人，英使夫人居然在筵前面問此事，慈禧為之大怒云云。其實國際宴會，一般不會談及國政，英使夫人面問慈禧一節，在事理上殊不合。其罷免實由於內部傾軋已久，至此爆發而已。

拉攏岑春煊仍難敵慶袁

瞿氏在軍機中，雖為慈禧后所寵任，然而慶親王與袁世凱交結正極緊密，瞿氏處在這樣矛盾對立中，先想利用最鋒利而又為慈禧所最寵眷的岑春煊來抵制袁世凱，調岑到京，發表郵傳部尚書。沒有幾天，又被慶袁兩人識破，外放岑為兩廣總督。接著瞿氏的同鄉趙啟霖和門生江春霖兩御史又上奏章，揭發慶王父子的貪污；汪康年更不斷在報紙上攻擊親貴，更遭慶袁的嫉恨。慈禧最恨的是康梁，於是慶袁就用這話來傾陷瞿氏。瞿氏在戊戌變法中，表示過積極，曾首先保舉經濟特科人才，當時他還是江蘇學政，沒有實權，所以未被頑固派指名攻擊。後任軍機，曾經婉勸慈禧大赦黨人，慈禧倒也沒有動怒。關於這件事，康有為曾有詩說：「三犯龍鱗敢舉仇。」自注：「光緒辛壬西狩間，公三舉鄙人，后怒公舉其仇，幾不測。」有人認為康氏這話不盡可靠，可能說得過分些，瞿氏未必敢於直接保舉康有為，若泛指戊戌黨人，則比較近情理。但無論如何，瞿、康兩人有關係，是無可爭辯的事實了。慶袁當時怎樣對慈禧進讒言，自不得知，不過據事後慈禧對人說過「瞿鴻禨混帳」的一句話，可以說明一定是與戊戌保皇黨有關的餘恨。

岑春煊正在赴兩廣總督之任的途次，一聽瞿鴻禨的下台消息，就在上海逗留不肯去廣東了。不久也被蔡乃煌假造岑與梁啟超合照的像片，向慈禧告密，因而罷職。由此可知，瞿、岑兩人的進退是有連帶關係的。且瞿去，袁世凱就入軍機，其互為消長的痕跡更為顯明。

瞿鴻禨相貌很似同治帝

翁、瞿兩人政治的下場，幾乎如出一轍。但兩人出身則大不相同。翁是江蘇世家公子，父翁心存是咸同間的大學士，兄同書、弟同爵都是巡撫；他自己又是狀元。在當時仕途中佔有優越的地位。而瞿鴻禨不過一湖南寒士，其所以能扶搖直上，只因他在翰林出身的大官中，年力較富，經過戊戌、庚子幾個動亂，比較沒有色彩，當時要物色這樣一個人，配合所謂新政，在慈禧看來，只有他最合式的了。慈禧對他原是十分信任，據說關心到他的生活，為了他不吃葷，下令在筵宴時為他特備一席，這是對於漢大臣非常的優禮，宮廷中都傳為異事。外間又傳說瞿氏的相貌很像同治帝，也不為無因。據瞿氏家乘記載，當他第一次召見的時候，慈禧問起他的家世，知道他父母俱在，便說：「你這樣年紀輕，很會做文章，你父母很好福氣。」繼而說：「想起大行皇帝，不禁傷心。」慈禧就哭起來了。可見慈禧的見景生情。按此時是光緒元年，離同治帝去世還不到半年，所以稱大行皇帝。瞿氏以編修大考列一等第二名，超升侍講學士，因而有召見的機會，其時還只二十五歲。以後雖然不斷充當學政主考，卻有二十幾年沒有升過官；實際上慈禧一見之後，也並沒有把他記在心上。

關於瞿氏與慶袁對立的複雜內幕，在民國以後，從端方家中流出的文件有袁親筆給端方的私信，被和盤托出了。又辛亥革命爆發，恭親王溥偉為了抵制袁世凱，曾向攝政王載灃建議起用瞿鴻禨為內閣總理，當然是不合實際的空想。溥偉死後，他的日記曾在《大公報》摘登，也提到這一點。這都是外間所不甚知道的。

李文田能講實學未大用

清代翰林中能講實學者不算很多，李文田以探花為文學侍從之臣，在同治朝曾上疏力阻清廷修復圓明園，所謂直聲滿天下，大抵是指這些事。他死於光緒廿一年十月，翁同龢在日記中痛惜之，又有聯輓之云：

積感填膺，斯人竟以衡文老；
遺書滿篋，餘事猶堪藝術傳。

張之洞任兩廣總督時，碰上中法戰爭，之洞與彭玉麟商議戰略，其時李文田請假回故鄉順德，張之洞因為他是廣東的名翰林，也常請他入督署談時局大勢。李死後，張亦有聯輓之云：

士林奉公為師範，朝列奉公為端人，獨憂四海多艱，屢上青蒲陳諫疏；
詞館與我相切磋，粵疆與我商戰守，深痛十年不見，徒懸朱鳥耿文章。

李文田是咸豐九年探花，張之洞為同治二年探花，李比張入翰林早三年，翰林前輩也。

外交家張蔭垣出身捐納，官亦至侍郎，曾任清廷駐美公使。他和李文田是兒女親家，但李文田因為他不是科甲出身，輕之，曾作詩譏蔭垣，有「一條光棍起平空」等句。蔭垣見了很是生氣，李死後，張所致的輓聯猶憤憤不平。聯云：

謬託婚姻，每聞偉論皆譙語；
孤忠眊摯，不以詩名掩治才。

上聯末句的「譙語」，即指他的幽默詩也。怨毒於人深矣。

文田死於光緒廿一年十月，這時正值甲午中日戰爭的後一年，賠款二萬萬兩，尚書孫毓汶述英人稅務司赫德的提議，謂中國有四萬萬人，人賦一兩，可得四萬萬兩。文田目擊時艱，上疏力陳五不可，其中說及「中國千萬之富殆無其人，有之則李鴻章而已。」又說：「翁同龢、李鴻藻，眾望具瞻，何以隨聲跗和，絕無救正。」時文田日夕焦思，不數月鬚髮盡白而病死，翁同龢之上聯第一句「積慼填膺」，即指其憂國憂民。又文田生平兩典浙江，一典四川江南鄉試，及江西順天學政。此外歷充會、殿、散館、朝考，順天鄉試；考試試差、御史、滿漢教習閱卷大臣。試差之多，一時無與倫比，故下句云：「斯人竟以衡文老」，惜其不能大用也。

一條光棍起平空的原詩

文田精研《元史》及西北地理之學，著作十餘種，其弟子繆荃蓀、江標、袁昶、鳳龍鑣等刻入各叢書裡。他又擅長篆、隸、晉、魏、唐書法，以及醫卜星相之術，故下題云：「遺書滿篋，餘事猶堪藝術傳。」都是實話。

據文田的兒子淵碩作〈李文誠公行狀〉，謂李平生屢上封事，在同治朝劾相國瑞麟貪婪，在光緒朝請起用恭親王奕訢，慈禧六十萬壽請暫停點景，賠償日兵費二萬萬賦於民為不可一疏尤為切直，故張之洞輓聯有「屢上青蒲陳諫疏」之句，似不止請停修圓明園一疏而已。

文田係廣東順德人，先世久居佛山，通籍以後，即置業廣州西關多寶大街附近。光緒十年中法戰爭時，張之洞、彭玉麟請他以在籍翰林，勸辦防務籌餉籌械等事，故〈文誠行狀〉說：「張文襄公之洞任粵督，謂公才堪大用，故粵中利弊多所諮詢。彭剛直公玉麟視師到粵，亦刮目相視。前後大府奏請派公勸辦軍務糧餉者二次，修建魚珠沙角等砲台，復增建堅船巨砲，規復陳頭、沙頭砲壘補其未備。」所謂前後大府，指張樹聲、張之洞二人也。正月元宵，粵人有燈市之俗，競尚華侈，時在軍事時期，文田曾親率家丁持木棍毀而碎之，一時怨聲載道，廣州木魚書有《李學士大鬧花燈》一冊以譏之。文田以光緒十一年十一月入京復職，服官都下十年而死，自是與之洞永別，故聯云「十年不見」也。

至前談及文田與張蔭桓為兒女親家，有「一條光棍起平空」句以譏蔭桓。按文田的第二女是嫁蔭桓的兒子的。原詠〈紅棉〉詩云：

曾聞槐棘列三公，幾見紅棉位少農。
半世飄篷誰是主，一條光棍起平空。
繁華至竟歸零落，衣被何曾到困窮，
莫道欲彈彈不得，二棰終日挽長弓。

第三句一作「百粵英雄誰是主」，二棰指徐靖及徐桐。蔭垣自號紅棉館主，弓長即張字。但一說此詩非文田所作，而為其門生何天衢的手筆，姑備一說。

寶竹坡娶船家女而罷官

寶竹坡，原名寶廷，別號偶齋，為滿清宗室中最富風趣的詩人。他於同治戊辰成進士，直言直諫，官至禮部侍郎。

竹坡雖為滿人，但生平不拘小節，浪漫成性，頗有名士派頭。而其一生最顯著的風流案，是當他奉命典試福建時，在浙江江山途中，竟娶兩個船家女為妾，然後又上書參奏自己而罷官。因此，轟動一時，詩人易實甫（順鼎）以詩譏之，其中兩句為：「宗室八旗名士草，江山九姓美人麻。」

所謂「宗室八旗名士草」，係指寶竹坡曾輯與他有血緣關係的詩集，題為：《宗室一家草》，為滿清皇族文獻之一。而所謂「美人麻」也者，則因為竹坡的如夫人患有天花麻面之故。至於「江山九姓」的含義，則更為深遠。由於元末，朱元璋打敗陳友諒之後，即將陳之部屬分為兩種發落：

一、只准他們操理髮、茶寮、喜娘等業，稱之為「墮民」；

二、准他們在水上生活，則不得登陸居住，稱之為「浮家」。浮家除打漁外，尚有專門奉承運載達官貴人，利用其特殊勢力，進行走私勾當。因此，「浮家」視達官貴人為財神，不僅不收船費；而且免費供其一切享受，包括美好的酒宴與妙齡的女子。

數百年間，「浮家」來往的航線，皆由杭州至江山，而江山更為其主要的根據地。《明史》所載：「明初以還，浙江與福建之浮家共九姓，皆屬陳友諒部眾之後裔也。」這就是「江山九姓」的由來。

江山城位於江山港的北岸，為之江航線的一大碼頭。富商巨賈既多集於此，而花船歌妓，亦盛極一時，酒綠燈紅，薰人欲醉，故有風流才子之稱的寶竹坡置身其間，自然樂不可支了。然而竹坡之佯狂落拓，據說另有一段隱情。因為他是主張改革政治的「新黨」之一，又身為滿清宗室大臣，傳統的思想，竟使他不能稍有激烈行動。其處境與內心之痛苦，恰與漢朝的劉向頗為相似。而他之所以娶江山船家女為妾，則是一幕「一托而逃」的悲劇！但他終於由此而得償所願，做了無官一身輕的名士。

竹坡晚年隱居北都，貧困幾無以自存，終日浪跡於叢林古剎之間，留連忘返，頗類謝靈運之為人。他的詩集名曰《偶齋詩草》，共有四卷，十之八九皆為紀念之作，風格則近乎陸放翁。

王緗綺「空有文章驚四海」！

羅石補

「冠蓋滿三湘，斯人獨憔悴！自古有逸才；詩酒薄富貴……」這是先伯贈湘潭王闓運（壬秋）長詩中的四句，當王氏翰苑文名滿京華時，正是曾湘鄉統率湘軍與洪楊馳騁於江淮之際，一時三湘才俊，或率師干，或參戎幕，無不被曾公所網羅；何以才如王氏未被羅致？這倒並非他薄富貴功名，乃由於為曾氏所不取——目為狂妄，由王氏以後的表現，先伯每談論此事，深佩曾公之知人。

（一）

湘潭王闓運，字壬秋，晚年別號湘綺老人，築湘綺樓於其家鄉，潛心著《湘軍誌》並講學。他少年時即著文名，下筆千言，出口成章。入翰苑之際，正值曾文正公統帥湘軍駐節安徽祁門，對洪楊盤據的金陵展開包圍戰。

他趁給假回鄉省親掃墓的機會，迂道經過祁門，晉謁曾國藩，自然具有攀附之意。因當時三湘才俊，幾乎無不被曾氏所網羅，自問以他的才名，曾氏必當留用而畀予重任，所以他是抱著美玉求售的心情而赴帥府的。當然，在曾氏幕府麾下，他的故舊很多，得到大家熱烈的歡迎。以曾國藩的留心人才，對同鄉青年有才名如王氏者，自然早有所聞；因此很快的得到了傳見，使他暢所欲言。

王闓運一向是放蕩不羈的，且眼高於頂，口沒遮攔；這次又是新貴初出都門，面對著的雖是當時總領師干的鄉前輩翰林，他一打開話匣，便滔滔不絕，一瀉千里，絲毫沒有計及聽者的反應，也忘記了晚生之禮。曾氏是觀人於微的，他看到這位青年的言行多不能中規中矩；已先對他有一個狂放的印象。誰知王氏又口不擇言，在歡迎他的宴會席上，一席笑談，更引起了曾國藩的厭惡。

帥府中為王闓運特別舉行了一次歡迎的宴會，曾公親率高級幕賓為他洗塵，王闓運自然感到十分榮寵，酒酣耳熱，談笑風生，他有些得意忘形。到大家提出餘興節目，要求他講故事時，他乃毫不推讓地講述了一則故事。他說：「孔子有位弟子名叫公冶長，這是大家都知道的，但公冶長有位弟弟也是孔子的門弟子，可能大家都不知道，當這位老弟首次去進謁孔子時，夫子正在進餐，他就在餐桌旁進謁，先說明自己是公冶長的弟弟名叫公冶短，奉父母之令，前來請求收入門墻，並呈上了所帶的束脩。夫子在答允收錄他為弟子後，突然向他提出了一個問題。孔子說：『你哥哥通鳥語，你是否也通？』公冶短很恭敬地答道：『門生不僅通鳥語，還精通獸語。』恰好這時孔夫子把一塊骨頭拋到桌下，幾隻狗為爭這塊骨頭而發出吠聲。孔子立即問他：『這幾隻狗說的是什麼？』公冶短答道：『搶到了骨頸的狗並未說話，沒有搶到的狗正在罵他：你伢唻得……我伢唻不得？』」

原來公冶短所說的這兩句話，是湖南湘鄉（曾氏的故鄉）土話，意思是「你能喫得，難道我喫不得？」在座的多湘鄉人，非湘鄉人，也經常聽到這種口頭禪，所以故事說完，立即引起了鬨堂大笑。可是坐在主位上的曾大帥，卻笑顏中合有慍色。因為這一則故事，隱含著諷刺當時曾氏及其部屬正在爭取先入金陵城第一功的意思。

（二）

當王闓運說這則故事的當時，正是湘軍圍攻金陵將要合圍的時候。曾九帥（國荃）所率的部隊久任第一線主攻，已經傷亡慘重，感到疲憊不堪；其他的部隊都爭著想擔負起攻取金陵的先頭任務，可是又為曾氏及九帥內心所不願。因為這時明眼人看到洪楊已成了釜底游魚，安忍把自己部隊經過多年前鋒血戰所造成的第一功讓給別人？所以當時李鴻章所率的淮軍向清廷請准前來助戰，曾氏亦藉詞力拒其前來。

很顯然，王闓運在祁門已經聽到了諸將的微詞——對曾氏不派他們的部隊攻取金陵城有所不滿。因而他把骨頭比喻為金陵城，把爭奪骨頭的狗比喻湘軍各部隊長；尤其是狗語出之以湘鄉土話，更是諷刺連湘鄉的將領都爭不到奪取金陵城的機會，其他的部隊更無論矣。

曾氏自然不會借重這位狂放的鄉後輩，於是王闓運也未便久留，在臨行時，曾氏贈送的贐金並不豐盛，這更令他非常失望。於是又不惜轉到曾九帥（國荃）當時的駐地去踩探行情。他這樣輾轉跋涉，即令一無結果，至少可以多得到一筆路費。他平生好打抽豐，屢次遠遊，都要謁見有故舊的地方文武長官，其目的都無非如此。他對曾國藩的不滿——尤其是所贈贐儀太薄——難免在九帥幕中有所透露，九帥也有所聞，其用意顯然是希望從九帥處得到一筆厚禮。

有人說曾國藩是人中之賢；國荃是人中之豪。放蕩不羈的才人與豪放的英雄人物，是比較容易接近的，所以王氏與九帥一見面，大有相見恨晚之慨。不適九帥也是個口沒遮攔的人，他了解王氏的來意在大敲竹槓，首先在歡迎席上開了他一次大玩笑。當酒過三巡，大家都有點醺醺然時，九帥毫不客氣地沒有讓客人開口，自己便先講了一個故事。他說：「有幾位專盜古墓掘寶的人，某天夜裏，發掘了一個殷周時代的古墓，大家高興得了不得。可是把墓完全掘開以後，發現什麼殉葬的物件都沒有。在極端失望之餘，有人提議再掘鄰近的另一古墓，認為必有所獲。不料大家剛作決定，已被掘開的古墓裏忽然發出了聲音，他說：『諸位朋友，實在抱歉得很，讓你們費了這樣多的力而一無所獲；我心裡真過不去！不過你們在掘墓之先，也沒有打聽墓裡葬的是什麼人？再判斷有無殉葬的寶，然後再動手挖掘。像我伯夷，乃由於不食周粟，逃到首陽山來採薇而餓死的，窮光蛋一個，那會有寶物殉葬？你們自然是白費氣力。聽到你們計劃另掘我隔鄰的墓，我覺得不能不告訴你們了，最好不要再空勞而又一無所獲，因為鄰墓所葬的，正是舍弟叔齊，幾見有赤身而葬的哥哥，從他的弟弟身上可掘到殉葬的寶物？』」

九帥這一則故事，顯然是針對王闓運此來的目的而發的，暗示曾公沒有很多的銀子送給他，想到這裏來大撈一筆，那是轉錯了念頭——正如掘伯夷的墓挖不到寶，再掘叔齊的墓，依然是要落空。在座的人都知道王氏此來的用意，聽到九帥所說的故事，自然笑得前仰後合；而王闓運本人，則覺得十分尷尬。

不過曾九帥為人，說歸說，做歸做，在酒席上雖對王氏進行了一場心理戰，但臨去時，卻送了他一筆相當豐厚的禮，使他喜出望外。尤其是王闓運主張曾國藩於收復金陵，掃蕩洪楊餘黨之日，自立局面，推翻滿清王朝，以江淮為根據地，揮師北指，提搗幽燕。九帥對此，頗表心許，遂約他於金陵收復後，再到石頭城重作計議。所以王闓運的《湘軍誌》，對九帥頗為推崇，對曾公卻有微詞。

（三）

王闓運於南京收復後，果然躡屐重來，把他那驚世駭俗的主張與曾國荃重加計議，並徵得湘軍重要將領的同意，但無人有此膽量敢向曾國藩作此獻議。於是王闓運再又以客人身份，慨然請見曾氏，款款陳詞。據說，曾氏先是兩目炯炯注視著他，幾使他神懾而不能畢其說詞；繼後曾氏不發一言，低頭以指醮著茶水在几上不停的亂畫，接著便端茶送客。事後左右在几上看到曾氏所畫者，為無數「妄」字。

第二天曾國藩即命贈王氏的路費，暗示希望他即日離營。王氏當然祇好束裝離去。不久，曾國藩即請求裁減湘軍；國荃以軍功陞任湖北巡撫也奏請開缺。這一連串的舉措，似乎都是曾氏恐國荃及湘軍將領為王闓運的秘密獻策所惑。致遭滅族之禍。

曾國藩平生對人才極為留意，但喜用有鄉土氣息而厭棄浮誇的人——也就是在狂狷之間，寧取狷介之士。雖然狂如李瀚章、鴻章昆仲，他都一概重用而提挈有加，但據說他認為青年士子可以狂放，可決不能狂妄。狂放的人進取心切，大可加以羈勒栽成；如果狂而妄，則無所不為，祇要對個人有利，什麼事都可以做得出。在曾氏的心目中，王闓運便是狂妄之流，無怪乎始終不願加以羅致。

從王闓運以後的行為來直，他的確是沒有作人原則的。他受知遇於袁世凱，他也是帝制預謀人之一，可是他在袁死後卻又加以攻擊。從光緒中葉一直到他去世，他都是經常來往南北，靠打抽豐以供揮霍。凡是稍有淵源的大官，都是他敲竹槓的對象，當接到贐儀的時候，便恭維備至，過去了便把這些交情立即忘得一乾二淨。

例如他光緒十五年（一八八九年）七月，帶了幾個女兒經上海到天津，他遇到友人陳三立，陳告訴他，直隸提督軍門李長樂，曾說過「王湘綺是一代霸才。」使他對李提督頗有知己之感。他到了天津，晉謁當時的直隸總督李鴻章，李氏送了他一筆贐金，又接受了李提督長樂的一筆路費，《湘綺樓日記》七月二十六記云：「李提督送贐一百元，受之。彼以我有霸才，以答其意也。」

從湘綺樓箋啟中，更詳細地指出這位李提督——即當時直隸提督李長樂（字漢春，安徽盱眙人）——早期與太平軍作戰有功，其後又與捻軍作戰，擒捻軍首領賴文光。清廷賞賜黃馬褂，先後授湖北、湖南提督（武官一品大員）。光緒六年，調任直隸提督，駐軍蘆台。這位李軍門對王湘綺既稱其為一代霸才，又遠從蘆台防地專人送一筆贐金到天津餽贈給他，可謂雲天厚誼，王氏的謝函，亦有知己之感，永銘肺腑之慨。

可是就在同年的十一月十六日，這位李軍門卒於任所。照理，王闓運應該要有哀輓他的聯語詩篇，甚至撰寫碑記，以報知己。但遍翻李軍門的哀輓錄裏，既不見王氏的誄文輓聯；即連《湘綺樓遺稿》也未見此，甚至《湘綺樓日記》也未提一字。固然，當李軍門逝世的時候，王闓運已倦遊回到故里準備過年，但一位直隸提督的死訊，朝廷都賜卹准予建祠，在湖南的王氏是不會不知道這一消息的。據《光緒朝東華錄》記云：「甲子，直隸提督李長樂卒，賜卹加提督軍營積勞病故例；戰功事蹟交國史館立傳，並准予謚建祠。」

當時這樣一位一品大員卒於任所，各省都會很快地得到官報的，所以連曾紀澤（國藩之子）出使歐洲正在回國就任戶部侍郎的途中，他都有輓李軍門長樂的聯語：

汾陽故壘授臨淮，古今姓氏同符，勳業亦相伯仲；
湖廣旌旗移直隸，前後聲稱載道，死生備極哀榮。

可見王闓運決不是不知道李長樂死訊的，根本就是由於他的現實主義，對這位被他稱為知己朋友的死，絲毫沒有措意，否則何致如此不聞不問。王闓運的現實和他待人之薄，由此概可想見。

（四）

風流放誕，這是王湘綺自命的，但一般人對他的私德都不敢恭維。他和女傭周媽的畸戀——儼然夫婦，大家都不以為然，何況周媽又是個有夫之婦，他的丈夫是一位流氓型的酒鬼，往往跑到湘綺樓趁王闓運講學時，大吵大鬧，質問他為何強佔有夫之婦，罵得王闓運無言對答，祇好託人出來送錢將這位流氓酒鬼打發出門；但不久錢花完了，又來醜劇重演。

因此，王闓運死的時候，有人撰了一副輓聯，專以他與周媽和周媽的丈夫糾纏情形為題材，極盡諷刺之能事，但都是真實的情景。輓聯的內容是：

繼船山後，為百士師，才識竟如何？祇怕周公來問禮；
登湘綺樓，望七里瀨，佳人猶尚在，不隨王子去求仙。

周公是指周媽的酒鬼丈夫，王闓運最怕的，是周媽的丈夫上門向他理論。周媽的家住在七里瀨，他在生時，和周媽有生生世世為夫婦之約，周媽並發誓如王氏一旦撒手西歸，她必以死相殉，但王氏去世以後，而周媽並沒有隨「王子去求仙」。王氏死而有知，讀到這副輓聯，定當感慨萬千，可是決不能不承認這副輓聯是難得的佳構。

在王闓運去世後開弔時，周媽居然也送來了一副輓聯，這當然是大家都要一讀的。聯語是：

曾臣清，曾臣袁，曾事民國。嘆君一事無成，空有文章驚四海；
是君妻，是君妾，是乃暱友，痛我半生何託？永留遺恨在三湘。

有人說：周媽跟隨王闓運數十年，閨中問字，燈下談詩，她早已得到王氏的薪傳，詩聯均有可觀，這副輓聯，確是出於她本人的手筆。果然如此，連她也不同情王闓運一生行為的乖張，以致一事無成，空有文章驚四海而已。這副輓聯，可以算得王是闓運蓋棺後的定論。

清末吳樾血濺北京前門車站

光華

在推翻滿清建立民國的史程中，曾經有過一個時期，於反清的陣營中，掀起了一股很特別的風氣，那就是「行刺」；專門以暗殺的方式對付滿清大員。參與這一時期的刺客，部份人員是出自民族大義的鼓舞，慷慨悲歌的獻身革命。當然，這一類型的自是有著政治組織的背景，其中著名的如：徐錫麟之刺殺安徽巡撫恩銘；陳敬岳刺殺廣東水師提督李準；溫才生之刺廣東副都統孚琦；熊成基刺海軍大臣貝子載洵；黃復生和汪精衛之擬刺殺攝政王載灃；周之貞刺殺將軍鳳山……等是。

但是，除了這些有組織背境的刺客之外，另外有一些，顯然說不上存有革命的意念，其行動單純是為了反抗政治與賦稅的重壓，鋌而走險的與官吏拚命，目的在於報復。只有極少數的部份，一方面既是為了民族革命的大目標；另一方面卻又沒有政治背景，其行動完全是孤立的。這一類中：於光緒三十一年八月間，在北京前門火車站上，刺殺兵部侍郎徐世昌等人一案的吳樾、張榕、柳聘儂是其中最為壯烈的一夥，而這一夥，同時也是民國創建史上，施行政治暗殺發端的第一夥。

吳張柳事蹟未受沾染

吳樾、張榕、柳聘儂等人，在歷史上雖然都留下了名，但是，關於他們的事蹟，各記錄上卻皆「語焉不詳」；推其原因，約略來說，計有兩點：

其一、在於他們的生命，恰似一顆流星，雖然「亮」了一下，瞬息間就消逝了。他們不似汪精衛那麼有著組織背境，以及個人相繼的事蹟，可以受到注意，也可以得到渲染，所以能夠極其詳盡的流傳在記載上。

二則、由於他們當時所「謀算」的人物，在民國初年，部份曾經混入了「民國陣營」，而且皆身居重要地位；因此，當時對付這般人的刺客，自然就變得「處境尷尬」了。儘管青史沒有將他們「烈士」的頭銜一筆抹煞；但他們轟轟烈烈、可歌可泣的壯舉，卻顯然失色得多了。

為了述及這一壯烈的故事，首先要由張榕說起：

張榕是濟南世家子弟

張棓、是山東濟南的世家子弟，其祖、其父皆是清政府的官員。他出生在長春，當時他的父親是遼東某地的知州，因此，他在東北渡過少年時期。官宦之家的公子哥兒，而且又質賦敏銳，所以書讀得不錯，很年輕就有了一點「文名」。當然，這點名氣或許是出自人們的阿諛奉承；但是，由後來他能考進京師大學堂一點來看，「文名」或許是有點根據的。他不僅在「文」的方面有點基礎；「武」的方面，據說更是不錯。所謂；「武」，不一定指的「三韜六略」，而是指著他的善於騎馬射箭，尤其日本式的東洋劍術、以及各式技擊，這等情形，在當時北方原很平常，但張榕身為州官的愛子，得些名手指點，也很合道理，所以張榕自少年就有了個「文武全才」的名聲。

後來張榕的父親調京陞職，張榕一度回鄉，其家居濟南新東門內，按察司大街，門戶與乾隆時代的著名「御前帶刀侍衛」馬成龍子孫的府邸遙遙斜對，是該條街上的「大門樓」。當時，張家的當家人，是張榕的叔父，這個人在濟南更是一個八面玲瓏的人物，因為他既有在戶部捐班了個道員的官銜，德國、日本、法國……等領事以及商團買辦，也經常在他們家中出出入入。當時，山東用的鐵釘、小五金、顏料，就是張家總代理的。

張家的情形大致如此，張榕雖然有個大哥，但是既有阿芙蓉癖，又不事經營，終日提著畫眉鳥籠蹓躂，所以，張榕回鄉後，深得其叔父的朋友晉紳之流的奉承，其叔父也以為張家接班有人，將他看作家中的千里馬，洋人們也雜在紳商中交結張榕，所以在二十歲上，張「公子」已是當地無人不知的名流了。而幾國的領事館員，又義務的教授他的洋文；據說張榕通德文、日文、法文等，大約是真的。

漸漸接受了革命思想

張榕在富貴環境裡生長，卻沒有一般紈袴子弟的浮虛習慣，據熟悉他的人說，他是善於交遊的，除了喝點酒，就是與一般「幫閒」們鬼混，但大致說來，並不惹事生非。為了他家中的門第那麼高大，等閒人是難於出入的，張榕的朋友們要找張榕固然困難，而張榕自己的活動，也深受著那個門楣的約束，所以，後來他乾脆以便於「文會」的理由，自己在鵲華橋附近的大明湖邊上租賃了一幢有前後院的雅緻住宅，自搬進去後，往來的朋友就越加增多了。

那期間張榕雖然無所事事，但卻依然跟隨洋人學習洋文，就於此時，張榕在東洋語言教師的家中，先後接觸了一些準備到東洋留學的「準留學生」，也就在他們的嘴裡，漸漸的接受了一些「打倒韃虜」、「光復炎黃」等等的民族意識和革命思想，向來平靜無波的心胸，突然有了個相當嚴重的波瀾。在那些革命理論之前，張榕覺得自己很落伍、很沒見識，他本來既深信日本的明治維新是有大用，自然也就想到政治要認真的改一改。所以當這突然而至的思潮，沖激著他的心靈的時候，他曾經非常激動，也曾想到「東渡」一趟，因為本地薑不辣，要革命就得「東遊」。在這一期間，甚至他的僕人，都經常聽到他敲桌、拍案、慷慨悲歌，頗有與韃虜立即不共戴天的情懷。

然而，這等日子並不太久，不幾天，他就冷靜了，很少再有「怒髮衝冠」那麼樣的激烈。

張公子不喜歡東洋人

其後，當有人傳說張公子也有「反清復明」的計劃時，許多慕名而來的志士，門限為穿，其中固然有部份是確具革命情愫的人士，然而這等人畢竟不是太多。對於這等人，一般的張榕皆是招待一兩天，假裝自己什麼都不懂，而向對方請教；談話有點份量的，張榕多是說明結個朋友！而且也有時會協助他們一點事物。

但大多數來訪的志士，多是將張榕奉承一陣，說他將來可取光緒而代之，或者說他將來可在新朝為將相……。遇上這等情形，張榕大多是怒斥來者一頓，責對方目無君父，理當報官殺頭……而後摸出三、五十個銅錢，打發了事。

張榕之所以突然變得冷靜了，理由很難估計，他自己從來沒有向別人提過，但接近他的人士後來回憶說，大約張榕不大喜歡東洋人，認為東洋人對中國的「革命」，只有野心、沒有誠意。

結識了很多南方朋友

這個時期，是「庚子」後的三年間。義和團和八國聯軍事件，在當時發生之際，對於張榕的影響，是不大的，因為官宦之家，在山東濟南，有袁世凱的新軍保防，張家可說「無驚無險」。然而，事過境遷的三年之後，「北拳南革」的故事，卻開始受到張榕的注意，他對於南方的朋友，結識的漸漸多了，於眾多的人士之中，就交結了幾位投機的，他的書房中，革命陣容的宣傳品，也越來越多，有的是由哈爾濱、牛莊、大連等處寄來，也有的是由天津租界裡寄出的；最多的當然是上海方面和香港方面寄出的。張榕對於這些宣傳品，大多數是懶得一看，有時只是略略掀一掀，就在書桌下面堆了起來。他之如此，可能的原因乃在於「自視頗高」；事實上那些眾多的宣傳品，其對象只是一般性的人士，對於早已被眾人捧成「文武全才」的張榕，或許令他感到瑣屑。

然而，這些被堆在張榕書桌下面的宣傳品，對於後來與張榕作了生死之交的烈士吳樾，所發生的作用，可就大了。

吳樾的身世知者不多

吳樾烈士，是安徽桐城縣高河埠村人，他的身世、背境，知者不多，他自己也不大述說，後來在他於北京前門車站上殉難之後，據說東京方面同盟會之報刊上，曾經有一篇〈吳樾絕命書〉刊出，內中洋洋大觀，提及他的歷史，曾經說「自己本是一個官宦子弟，而且被親戚為之捐過功名」云云。這篇自傳式的遺書，很多接近張榕的人士皆說，其中部份，乃是張榕為了死難的朋友之榮譽，而加添上去的。其原本的這篇絕命書，由於吳樾覺得自己一死，對不起未婚妻，只是勸其未婚妻改嫁的。究竟如何，既已過了如許時日，而張榕等，於吳樾死後不多年，因了在東北組黨，後被亂軍張作霖謀害了，時間是民國元年。由於他們都是死於倉卒之間，這封吳樾遺書，誰還有心情去研究真假？但求烈士本人有光采，革命陣營有光采，也就很合份了。

張榕僮僕談一段往事

距今三十年前，一個幼時曾為張榕作僮僕的紳士姫某，嘗言及張榕、吳樾的往事，這位姫先生回憶說：「記得那一年的夏天，好像是光緒二十九年，吳樾先生到了我們在大明湖上的別業，他的到來，是和一般來討錢的朋友，差不了許多；但是，他聲音洪亮，很驚人，可惜他說的是什麼，十之八九我（姬先生自稱、下同）是聽不懂的。當時，他穿了一件魚白色沒有領的大褂（長袍），頭上梳成「鬆三扣」式的大辮子，辮子很長，差不多在背後接近垂地，因此，他說話的時侯，不時的將辮子拉到胸前、肩上，……吳先生比張老爺——張先生年紀總要大七、八歲，看樣子接近三十了。他臉龐很清秀，張先生一和他見面，頭一天就留他住在書房的外間，我起初以為他只是住幾天，誰知，他一住就住下去不走了，後來和我們一同去北京，直至他老人家去世，我皆和他們在一起……。」

兩人又結識了柳聘儂

吳樾投奔了張榕，兩人的情感甚為融洽，他們共同的在濟南又居住了大半年。在這一段期間，張榕的另一個朋友，名字叫做柳聘儂的，也入了他們的「夥」。三個青年入，情感恰似親兄弟。他們在一起高談闊論，有時爭辯得面紅耳赤；有時他們也開開玩笑。年紀較輕的柳聘儂，滿口南方話（姬某猜想這位柳先生可能是廣東人），經常的說他們在「謀反」，預備「告密」領賞。當然，這不僅是玩笑，而實在是勸告吳樾和張榕要做事小心，因為他們年輕人在一起，於夜闌人靜的時候，還大談西后、李蓮英通姦等，院外路人皆能聽見；況且，張榕把那些革命黨的宣傳品，看完也不燒燬，隨手亂拋，性情謹慎的柳聘儂，經常提醒他們注意，而張榕卻有恃無恐的說：「要是有密查查進我們這裡來的話，那麼，那時已經是韃子被推倒了之後的日子。」他這話的意思，是清朝不垮，他們的家庭是不會被敵視和注意的，因為他家和清朝地方官交情厚；同時也是說明他家在當地的勢力。

在這半年間，吳樾經常的大唸烈士鄒容所寫的一篇叫做〈革命軍〉的打油詩和一個名字叫做陳天華的壯士所寫的一闋「鐵板快書」，題目是「回頭看」。在吳樾來說，顯然他是很欣賞這些作品，因為他經常的越唸越起勁，有時一面唸，一面敲桌子，也有時一面朗誦，一面用手做著「打花鼓」的姿態。後來姬某對人說：「對於吳樾這一點，張榕很感煩厭，他們吵嘴，常是為了這事。」

每當吳樾「神經」似的背誦這些鼓兒詞的時候，張榕總是說：「要唱去前邊『明湖居』（一間有名的小茶寮）裡去唱個夠吧！」張榕不喜歡這些作品，也許是由於在他的眼中認為俗不可耐吧？而吳樾卻分辯說：「要是能在明湖居裡，說上幾個人參加反清，未嘗不是一件佳事！」大凡這種辯爭，最後張榕總是說：「好了，隨你意吧！你是專諸，你是聶政，死都無所謂了，我嫌煩，就只好嫌在肚子裡了。」

他們三個年籍不同、知識程度不同、社會背境不同，性情、愛好也不盡相同的朋友，怎樣也料不到他們會同心合力的去作了一番轟轟烈烈的壯舉呢！

藉口投考結伴到北京

光緒三十一年的春天，他們三人帶著僮僕（就是上面所說的姬先生）一同去了北京。據說，鼓動進京這件事，完全是吳樾的主意，他為了要去北京，曾和張榕商量了幾個月的時間。最後，張榕以投考京師大學堂的藉口，取得了他叔父的同意。濟南不少與張家有交情的晉紳以及洋商，還熱熱鬧鬧的和張榕送行，幾個討好張家的洋商，還為張榕寫了一些介紹信。後來這般人事後想到了張榕去北京是為了「造反」，不知有何感想？

吳樾、張榕等一行四人，到達北京後，並沒有去拜望任何人，他們住在東四牌樓一間大旅店中，每天結夥四處遊逛。起初只是在外城、近郊等地遊玩，後來，就遠到玉泉山、西山八大處遊蕩；最後還去天津住了一大約有一個半月的日子。由天津回到北京之後，才四出拜訪朋友。張榕就於這時期，投考了京師大學堂，實際上也被錄取了。但是距開學的期間還遠，新生入學，要到重陽節前後，所以張榕雖然已算是正式的京師大學堂的學生，但實際上卻未上過課。所以，他們三人的生活方式仍然沒有變動，而吳樾和柳聘儂總是對人們說，他們到北京的目的，是為了謀求功名，有時他二人也說自己是於保定高等學堂出身的，這些，也沒有人疑問。

赴京目的在擒賊擒王

然而，他們到北京的目的究竟何在？——他們到北京的目的乃在於「擒賊擒王」。北京既是清政府的中樞，在北京隨時都有可能「大殺韃虜」。據張榕的書僮姫先生回憶說：他們在旅店中，睡在床上，無事可作之際，就向牆壁上摔刀子，經常如此，牆上刀痕斑斑。聽他們的口氣，有時要殺西太后，有時也要殺光緒（他們說光緒是個偽君子），有時似乎要殺張之洞，甚至要殺李蓮英。當然，這只是說說而已，不要說殺他們無可能，就是想遠遠的看一看也辦不到呢。

姬某提到這些往事時，曾略作評論說：「當時的我只有十六、七歲，雖然也懂得他們所要幹的是些不尋常的事，但在當時來說，心理上卻感到有趣，看看張先生等三人，有時愁眉苦臉，有時噫噫嘆息，一天到晚的聽到他們反反覆覆的唱：『抬望眼，仰天長嘯，壯懷激烈……』有時又大唱：『風蕭蕭兮易水寒！』當時猜不透他們為什麼如同『痰迷心竅』、神神經經的。吳先生甚至用握著的拳頭猛力擊牆，擊得手上常常鮮血直流，也不說痛。那時候的他們，天天說死，急等著死，我是無論如何也想不通的，為什麼千條路、萬條路卻不去走，一定要尋死路？」

在這個時期，他們雖然天天打算刺殺任何一個清廷的要員，倘若這時侯，任何一個清廷的大吏若是碰上了他們，都會是不幸的，因為他們此時的謀殺對象，只是一個「假想敵」，甚至他們自己也不一定想到究竟要刺殺誰？

買來舊手槍竟是廢物

有一天，張榕托他父親的一個舊屬，買來了一枝很舊了的手槍，當時稱之為「碌子」。槍既有了，三個人興奮得如同有了寶貝，也許他們以為有了這東西，隨時刺殺任何人都方便了，所以他們急切的要試槍；但是他們對於藏有這枝槍又提心吊膽，唯恐被人發覺，在城中不敢試驗，只有到鄉下去試槍。四個行動鬼鬼祟祟的人，在鄉間也是甚受人們注意，白白出去走了一天，也未敢開槍試驗，後來還是每人買了一枝獵搶，假裝打獵，混在獵槍的槍聲裡，才在西山將那手槍試驗了，結果，這枝槍是白白的買了，一點用也沒有，因為三步之外，皆打不中目標，那是由於槍管鬆了的緣故。幾個人在回程的途中，差不多哭了起來。

試槍失敗再試製炸彈

由於試槍失敗，所以他們意識到槍的威力太小，對於射擊一個人，倘若不是射中要害，是不致於收效的，要是能夠「出手必中」，看起來用刀、用槍都不足以絕對有效；所以，終於他們想到了使用炸彈。在之後的日子裡，他們不斷的在製造炸彈的方面動腦筋；當然，也「走了不少寃枉路」。開始用「三砲台」香煙的鐵罐，裝上砲竹之內的火藥，但是試來試去都不爆炸，有一次吳樾的臉卻被火藥燒黑了，幾天出不了門。

後來，遇見熟人就東問西問，有人如此說，有人那麼說，莫衷一是，打聽來的許多方法，都是一知半解，所以試造的過程，又是白費了心機。最後托人在天津租界的工務段裡，找到了很大一塊黃色炸藥，他們那份高興，是可想而知的。結果試驗了，又是不成功，因為他們當時尚不懂得炸藥是要用引爆藥來導爆的，否則，單單的用火燃燒，是半天都燃不著火的。

終於製成了引爆銀藥

當時的引爆藥，俗名叫做銀藥，而實際上卻不是用銀製造的，而是以水銀為原料。他們盲目的製了一陣，什麼也製不出，後來終於托朋友在日本買回了一本科學工藝的書，張榕能識日文，三個入摸索著，終於製出了「銀藥」——雷汞。他們試驗之後，感到非常滿意，後來三個人經過商量，認為「銀藥」的力量既然很大，那麼乾脆不用黃色藥，全部用銀藥，力量當更驚人，然而後來人們批評這件事，始發覺到這是大錯特錯的一著。

他們在試製過程中，多次皆未發生危險，以理論推測，那是由於在一切的試驗中，銀藥皆是處於並不十分乾燥的階段，因為這種藥物，性能異常敏感，在當它尚且不十分乾燥的時候，卻又十分安全，所以工業、爆炸方面的人員通常使用這東西，皆是處於不十分乾燥的情況之下的。

他們四人，天天奔馳在西山等處，以獵槍的聲量遮掩爆炸，差不多已達到了「得心應手」的程度了，所以，他們最後製成了幾個「炸彈」，收藏了起來，準備隨時應用。

到了這時，可謂萬事俱備，只是欠缺「假想敵」出來受死一項了。

慷慨赴死是英雄心理

他們的武器，既已準備妥貼了，而他們每人的心靈上，猜想也皆有了準備，從吳樾留給他的未婚妻的信中，就看出他們已充份的達到了這等程度。

民國史上，無人不知林覺民烈士的遺書最為纏綿悱惻，然而，事實上吳樾的遺書，也不遑多讓。在其致未婚妻的信中，有說到：「你要像羅蘭夫人」、「將來我和你都會被人鑄成銅像來紀念」。由字裡行間，看出了他們對於必能推翻滿清，是存有絕對之信心的。但也由這等句字中，可以隱約的看出了他們自命不凡的神氣來。顯然他們準備的死，並不僅僅是為了「我不入地獄、誰入地獄」的單純愛心，實在也是一種英雄心理，以「死」做為成名的階梯。倘若這一點是他們「成仁取義」的原動力，那卻不算可貴了！當然，想去「重於泰山的死」，那也是過往人們的標準，所以也就難說了。

當他們物質、精神兩方面都預備好了的時候，據說，他們反而是心情開朗了許多，常是有說有笑，想像著日後在新朝代的「凌煙閣」上所標留下的姓名，充份進入了一種超越現實環境的幻象境界。這個期間：父母生養的劬勞，他們不理了；師長的心血訓誨，他們不顧了；朋友的期望；情人的愛情；這一切的一切，都擲諸腦後，對他們已是沒有勸解的作用，在他們心目中，只有死一項。他們也許以為不死是自私，不死是無耻；不是自己去死，民族就不得救。這樣的情懷，不在那個境界的人們，是難以想像的，更談不上理解了。

機會來臨五大臣出國

「求仁得仁」，他們所盼望和期待的、獻身為解救民族垂亡的偉大日子，終於來臨了。那是在該年的六月，報章上刊出了「朝廷派出大員數人，出洋考查憲政，日內即將首途」的消息。而後人名和啟程的時間也公佈了。這些大員，為首的是「鎮國公」滿員載澤，團員計有：兵部侍郎徐世昌、大臣紹英、兩湖巡撫端方、戶部侍郎戴鴻慈等五人，——若是想作驚天動地的大事，對付這幾個人，可算是十分合乎理想。一來這五人是當時清廷的重要腳色；二來，他們出洋學習憲政，目的是採用改良的方法壓迫漢人、統治漢人，殺了他們，意義就夠大了。況且他們人員多，而且京中文武百官又有著一個預定的盛大歡送場面，數以千百計的人員都要在前門火車站上歡送他們起程，這等雜亂的場所，正是下手的最好時機和最理想的地點。

計劃週詳作最後準備

這時候，他們又皆突然的緊張起來，在作著急切的準備。他們將大員們出發必經的路線，詳細的研究了，又在前門總站月台週圍仔細的察看了，想像著「花車」停留的可能地方，人員們送行時，行禮的地方，文武百官應立足的地方，衙役、隨從、儀仗、轎伕、馬匹應當停處的地方，……諸凡能夠想像的，他們盡數作了計劃，如何進去、如何上車、如何投擲炸彈、如何被捕、如何被拷問……也都作了腹案。為了行動的方便，他們前數日就離開了原在東四牌樓大街的住處，而將行李綑紮起來，都送去王府井大街的安徽會館寄存，說明他們要去天津。而實際上卻是在前門內順城街的一家小旅店裡，臨時做了下處，因為該處距車站非常近。對於進行他們的計劃，比較方便。

在執行計劃的前一夜，他們大都整夜難以入寐。第二天的清早，——距開車的時間（上午十點一刻）還有四個鐘頭，他們已是不能鎮定——姮某提到這一早的情形，回憶著說：「他們在房中坐立不寧，不時的向街上看去，事實上，街面的情形與任何一天並無二致。好不容易才等到八點半，街面上開始有了形跡了，先是巡警騎著馬走來走去；相繼著提督衙門的「綠營兵」也開上了街；接著轎馬人伕，一夥夥的經過了，有些官爵大的還有著例行的「執事」，鳴鑼喝道。從九點鐘起，街上似乎進香的廟會一般，一夥夥的向前門車站湧去，街上並未『淨街』，防衛也很平常，因為一般來說，北京在這時期，算得上是十分太平的。」

吳樾身上掛兩顆炸彈

吳樾、柳聘儂、以及張榕在八點鐘時，已經「披掛整齊」了，張榕不時看懷錶，後來竟將懷錶攤開在掌中細看。在這時候的一秒一分，似乎比一月一年還難等；九點方過，他們就忍不住了。吳樾仍然穿著一襲甚光鮮的長褂，張榕是時還未入學，學堂的操衣（制服）還未領到，他是為了方便的緣故，事先就向別人借了一套穿著。他向來是穿長褂的，這時穿了操衣，西式軍裝帽、薄底黑布靴子襯著腦後的一條大辮子，樣相甚為滑稽，但是這時他們卻無心取笑了。由於張榕穿操衣的緣故，將一顆炸彈放來放去，總是凹凸不平的；吳樾有點焦急，一手接了過去說：「全給我吧！」結果他身上掛了兩顆炸彈，一顆在腰帶上，一顆則用布帶縛在小腿上，由於有長褂遮蓋，看不出有什麼不妥，只是走起來有點累墜，好在車站上人山人海，自然也沒有人注意他們。然而，他們在人叢中擠了一陣，不由的疑惑起來，因為不僅他們不知道這次的「獵物」，究竟在什麼地方，而顯然許多送行的官員們，也在交頭接耳，似乎也是找不到被歡送的人。後來始聽到人中有人在喊著：「謝謝諸位大人們的厚誼，請各回府吧！公爺和各大人（指載澤、徐世昌等）已先上車了！」

站台外聽到轟然一響

吳樾一聽這消息，立即就登上了車站月台以外的那後半段火車，那裡距前面的「花車」——（專門為某人而掛上的一節車廂、當時叫花車）還隔著十多個車廂，吳樾上車之後，就和張榕、柳聘儂失去了聯絡。

張榕等主僕三個人，都在站台以外，不知該當如何處理，當然，他們之所以不能臨機應變，實在是由於實情與他們事先的預料，相去過遠。就當他們三人默默的相對，拿不出主意的時候，轟的一聲，竟於此時響了起來。這一響，他們一面是喜，另一面卻是哀傷，因為意識上他們知道，目的終於達到了；哀傷的是，此時吳樾可能已被衙役密查等人逮捕了，更是呆若木雞。此時的月台中心，人聲嘈雜，一片混亂，呆在遙遠的車尾的張榕等，更是無人留意了。他們面面相覷了一會，最後還是柳聘儂說：「我們先過去看看再說吧！」張榕卻拉了他一把說：「那東西擱下吧！」於是柳聘儂在車底下，輕輕的遺棄了他身上的那顆炸彈。

整個事件死了一個人

他們三人定了定神，裝假若無其事般的走向了月台中心的人叢中。

在這一聲爆炸之後，載澤、徐世昌等五人，完全無恙，因為爆炸距他們的花車，還隔著一個車廂。而送行的人們中，只有一個名叫伍廷芳官員的脖子上，被彈片割了一處輕傷。此事件中，只死了一個人，這個人自腹部以下，完全炸沒了，血肉模糊，沒有人認識他，也不知他究竟是如何被炸死的。張榕等人擠進人叢，看了這慘絕的形像，一陣心酸，三個人扯一扯彼此的衣袖，掩著淚眼，離去了。

過了一個多月，在日本出刊的《民報》上，刊出了〈吳樾絕命書〉，轟轟烈烈的壯舉，此時才算相大白。只可惜：「壯志未酬身先死」，就難怪「長使英雄淚滿襟」了！

戊戌政變中楊崇伊密奏慈禧首先發難

從龍

遜清光緒二十四年（一八九八），曇花一現的「戊戌維新」，是從該年四月二十三日光緒帝下詔定國是決心變法起，迄八月初六日政變發生慈禧太后重行垂簾訓政止。這短短的一百零三天，不僅是愛新覺羅王朝興廢所繫，也是近代中國盛衰的一大關鍵。

樂於做守舊派的鷹犬

此一幕，代表「維新」和「守舊」兩派的政治權力爭奪，「帝黨」與「后黨」，雙方壁壘分明，其主要人物，如：康有為、梁啟超、六君子、以至榮祿、袁世凱之流，稍治史者，類多耳熟能詳。祇是其間有一位不大不小的角色——掌廣西道監察御史楊崇伊，他一直是站在維新派的敵對方面，在戊戌政變爆發前三天即八月初三日，他已前赴頤和園向慈禧太后遞摺呈請即日訓政。就他個人來說，揣摩迎合，先意承旨，不失其為一善於投機取巧的典型官僚；而就整個反對維新的守舊派來說，是在暗中聯絡部署完成之後，特意以他為「鷹犬」，作為發動政變前出馬挑釁的急先鋒。在他是勇於擔當，也樂於盡此責任的。不意這位楊御史的此番舉措，並不為當時士論所許可，事後亦未因此論功行賞，扶搖直上，取得預期的富貴名位，反而弄得聲名狼藉，醜聞四播，實為他始料所不及。但今天談起戊戌政變這一段故實，對於他的重要性，人們亦漫不經意地輕輕的予以忽略了！

劾康有為疏參文廷式

提起楊御史的家世，不愧是江南世家，書香門第。他名崇伊，字莘伯，江蘇常熟人。他的父親名汝孫，是增貢生。他有兩位伯父：一名沂孫，字詠春，由舉人官至鳳陽知府；一名泗孫，字鍾魯，咸豐二年壬子榜眼，授編修，累官太常寺少卿。崇伊本人，為光緒六年庚辰進士，由庶常授編修。光緒二十一年考授御史，其到御史台第一疏，即於是年十一月首劾康有為、梁啟超在京所創設之強學會（一稱強學書局），結果奉旨查禁。次年二月，他又疏參翰林院侍讀學士文廷式，也被革逐回籍，據《光緒朝東華錄》載：

光緒二十二年二月辛巳（十六日）諭：御史楊崇伊奏詞臣不孚眾望請立予罷黜一摺。據稱：翰林院侍讀學士文廷式，遇事生風，常在松筠菴廣集同類，互相標榜，議論時政，聯名入奏；並有與太監文姓結為兄弟情事等語。文廷式與內監往來，雖無實據，事出有因；且該員於每次召見時，語多狂妄，其平日不知謹慎，已可概見。文廷式著即革職，永不敘用，並驅逐回籍，不准在京逗留。此次係從輕辦理，在廷臣工，務當共知儆戒，毋得自蹈愆尤。

按：文廷式，字芸閣，號道希，江西萍鄉人。光緒十六年庚寅舉進士，翁同龢得其策卷，置一甲第二名，聲譽噪起。迨請假歸省，道出天津，直隸總督李鴻章大加禮遇，資贈極為豐腆。光緒二十年甲午春，廷式假滿還京。是年夏，中日失和，廷式以翁門弟子，極力主戰，反劾鴻章畏葸，挾倭自重，語極難堪，鴻章深恨不已。至是崇伊之劾廷式，乃為李鴻章洩憤，亦鴻章所授意，以後李、楊兩家且進而締結姻婭，其淵源當溯於此。至楊摺中謂廷式與太監文姓結為兄弟，殊為捕風捉影之談。蓋以光緒帝之瑾妃、珍妃兩姊妹，姓他他拉氏，為禮部左侍郎長敘之女，幼時在其胞伯廣州將軍長善署中，曾從文廷式受業稱女弟子。光緒二十年四月，大考翰詹，光緒帝親擢廷式第一，遂由編修遷翰林侍讀學士，瑾、珍兩妃與有力焉。惟是年十月，兩妃因事忤慈禧，俱降為貴人，而仍為慈禧所嫉恨。崇伊有意將已獲譴之太監聞德興（誤「聞」為「文」），牽連扳引，以坐實文廷式暗通宮闈之證。其設詞甚工巧，殆非此不足以聳慈禧之聽聞，亦非此不足以觸慈禧之餘怒；況慈禧雖自光緒十五年載湉大婚後歸政，而於臣工黜陟，仍隱操其權柄。據翁同龢日記：楊崇伊參文廷式奏摺，於進呈慈禧御覽後發下，遂得革逐回籍處分，即可證明。

政變前三日首請訓政

崇伊既以彈劾文廷式而獲准，故至戊戌政變前三日首請慈禧訓政一疏，仍以指斥文廷式開其端，連類而及於諸維新黨人變法措施的不當，歸結於訓政的可以轉危為安，其原疏內容如下：

臣維皇上入承大統，兢兢業業二十餘年。自東瀛發難，革員文廷式等冒言用兵，遂致割地賠款。兵禍甫息，文廷式假託忠憤，與工部主事康有為等號召浮薄，創立南北強學會，幸先奉旨封禁革逐，未見其害。乃文廷式不思悔過，又創大同學會，外奉廣東叛民孫文為主，內奉康有為為主，得黃遵憲、陳三立標榜之力，先在湖南省城開議，撫臣陳寶箴傾言崇奉，專以訕謗朝廷為事，湘民莫不痛恨。今春會試，公車駢集，康有為偕其弟康廣仁及梁啟超來京講學，將以煽動天下之士心。幸士子讀書明理，會講一二次，即燭其奸詐，京官亦深知其妄，偶有貪鄙者依附之，而唾罵者十居八九。不知何緣，引入內廷。兩月以來，變更成法，斥逐老成，藉口言路之開，以位置黨羽。風聞東洋故相伊藤博文即日到京，將專政柄。臣雖得自傳聞，然近來傳聞之言，其應如響。伊藤果用，則祖宗所傳之天下，不啻拱手讓人。臣身受國恩，不忍緘默，再四思維，惟有仰懇皇太后，追溯祖宗締造之難，俯念臣庶呼籲之切，即日訓政，召見大臣，周諮博訪，密拏大同會中人，分別嚴辦，以正人心，庶皇上仰承懿訓，天下可以轉危為安。臣愚昧之見，繕摺密陳，伏乞皇太后聖鑒。謹奏。

此摺上後，僅三日，而政變發作，慈禧果重握政柄。據《××樓雜俎》描述其事之經過云：

王大軍機家碰一軟釘

是日楊崇伊正在家中，突接著榮中堂（祿）的信，一看上面祇寫著：「議定之事速辦，今日必遞，遲則不及」等寥寥十四字，末尾有一個花押。楊接到這個信，頓時精神興奮起來，原來他們商定的摺子，是請太后重行垂簾聽政，已經請示過榮綠，斟酌停當，榮祿並且替他託了李總管蓮英，由他轉遞。楊崇伊接到榮祿手諭，馬上將他和某同僚聯名繕寫好的奏摺，填好了日子帶著，騎了馬，趕出西直門，望海淀而來。他一路忖思：今天晚上到何處去嗎？他自己想：這個奏摺上去，太后一定歡喜，將來前程未可限量。他又想著軍機大臣王文韶也是后黨，且跟他有些親戚關係，不如順便去告訴他一聲，一來表示我的線索靈通，二來微露交情深厚，他一定留我，晚上到李總管那兒，請他派一個軍機處蘇拉引著去，省得多費周折。他經過王大軍機的寓處，就叫隨從投帖請見。那王宅的門公，見是楊御史，只好進去回話。那王大軍機忙說「請！」楊崇伊進去，到了客廳，王大軍機即從裡頭出來，分賓主坐下。王大軍機明知他必有要事，但王是著名圓滑的人，在北京素有琉璃蛋的雅號，他見了面不絕口的敷衍，一派是毫不相干的言語，絕不問及來意。

楊崇伊熬不住了，等王談鋒少停，說道：「今天我來見中堂，是遞一封奏摺。」

王大軍機道：「近來言路廣開，朝廷也很盼各位有所建白，不過我備員樞垣，是不便先與聞的。」

楊回道：「現在一班自命新黨的，攪亂朝綱，我是想請太后回宮，重行訓政才可挽回，所以先來請示。」

王大軍機聽了，他就假裝著耳聾，說道：「請太后回宮，天氣還不十分涼，在頤和園裡也還方便，大內的房子不十分合適，就是西苑裡，到九月裡再回去不晚。」

楊接著道：「我的意思，是想請太后重行出來訓政。」

王大軍機道：「現在皇上辦什麼事，都上去請示的，差不多跟從前一樣。」王不等他再說話，就舉手摸了一摸茶碗，立起來道：「本來我們是親戚，今兒晚上應當留你吃飯，你現在既有這篇大文章，我不便留你了。」

家人們外面已喊著送客，楊只得出來，王大軍機特別送到二門外，楊再四推辭，王大軍機則一定要送。

戰戰兢兢求見李總管

楊崇伊辭出後，只好尋了一個店（叫裕盛軒）渡宿一宵。就叫家人把帶來抽大烟的傢伙擺好了，躺在坑上抽烟。抽到四更天氣，他就穿了衣冠，帶著摺匣，匆匆趕到李總管那兒，只見門內燈燭輝煌。

楊崇伊取了一張銜名全單，又預備了一個封套，上寫著「門敬」，中間裝著銀票一百兩，一同拿著親身踏進門房。他就找了一個年近四五十歲的太監，向他請了一個安。

那太監把手一招，問道：「有什麼事？」

楊崇伊道：「要求見總管面回一件事。」

那太監道：「恐怕沒有功夫吧！」就指著坐在桌旁一個人說道：「你問他！」

楊崇伊向這人也請了一個安，把銜名全單和「門敬」封套一同遞過去。

這人接過來一看，就站起來道：「原來是楊大老爺，上頭已經吩咐過了，有東西帶來嗎？」

楊很高興的答道：「已經帶來了。」就將摺匣送上。

這人說道：「楊老爺請坐，我就回去。」他就匆匆的拿著摺匣和名單進去了。不多一會兒，這人出來說道：「上頭吩咐，沒有空兒見你，請楊老爺先回去，東西收到了，聽信兒吧！」

楊崇伊戰戰兢兢地趕忙向這人又請了一個安道：「一切費心，謝謝！」

這人也還了一個安道：「楊老爺不用客氣！」

楊走出門房，立即趕回裕盛軒，就叫夥計們預備早飯吃了，……躺到坑上抽了幾口菸，匆匆的算了帳，騎了馬進城去了。

《╳╳樓雜俎》，記當時內幕，雖屬裨官野史，但上述這一段卻寫得非常傳神和淋漓盡致，讀者可以想像到當時李蓮英是何等的威勢，以及其手下的太監等又是何等的氣燄，他們那裡把這位楊御史看在眼裡，簡直當廝役一般相待。偏偏這位楊御史竟能卑躬屈節，低首下心，諂媚趨蹌，去侍候這班奴才的嘴臉，其人品的污劣，也就不言可知了！

慈禧對功狗未加擢賞

及至慈禧重行垂簾聽政，幽載湉於瀛台，朝局全翻，那些維新黨人，殺戮的殺戮，放逐的放逐，革職的革職，逃走的逃走，可說是連根拔淨。但慈禧對於這位高舉大旗，首先發難的「功狗」——楊崇伊，並未特加賞擢，反而不久即予外放，使其離開北京。可見慈禧雖狠心誅鋤政敵，但對不為清議所許的真正小人，也還是有所顧忌的，這就是她政治手腕高明的地方。關於楊崇伊以後的下場，據費行簡《近代名人小傳》云：

楊崇伊，字莘伯，以翰林考授御史。熱中求進，嘗劾文廷式落職，見惡於名流，乃益希權要言事，榮祿辟為武衛中軍幕僚，已而授漢中府知府，擢道府，瀕大用矣！鹿傳霖告榮祿曰：「此人最無行，彼方假公名義招搖，奈何薦之？」祿悟。崇伊晉謁，拒焉。憂歸，遂不復出。後以在原籍爭娶妾，捶楚鄉人，為端方劾罷，交地方官嚴管，然端方實代文廷式洩憤也。

康有為口述戊戌政變的因果

三無廬主

清末光緒皇朝戊戌變法，百日維新，導致了戊戌政變，也間接促發了庚子義和團之亂和八國聯軍入侵北京，更為辛亥革命伏下了導火線，加速了滿清帝國的覆亡與中華民國的肇創。

雖然維新變法僅不過短短的一百天時間，但是卻使衰老的大清帝國，注入了新的生機，國內外都拭目以觀，期以厚望。但是，這一運動終因以慈禧太后為首的守舊勢力所反對，而致功敗垂成；光緒帝慘被幽禁於瀛台，維新黨人死的死、逃的逃，轉瞬間棟折榱摧，煙消雲散。

康氏逃抵香港接受訪問

戊戌政變發生時，維新變法的主催人康有為僥倖地脫逃了——光緒皇在康氏生死俄頃之間通風報信；英國駐上海領事也在千鈞一髮之際施以援手；終於使康有為能夠安全地抵達香港。

清廷的維新變法和政變——光緒皇被幽禁，慈禧太后重掌政權，——深為當時在中國擁有極大權益的大英帝國所重視，英公使曾出面營救被目為維新黨人的張蔭桓；英國駐上海領事也公開營救逃亡途中的康有為。康氏自天津經上海抵香港後，香港總督還正式邀請康氏晤面。因為英國官方的態度如此，英國的輿論界也就對清廷的變法和政變更加重視。

當康有為逃抵香港的當天，香港英文《中國郵報》記者曾去訪問他。第二天，《中國郵報》刊載了一篇〈訪問記〉，在這篇文章裡，康有為把整個維新新變法的來龍去脈作了非常詳細的說明，《中國郵報》的記者也很清晰忠實地紀錄下來；因此，這篇〈訪問記〉就具有了極珍貴的歷史價值。

有關維新變法和戊戌政變的資料，數十年來彙集成書者已極多，但是這篇極富史料價值的〈訪問記〉卻很少看到，為此筆者特予重加整理，投刊《春秋》，俾使關心近代史的讀者諸君能獲睹整個事件的全貌。

他具有驚人的現代知識

該篇訪問記的內容如下：

「昨晚，《中國郵報》的代表訪問了中國維新黨的逃亡領袖康有為，關於目前的局勢以及迫使他自北京逃亡的原因都曾談到。康氏是一個像貌聰明、中等身材的中國人；但儀表並不怎樣威嚴，談話時的態度是從容不迫的、無拘束的。某些談到的事情，他覺得為了使中國問題的解決順利，最好是不必發表。康氏留給記者的印象，是他具有驚人的現代知識，而且較之大多數他的同胞更能掌握情況。雖然他的某些見解似乎不免近於幻想；但他的態度無疑地是真摯的。而且我們必須記得任何國家的任何改革者的見解，在最初都是被認為不切合實際政治的。

「在這次訪問中，為我們作翻譯的香港紳士——一位有名的買辦告訴我：康氏在談話之前，先要對英國人民所給予他的保護，與夫營救光緒皇帝等等的工作中所作的努力，表示謝意。他也希望解釋為什麼他在逃亡中途不同意接見記者，發表談話，那是因為他的兄弟被殺（按：即六君子之一的康廣仁），而且當時光緒帝也有被害的謠傳。（按：康有為逃抵上海時，即聞悉清廷指控他『進紅丸、弒光緒』，而且傳說光緒帝已死。）所以他非常沮喪。過去兩星期中的焦慮與刺激，使他精神不寧，因此他不願意接見任何人，或討論那些迫使他不能不自北京出走的事情。」

在這段序幕的談話之後，康氏接著便講述他自己的故事：

先說西太后再說李蓮英

康氏開頭便說：「大家都知道，慈禧太后是一個沒有受過教育的人，而且性情非常保守。對於給予皇帝以統治帝國的實權，她是不願意的。一八八七年（按：即光緒十三年）曾經決定撥出三千萬兩銀子作為建立一支海軍的用費；但自從定造了定遠、威遠、致遠、靖遠等四艦，並且付清了價款之後，太后就把剩餘的錢拿去修造頤和園了。不久以後，當撥付或籌聚另外三千萬兩銀子作為修築鐵路之用時，她又濫用了其中的一大部份。這條鐵路，按照原來的計劃，是要從北京修到奉天；

但修到山海關之後，便不得不停工，因為太后把其餘的銀兩拿去裝飾頤和園去了。每一個有頭腦的人都知道，鐵路與海軍是國家富強所必需的最重要的東西；但太后卻不顧少數有識之士的忠告，祇圖滿足自己個人的慾望與享受，拒絕實現預定的計劃。她對於西洋文明之接納，是一貫地反對的。除了宮廷中的幾個太監，以及幾個可以覲見她的大臣以外，她對於外面的人是很少看到的。」

問：「但是她究竟通過一些什麼人來處理國家的政務呢？」

答：「在甲午中日戰爭之前，李鴻章是太后最信任的人；中日戰爭以後，李鴻章被罷免了，她所最寵信的，好像是恭親王與榮祿；不過，絕對控制權還依然是握在她自己手裡的。但宮廷中卻有這樣一個可恥的太監，他的名字叫作李蓮英，他的權力，在實際上，比任何大臣的權力還要大，不事先把這個人賄賂好了，是沒有任何事情可以辦得通的。就是各省總督的缺，也非通過向他的賄賂不能得到。因此這個人極為富有，和他比起來，李鴻章是不足道的。我曾經看見過太后，她是中等身材，儀表威嚴，舉止安祥，皮膚蒼白而略呈黯色，眼睛好像杏仁一樣，相當長，高鼻，外表極為聰慧，而且眼睛是具有表情的。」

高燮曾李端棻與翁同龢

問：「在北京究竟誰是主動維新的人？」

答：「大約是在兩年以前，有兩個官吏：一個名叫長麟，一個名叫汪鳴鑾，曾經奏請皇帝把國家的大權收回到自己的手中來，因為太后不過是皇帝的伯父咸豐帝的一個貴妃，按照大清的法制，是不能正式稱為母后的。這個奏摺的結果，是兩位官員的黜革，而且永不敘用。這兩個官員都是侍郎，一個是滿洲人，另一個是蘇州人。皇帝自此才認識到太后並不能算是他真正的母親。」

康氏接著又說：「介紹我給皇帝的，是一個湖北籍的御史高燮曾與禮部尚書李端棻（按：李端棻亦被目為維新黨人，戊戌政變後，革職遣戍新疆）。至於翁同龢也很注意我，他是皇帝的師傅，一般都認為他是最保守的；但事實完全不是那樣。他們介紹我給皇帝的意思，是要皇帝給我一個負責的職務，使我能常在皇帝的身邊，作他的顧問。」

與總理衙門各大臣會談

問：「你到了皇帝身邊之後，除了獲得信任外，皇帝有過些什麼較重要的表示？」

答：「皇帝命令我和總理衙門的大臣們舉行一次會議，當這次會議舉行時，總理衙門所有的大臣都出席，他們以各種款待客人應有的儀禮來款待我，會議共歷三小時。」

問：「你的建議被接受的經過是怎樣的呢？」

答：「當時雖然他們並沒有明白的表示，但我可以看得出大多數是反對維新的。北洋總督榮祿說：『為甚麼我們一定要改變祖宗的成法？』我的答覆是：『我們的祖宗從前並沒有一個總理衙門，如今卻有了，難道這不已經是一個改革嗎？』我建議的第一件事情是：中國應當有一個組織適宜的司法制度，必需聘請一個外國人和我自己以及其他的人，共同改訂法律和政府各部門的組織。我認為這是最重要的事，是一切改良和維新政策的基礎。此外：如興修鐵路，建立海軍，改善教育制度及其他改革，都可繼之而來。可是假如我們不先從改革法律和政府各部門著手，一切維新事業都將徒勞無功！（以下若干段括弧內之文字，皆康有為連續的答語。）

建議設立十二個新部門

「第二天早上，恭親王與翁同龢同皇帝報告了會議的經過。雖然我曾經聽說恭親王對於我的才具是欽佩，而他也認為我很能幹；但我所說的要改變祖宗成法，他始終認為荒謬。翁同龢則對我的建議予以支持。

「會議結束後，皇帝命令我把我的建議用奏摺的形式遞給他。奏摺的要點如下：我勸告皇帝應取法日本或俄國的彼得大帝；我建議皇帝開始的步驟是叫北京一切的大臣和顯宦到太廟中去宣誓，決心推行維新政策。

「為了說明我認為中國舊制度中所缺少的精神，我向皇帝指出：軍機處的大臣是國家的喉舌；外省的總督和巡撫是手和足；御史是耳目；而皇帝本人則是國家的頭腦。我說：沒有心房便沒有動力，沒有法律便不能發現人民的願望與意志。如果你無法知道事情的真相，你就不能有效地處理事情。你把事情交給大臣們和總督們；但他們的功能是喉舌與手足，他們不是構想的器官，他們僅能依照所奉到的命令去執行。

「我建議皇帝應多挑選少年才智之士，協助他來完成帝國的革新；但求他們能諳熟西方新思想，不必顧慮到他們是出身微賤，或出身閥閱。皇帝應當經常召見他們，和他們研究改革的方法。

「但首先要注意的是改革法律，改組政府。我所建議的是設立十二個新的部：（一）司法部，（二）財政部，（三）教育部（聘請外國教員），（四）立法部，（五）農業部，（六）商業部，（七）機械部，（八）鐵道部，（九）郵傳部，（十）礦業部，（十一）陸軍部，（十二）海軍部。這十二個部應當仿照西方的方法組織，聘請外國人作顧問與助理。此外在各省則每兩縣成立一個立法議會一類的機構，其主要任務為推行十二部的命令，巡察四鄉，推進衛生工作，修築道路，勸諭農民用近代方法耕種田地，提倡商業等等。每一個立法議會設主席一人，由皇帝任命，不必問他的出身與門第。每個主席也應當和各省的總督、巡撫一樣，有直接向皇帝奏議的權力；事實上，這些主席不應當隸屬於總督與巡撫，他們應當有與總督同等的社會地位。立法議會的主席還應當有權力介紹一個人到每一縣去與當地紳士和商人合作，共同推行維新政策。

恭親王與榮祿皆表反對

「我的建議也提到怎樣籌集經費的方法。我指出來，每年稅收方面損失的數額是非常鉅大的。我以南海縣（我的故鄉）為例告訴皇帝，每年南海縣的稅收總額是二十四萬兩銀子；但到達庫中的不過二萬兩。我建議稅收制度必須徹底改革，惟有這樣，稅收才可以完全歸到皇帝的庫裡。如果廢除厘金，改取較合宜的關稅，加以適當調整，發行鈔票，推行印花稅以及其他財政改革的方法，至少可以另外增加三千萬兩，總數一共可以達到七千萬兩。有了這一筆錢在手中，要建立一支海軍，保衛我們自己的海岸線，並不是困難的事，而且可以設立一個海軍學校，訓練海軍士官。此外修築鐵路及其他改革，都可以次第推行。

「聽說皇帝對於我的建議是非常滿意的。他說他從來沒有看到一個比這更好的奏議，他命令把奏議交給總理衙門議覆。恭親王、榮祿和許應騤因為都是反對的，皇上雖然催促甚急，結果是從沒有詳細具覆。大臣所能奏覆的是：我的奏議具有掃清一切的意義，而現在一切的大臣們都不免要遭到罷黜，因此他們自己不願意多所論列云云。記者先生們可以從報紙上看到，當時皇帝已經採取了很多我的奏摺中的建議。

「我也把自己所寫的兩本書送給了皇帝：一本是《日本明治變政考》；一本是《俄羅斯大彼得變政記》。後來我又有另外一個奏摺給皇帝，勸他下定決心，不要坐失改革的良機。

仁壽宮召見奏對兩小時

「皇帝接閱奏摺後，特別召見我一次；這次召見是在宮內的仁壽宮，從清晨五時起，長達兩小時之久。當時正是俄國人佔領旅順與大連不久，因此皇帝是面帶憂色的。皇帝身體雖瘦，但顯然是健康的。他的鼻樑端正，前額飽滿，眼光柔和，鬍子刮得很乾淨；但面色頗為蒼白。他的身材是中等的，手長而瘦，儀表精明，其態度之溫和，不特在滿洲人中少見，就連漢人中也很難得。他穿的是普通的朝服；但胸前不是那大方塊的繡花，而是一個圓形的團龍，此外在兩肩之上也各有一小塊繡花。他所戴的，也是普通的官帽。進來的時侯，由幾個太監領先，然後他坐在一個有大的黃色靠墊的寶座上，雙足交疊，坐定之後，他命令一切侍候的人都退出去。在我單獨奏對時，他的眼睛時時留神窗戶外面，好像防備人偷聽一樣。在他的前面，有一張長檯子，上面擺有兩個燭台，而我則跪在檯子的一角，因為放在檯子正面那個拜墊是留給高級官員們跪的。在整個覲見的時間裡，我一直都是跪在檯子的一角。交談時是用京話。」

「皇上對我說：你送給我的書是非常有用的，而且也是非常有益的。

「我開頭大致是把奏議中關於中國的積弱不振，是由於沒有進步等等，重複面奏一次。

「皇帝說：你所說的很對，這些保守成性的大臣們，簡直把我害苦了！

「我說：中國現在雖然貧弱，但挽救並不太遲。

「我向皇帝舉出普法戰後的法國為例。我說：法國所付的賠款，要比我們甲午戰敗付給日本的賠款大的多，而且法國所失掉的土地，也比中國多。法國割去的是兩個省，而中國僅割去一省（台灣）。為甚麼法國在很短的時間中便能恢復國力，而中國則停戰已經三年，事實上甚麼也沒有做！

要用年青精明強幹之士

「皇帝對我所說的話，很留神聽，他轉而問我原因何在？

「我說：法國總統泰爾（M. Thiers）曾向法國人民發佈一個公告，促使他們廢棄一切腐敗的方法，要請他們合作來恢復國力，並且立即採用一些改革的步驟，以期收復失地。其結果是法國人民萬眾一心，為同一的目標而奮鬥。法國之所以能迅速復興，其原因即在於此。至於中國的情形則完全不同，我們仍舊是由那些顢頇保守的舊官僚在執政。這些人都是維新道路上的障礙，中國其所以處於這種悲慘的情景中，這是主要的原因。實在說，中國目前的情形，較之三年前中日戰爭終了時更壞。

「我請皇上看一看日本在明治維新之前，曾克服了一些甚麼困難；當時，日本封建軍閥的權力，較之目前中國這些頑固的大臣們是大多了；但明治天皇採用適當的政策，委任了一些年青而精明強幹的人物以及下級官員們來輔助他。他命令其中一部份人在國內作改革的工作，另一部份人則派赴西洋各國考察，吸取新思想，作為革新的借鏡；因此他們回來之後，就把日本變成像今日這樣富強。同時我把彼得大帝致俄羅斯於富強的經過也講給皇帝聽；並且向皇上說：希望你能放棄以前那種隱居的生活，勇敢地站到前面來，招致一班年青而精幹的官員來協助自己，而你將發現到變法維新並不會像你現在所想像的那樣困難。假如中國在一時之間沒有足夠的精幹人物可以使你的維新政策有效的推行，那麼我就請皇上聘請外國人來協助，特別是英國人和美國人。

皇上無權力黜革舊官僚

「我又向皇上說：維新的期望絕無可能寄托在那班舊官僚的身上，他們是一點西方知識也沒有的，他們從沒有仔細研究過西方文明是甚麼！就是你現在命令他們去研究也是不可能的；老實說，他們所留下的精力也不多了。叫這班人來推行維新政策，無異乎叫廚子來作裁縫，或者裁縫來作廚子；也無異乎叫理髮匠來抬轎，或者叫轎夫來理髮。如果這樣，那麼你就會沒有合適的衣可穿，沒有適口的菜可吃，而且必會滿頭亂髮！

「當時皇上對這些話的答覆是非常著急的，因為實際上他沒有黜革這些高級舊官僚的權力。皇上說：這個權力是握在太后自己的手中。

「我說：如果陛下沒有權力黜革這些高級官吏，那麼就至少也應當招致一班精明強幹的官員在自己身邊，協助自己，這樣終較之毫無舉動要強得多。」

「皇帝說：我完全知道這些大臣們對於西洋新思想從來不曾有過適當的注意，而且對於世界的進步也是漠不關心！

廢科舉建立新考試制度

「我說：也許他們對於西洋思想並不是不願意知道，但是在現存制度之下，他們實在是太忙了；而且這些人都年齡衰老，精力不繼，就是有心學習，也是不可能的。中國的主要學科是八股文，這是沒有用的東西；因此我向皇上請求廢止舊的開科取士的制度，另行建立一個新的考試制度。我曾當面問皇上：是不是你可以廢除舊考試制度？

「皇上說：我很知道西洋各國所學的都是有用東西，而中國所學的是沒有用的，因此我將實施你的建議。

「如今我們都知道，皇上已經是這樣做了。此外我又向皇上建議派遣宗室的人員，到外國去考察遊歷，如此才可以有一些具有世界眼光和經驗的人來為他服務。（按：新政百日期間，康有為所說的這一些事都陸續開始了；但在政變以後，其中絕大部份又被西太后所推翻。）

「這次奏對結束時，我又向皇上說：陛下不是曾經以勳章賜給予李鴻章與張蔭桓嗎？這就是西洋的一種辦法，那麼為甚麼你不下一道命令，實行西方的其他辦法呢？

「皇帝沒有答覆，僅僅笑了一笑。

「從這年六月起，一直到我離開北京為止，我有好些奏議呈給皇上；但他沒有能再給我一次覲見的機會。我的奏議都是直接呈送皇帝的，從清朝的歷史來說，一個像我這樣地位的人，被允許直接向皇上奏事，還是創舉！（按：當時康氏僅是一個小小的工部主事，照規定他是沒有資格直接向皇帝提出奏議的。）」

危險信號何時開始出現

康氏一口氣說至此處，呷了兩口茶，略事休憩。訪問他的記者卻又向他發問：「當政變爆發之頃，危險的信號第一次出現在什麼時侯？」

康氏答覆說：「反對的信號是由於皇帝命令把兩個尚書、四個侍郎一齊革職的時候開始的。兩個尚書中，有一個是禮部尚書，乃慈禧太后的親戚，名叫懷塔布。（按：新政頒佈後不久，光緒因為許多頑固派阻撓新政，曾斥革了禮部尚書懷塔布等六個堂官，事情經過是因為有個禮部主事王照上奏請光緒遊歷日本，禮部尚書懷塔布不肯代奏，被光緒知道，光緒便藉此懲一儆百；另一個尚書是許應騤；四個侍郎是：堃岫、溥楨、徐曾澧、曾廣漢。）第二天李鴻章與敬信又被免去總理衙門的職務。這些被免職的官員便邀同一起去覲見太后，跪在太后面前，求她協助，說如果讓皇帝這樣幹下去，那麼全體舊官員們不久都會被革職。隨後他們又跑到天津去找榮祿設法（按：榮祿為西太后寵臣，時任北洋總督），因為榮祿是太后最親信的人。加上當時謠言很盛，說皇上打算廢黜太后，因此太后決定叫榮祿先發制人。當時正是九月十四日或十五日。到了九月十七日皇帝曾公開下了一道上諭給我，問我為甚麼還稽留在北京，不趕緊到上海去籌劃官報的要務？其實這就是皇帝叫我離開北京的一個暗示。因為通常這一類的上諭總是下給總督或將軍的，不會下給一個像我這樣階級的人。那天早上我看了這道上諭之後，覺得很奇怪。晚上皇帝又有一道詔書給我，這是他親自寫的。當時我恰巧不在家，因此直到第二天早上，即九月十八日早上才接到。

「九有十六日詔書的內容如下：

『朕惟時局艱難，非變法不足以救中國，非去守舊衰謬之大臣而用通達英勇之士不能變法；而皇太后不以為然，朕屢次幾諫，太后更怒。今朕位幾不保。汝康有為、楊銳、林旭、譚嗣同、劉光第等可妥速密籌，設法相救。朕十分焦灼，不勝企望之至。特諭。』

「九月十七日第二次詔書的內容是：

『朕今命汝督辦官報，實有不得已之苦衷，非楮墨所能罄也。汝可迅速出外，不可延遲。汝一片忠愛熱腸，朕所深悉。希愛惜身體，善自調攝，將來更效馳驅，共建大業，朕有厚望焉。特諭。』

從天津經煙台抵吳淞口

「我接到詔書之後，立即與我的同僚們會商，盡我們的力量去做。我找到英國傳教士李提摩太（Timothy Richard），請他馬上去找英國公使。不料英公使竇納樂爵士已赴北戴河；於是我又請他到美國公使館，據說美公使也到西山去了（按：北戴河及西山均為京郊休假避暑勝地）。結果，都不得要領！

「城中的一切都是很寧謐的，並沒有任何將發生危機的信號，沒有人想到會出亂子。到十九日，我在朋友那裡聽到說局勢是漸趨嚴重了，直到那個時候，我一直是住在廣東會館沒有動。我離開北京城是在二十日清晨四點鐘，一切的行囊都留給我兄弟照看。我在火車上買了一個包房（按：即火車包廂），一直到塘沽。為了要設法購買南下的船票，於是我又折回天津，在一個旅館住下（不是廣東旅館，是外省人開的旅館）。曾經有人勸我把鬚剃掉，把裝改了；但我是聽天由命的。我在天津住了一晚，第二天早上便登上了「重慶」號輪。由於我沒有行李的原故，所以僅祇像一個普通中國旅客一樣，並沒有買官艙票。李提摩太先生本來請我住在他家裡暫避；但我因接到皇帝的上諭，叫我快走，因此我想最好還是離開北京。我沒有接到北京英國公使館的信，也與他們沒有聯繫。輪船在煙台曾靠岸，也沒有發生任何事情，一直等我到了吳淞口之後，方才由上海英國領事的好意，設法使我登上了英輪「埃斯克」號，得到安全保障。我想李提摩太先生一定到英國使館去過了，因此上海的英國領事才奉命在上海設法營救我。他們趕到吳淞口來接我的時候，我是非常驚奇的。當我在吳淞口換乘英輪時，伯利南（Brenan 當時英國駐上海代理總領事）與蒲爾恩（Bourne）諸先生以及船主等對我所表現的隆情高誼，我是非常感激的。」

皇上賞賜我二千兩紋銀

記者又問：「你現在打算做些什麼？」

康氏回答說：「皇上命我到外洋去為他設法求援，因此我打算立即動身到英國去。英國是以世界上最公正的國家而馳名的，依我個人的想法，英國如果能利用這個機會支持中國皇帝和維新黨，是於他本身有利的，因為這樣去做，就無異乎同時也協助了中國人民，而中國人民則會視英國為他們最好的、最可靠的朋友。如果英國不能及時而起，那麼，西伯利亞鐵路一旦竣工，恐怕俄國勢力就會在中國各地取得壓倒一切的優勢。如果英國能協助皇帝復辟，我將毫不躊躇地說：皇帝和維新黨的領袖們都不會忘記他的盛情。至於皇帝的健康，在我離開北京的時候，還是很好的。」

這次的訪問，已近尾聲了，此時記者還再問康氏：「是否還有些甚麼意見要加在談話中發表，或者還有某些遺忘了的事情？」

康氏說：「我希望你們發表我的談話時，特別提到這一點：就是當我覲見皇帝的時候，我曾經告訴他，我到北京來並不是求名，也不是求利。我說：除非我向皇上所建議的維新政策付諸實施的時候，我才願意擔任一個官職，或接受皇帝所賞賜的東西。如果皇上現在就給我一個職位，結果祇會在大臣們之中引起嫉妒，而且也等於無功受祿。但是，皇上到底是深仁厚澤的，他仍然賞賜了我二千兩紋銀，作為獎勵。這件事，我相信在本朝歷史上，也是一個創舉！」

× × ×

這次訪問中的談話，是以康氏要求英國人民採取步驟來保護梁啟超的親屬而告結束的；據說，當時梁氏的親屬是在廣東新會縣被捕。被捕者包括梁啟超的繼母、嬸母、叔父、兄弟、侄兒及其他二人云。

與徐世昌談清末民初政海趣聞

花寫影

據曾雲霈氏所知，謂：「項城欲與合肥（段祺瑞）見面，終因徐又錚氏，窺破項城左右意圖，略施拖延小計，致項城遂未積極謀與合肥晤談。不久，蔡松坡氏，已在雲南起義，項城亦勢成騎虎，不能不登其大寶！項城左右，風起雲從，果不能不爭取時會，雖明知『皇運有限』，在所不計！」

段祺瑞難得大事不糊塗

曾氏又曰：「某夕，又錚過訪。謂：『項城因前方士氣，不甚振奮，有請合肥復出相維之意；但為其左右諸人所阻間。幸而有此阻間，倘不然者，吾人又當為合肥躭憂矣！』又錚語至此，忽憤然曰：『祇要我們能消極到底，軍事方面，久持則必生變，雖倒海傾河，亦無能為力。』海河云者，指東海（徐世昌）、河間（馮國璋）也。又錚抵死堅持此一策略，以成合肥再造共和之局，合肥亦能動心忍性，增益其所不能，其遠見與定力，有非常人可及，故不親睹合肥之堅貞不撓，不足論合肥也？」

「又錚最重視者，為項城將來如何收場，合肥又如何出而善後，而我輩為其左右者之如何作預籌也？又錚之中心主張，厥為佛頭上，著不得一點糞，無論項城以何種名義授合肥，縱使實際到授予全部軍權，亦不能接受；一接受，即頭上著糞，永遠難洗！反之，縱使空虛到委蛇伴食，予以閒曹，也當拒絕。不拒絕，糞又著到頭上了！此等法術，項城及其左右，均優為之，故吾人不能輕易授國人以口實，則項城之敗，敵人不一定能收全功，而我們則操勝算之一半。又錚此種中心主張，後來事實演變，一一如其所料，雖以東海之善於操縱，河間之亟思染指，而北洋軍權，始終控制於合肥手上者，胥又錚此一堅決主張，為奠定其基。所謂大事不糊塗者，合肥有焉，又錚亦有焉。」

吾戲為續一語曰：「雲霈亦有焉！」

曾氏於遜謝中，以微笑承之。

徐世昌太息宰相不易做

我因詢以：「當合肥告病之際，盛傳曾遭狙刺？有諸？」

曾氏於拒答中，又以微笑了之！殆以此等事，牽涉太廣，吐露真相，尚非其時。

我遂不更窮詰，只問以：「當袁氏取消帝制之際，曾手令由東海交請合肥同籌善後，其餘一切，可聽合肥處理，惟不能再用徐樹錚一事，有諸？」

曾氏答曰：「合肥一聽此言，即將項城手令，擲之於地，且大怒曰：『事到如今，尚一點不放鬆！我寧不幹，我又如何能幹去？』東海至此，亦太息為之色動。蓋亦感『宰相』之不易做，已十之八九，同情合肥處境矣！不過東海，素諳黃老之術，知雄守雌，知白守黑，裝做『痴頑老子』，不似合肥之永充『錚錚鐵漢』也！」

曾（雲霈）氏又笑告以一事曰：「大徐亦最怕小徐；但有時亦愛小徐，且想利用小徐。而小徐終其身，祇接受其怕，不接受其愛，更談不到『利用』二字。合肥則不然，能使小徐終其身，不見其愛，只見其信任；不見其怕，更不見其利用。信任矣，愛何加焉？利用矣，怕必隨之。然則大徐之智，出合肥下矣！而大徐年登大耄恐尚不自承認。」

大徐者，指徐東海。小徐，即徐又錚也。有用賢之責者，曷亦三復曾氏斯言。尤其不用霸才，專用庸才則已；如用霸才，更應一省合肥與又錚之如何相處。且大變之來，軍國大事，又豈一窠庸才所能了耶？

約晤徐東海避免談政治

曾氏對徐東海之評泊，固自精確；但東海在北洋系，關係之深厚，地位之崇高，僅僅次於項城一人。故其心目中，亦祇有項城一人。如無項城，則東海亦不作第二人想也！項城對之，亦頗禮遇有加，且有時，竟能接納其所主張，以我對東海親身經歷之觀感而言。亦有足述者。

我由友人易君之介，獲與劇談多次，彼此共約，集中於談遜清一代文學掌故，及清末民初之政海趣聞，而絕對避談當前政治問題，因當時之東海，已真正與政治絕緣。據易君稱：「東海以八十高齡，猶寒暑不變，以鍛鍊其身體，故劇談時，精神旺健，了無倦容。」

徐氏一生最服膺幾個人

我遵約，首先叩以《晚晴簃詩話》一書之纂集經過，及體例編排？因此書達二百餘卷，有清一代詩人，都萃於此矣！東海自承此書，乃按某年某科，向全國各省縣徵集而來，擇其認為合選者而彙錄之，故體例不甚謹嚴，本想能再加刪正，惟既已出版問世，刪正亦已不易。東海並稱：「其大母夫人，原籍湖南祁陽，因亦略解荊楚歲時習俗。」

我覺其和易雅言，所談輒合，因又叩以：「過去所目睹耳聞之時賢，所最服膺者為誰？」

東海答曰：「曾文正、胡文忠諸公尚矣！其他值得尊崇者，第一：為介休閻文介公敬銘，重其能綜覈名實，清操寡儔也。第二：為浙江王文勤公文韶，重其有一定不移之主張。與行而能通之辦法。第三：則合肥李文忠公（鴻章）。亦自有其多方面之特長。可惜五十歲後，即折衝外交壇坫，常為各方所不諒也！」

不誠無物袁兼上智下愚

我見其把平生所最服膺之李合肥，排名第三，因更叩以袁項城其人，憑客觀評斷，果應位於何等？

不意東海，竟略不遲疑，笑相謂曰：「近五十年來，任何人比不上項城！而項城亦比不上任何人！何以言之？項城敢做皇帝，他任何人不敢，此任何人比不上他！想做皇帝，乃採取如此鹵魯滅裂手法，此又項城比不上任何人！然則何以位置項城？曰：項城一上智與下愚兼備之《水滸傳》中宋公明而已。因君誠懇見問，我亦誠懇奉答，微悖『方人』之旨，固所不及計也。」

我又叩以：「入民國後，人才何如遜清？」

東海曰：「此則難言。舉我所知，論政治，則入民國，並不見其比遜清人才為優，即所謂在政治方面，未見有何顯著進步；論軍事，則民國以來，勝於遜清多矣！可惜內變頻仍，損益互見，軍學有進步，而國力仍微弱，長此下去，外侮之來，或且搖動國本。嚴範孫先生，昔曾語我：『苟無項城稱帝，項城便能真正統一全國。』吾則謂：『項城根本未作統一全國打算，即不稱帝，亦不能統一全國。』因項城從入世途，到仕路，迄為總理大臣、為總統，皆以不誠二字取之，『不誠無物』，此理顯然；無物，又何能牢籠天下人才？不能牢籠天下人才，欲統一全國，那有可能？知項城者莫如我，而真能使項城信任者，則直到其死，尚無其人！項城一開此例，紹承之者，幾於無術以自克，則人心中毒之深也。今政治重心南移，而此點迄未有異於北政府，南方情形，君較深知，未審能有大力，以轉移此一『爾詐我虞』之風氣，以完成全國真正之統一？」

我聽到徐東海批評袁項城「不誠無物」之說，心想：此固袁項城之所作俑；但真能傳項城此種衣缽者，恐即東海也！不過東海讀書較多，頗能明顧亭林氏所揭櫫：「博學於文、行己有恥」之一義，所表露之操縱法，比項城為深沉曲折而已。

東海心許之文武兩人物

我正在如此思索，東海又續謂曰：「我入民國後，所心許之文武兩人物，均為南產：一為張季直；一為蔡松坡。吾常謂：張氏有不移易之主張，賢於今日之我、與昨日之我宣戰之梁卓如（啟超）遠矣！試問一個國家，經得你幾次在他身上宣戰？故梁氏所云，乃遁詞也！蔡氏初入京時，曾與余共作深談，其意以余與項城深交，想從余處一探項城真正趨向。我不是剛才說過嗎？項城直到其死，尚無真正相信之人，所以，我很坦白答覆松坡：以共和代專制，恐尚有青黃不接之一時期，其時期之久暫，則視吾人謀國所下工夫之淺深而定。蔡氏喜余之不相欺，又早已看出項城之別有懷抱，遂對當局，不再進錚論矣！」

東海續曰：「吾因以張蔡二氏之當重視，屢為項城言之。項城亦認為可採；但總不能開誠相許。吾又取張蔡二氏之所獨長者，請項城作『善者因之、其次利導之』之措施，乃項城終不果行。

迨至帝制之說漸興，張氏曾秘商余曰：『必作最後一次之忠告，始拂袖南歸。』我亦曾以張氏此意，先為婉告項城。同時，又以蔡氏如繼張氏而遠離，則事變之來，恐不可以終日！項城實亦有此感覺；但因其內心所孕育之皇帝夢，自知終難得此二人之見諒與同意，乃對張氏，則尊而不親，以疏遠之，克其嘵嘵不已也！對蔡氏，則由倚畀而用羈縻，由重視而成監視，遂以歸於離違與決裂，而卒雄圖一蹶，抱恨以終！此中經過，知之者甚少，吾亦不欲揭此可歌可泣之一頁痛心史也。以君好問，聊復一談。」

東海於同（治）光（緒）以來，所耳聞目睹之軼事頗多，特語我以李文忠入詞垣後，投贄曾文正門下之經過，極饒趣味，茲就記憶所及，為複述於後。

李鴻章投文正門下經過

東海之言曰：「文忠請謁文正，先投以詩，即癸卯〈入都十首〉，久為世所傳誦者也。相傳文正見第一首有：『一萬年來誰著史？三千里外欲封侯』之句，即擲卷曰：『此狂生也！不用再看！』但逡巡間，又復取讀，及第四首，有：『兩字功名添熱血，半生知遇有殊恩』句，始微點其首；續讀至第六首，見最末：『碧雞金馬尋常事，總要生來福分宜』二句，乃自言自語曰：『此子敢說「福分」二字。大概相貌不差！』因即約期進見，一見即傾談竟日，且對文忠勗勉有加，大概相貌果然不差也！」

東海述至此，為之一笑，然後又述曰：「文正自見文忠後，即向諸師友間稱揚文忠不置，且曰：『最難得者，乃文采外揚，而能勁氣內斂，此大富貴稟賦也！』文正之於衡鑒，蓋在牝牡驪黃之外。後來文忠名位，隨乃師文正以跟進，果能不負所期，人始服文正之具眼識微。又文正晚年，嘗戲謂：『李少荃拚命做官，俞蔭甫拚命讀書。此我兩大弟子之分野也！』文正此言，實有所本，即本諸〈入都十首〉中之『定須捷足隨途驥，那有閒情逐野鷗』句。自供如此，此拚命做官之鐵證。于晦若侍郎，對此事曾下解語曰：『如文正當年拒不見李，後來洪楊變起，李是否另找門徑，以為雲為雨，可難知也。』」

文忠升擢快過擲陞官圖

徐東海對於晦若（指于式枚）所想像的李文忠（鴻章），甚不謂然。東海以為文忠，當時縱不能追隨文正，亦不至走向旁門；因凡科甲出身，出路較多，不過聽鼓王城，迴翔文職，決不及以馬稍起家者，升擢機會，與升擢範圍，來得特別快而且寬也。文忠不二十年，即位至將相，其升擢之速，與左文襄（宗棠）並。文襄常自誇其由幕府以登台閣，步步領前，即擲「陞官圖」，亦無如此順利與神速。文襄此話，實可為文忠道也。文忠則常自慊曰：「吾師文正，吾不能望其涯岸，亦趨亦步，早已瞠乎其後！吾友雪琴（指彭玉麟），吾不能如其勁拔，他神冷腸熱，令人望而生畏。」文忠此語，余躬聆於座上，故余求其書字條時，文忠即錄寫：〈呈滌生師〉，及〈懷雪琴方伯〉二詩以贈，此詩條尚懸齋壁，君如能不厭煩，請往一觀。

東海藏百硯皆世間珍品

余有硯癖，東海所藏百硯，為世所珍。余入其齋，即睹案陳多硯，觸我所好，且先一觀摩，則有賜硯（清帝所賜者），有端產，有歙產，有磚、有瓦，上溯東坡、南宮，鷗波之舊遺，下逮雲台（阮元）、廣雅（張之洞）之新坑，品均在上上與中上間也。

余遍加撫玩，東海詫異曰：「以君年齡，豈亦解此道乎？」蓋當時余年尚未過三十也。

余謹謝曰：「非曰能之，實好之而已。」

東海曰：「意君好之之甚，必能深解此道，曷一品評？」

余以年輕喜事，不期而自炫曰：「因窮年『友石』，頗能閉目凝神，以手觸硯，辨其何坑何代，十亦中六七也。」

東海驚而且喜，一面指壁間文忠所書詩條，囑先為欣賞，一面飭侍僮盡出所藏硯以觀，殆欲考驗余言之真偽。

余逐硯賞鑒，遇其尤者，不禁作米顛之狂躍，且略指某也何坑，某也何代，某硯題識見何書，某硯斫刻出何工。說硯之書數十百種，幾於多有稱引。臭味既投，忘形爾汝，遂忘年略分矣！

大凡嗜骨董者，人評其所藏之真且精，則喜且笑；如評其真而不精，則立見氣沮；倘指證其假，則立懷敵意，痛不欲生！此為普遍現象，冷靜雍容如東海，恐亦未能免俗。蓋於其聞贊歎之聲，而喜氣洋溢，可覘其蘊。惟東海藏硯，一硯比一硯精，實值得臥遊其間也。

東海詢余曰：「諸硯有何缺點？不妨實告。」

余率直言曰：「集天下之大成，聚腴雲於一室，洵美矣！觀止矣！惟能再獲一成品到年之『綠端』，則更『毫髮無遺恨』矣！」

東海從容囑托曰：「君能為我留意乎？重值不吝也！」

余告曰：「我有綠端，藏之久矣，可以奉貽。」

東海喜極，比即檢趙松雪製硯答贈。余則千里馳書，取以踐諾。迄抗戰中，林蔚文（蔚）將軍，過我曲江農園，見趙硯而喜之。余曰：「既喜此，即取贈。」蔚公曰：「可惜不能多受墨！」余始意識其在求實用，不在欣賞，無故為之氣沮者累日。足徵癖好自喜之可哂也。

每日必臨聖教序二百字

文忠（李鴻章）詩條，臨聖教序，晚年筆力，一洗館閣軟熟之體，頗有古趣。東海謂文忠每晨興，必臨聖教序二百字，數十年無間，蓋謹受乃師文正之教，藉以養心也。茲憶錄其兩詩如左：

（一）〈感事述懷，呈滌生師〉：

樞帥忠誠上格天，春明問字十年前。
文章壇坫驅今古，氣象滄溟罩萬千。
感憶江湘彌抑抑，腹藏兵甲亦便便。
出師再表爭形勝，知在龍蟠虎踞邊。

（二）〈龍潭風，懷彭雪琴方伯〉：

秋風縱酒潯陽閣，夜月聯吟赤壁舟。
往事隔年如昨日，故人擊楫又中流。
萬篙煙雨樓船靜，六代江山畫角愁。
不見元龍湖海氣，队聞涼吹撼汀州。

此二詩，恐為文忠平生最謙恭之作，可見其對茲一師一友，服膺與神往之忱！

據徐東海自稱：「平生文字之交，臨老而不改常度者，一為嚴範孫，一為柯鳳孫（劭忞）。範孫直如青天一鶴，遲暮而彌見精神；鳳孫則如春初早韭，秋末晚菘，韻清而樸，味淡而甘。余生平有二嗜，一嗜石硯，取其『磨而不磷，涅而不緇。』二嗜鳳孫故鄉膠州所產菘，其風味之美，可甲天下。昔左文襄薨，其相隨數十年之老廚師某某（按即羅穆清）曾挽以一聯曰：

食性我能諳，白菜滿園供祭饌；
濃陰公所茇，綠陽夾道迓靈旗。

東海背誦此聯後，即笑相謂曰：「我無左公開拓西陲、手栽楊柳之勳望與壯舉。不能留蔭後世；但願他年知我者，薦我以膠州菘足矣！」

余笑答曰：「唐太宗輕天子之貴，四海之富，而諄諄囑以心愛之蘭亭，同殉昭陵。公他年，於心賞之百硯，又將何以置之？」

徐更大笑曰：「此則非所欲知矣！」

言次，並出所著《水竹邨人詩集》見贈。此集為程雪樓（德全）署耑，大書「徐大總統詩集」六字，未免唐花霜菘並種矣。

使我憶及胡展堂先生（漢民）擬刊其《不匱室詩集》時，冒疚齋（鶴亭），老而好事，極力慫恿胡氏，倩陳石遺為序，廣盛業名山，兩垂不朽。胡氏乃依言囑請。孰意一代詩人陳石遺，根本不以並傳不並傳為重，而以能得酬金若干為實惠。累得疚齋，進退失據，真有點內疚，而無以答胡。其實胡氏，已自有其立德、立功、立言之三不朽在，又何待一陳石遺以傳？且胡氏正如東海，又何必以區區之一卷詩傳？東海所作《清詩滙詩話》，則雅言款款，而程雪樓一題其集耑，則須在紗帽下辨面貌矣，豈不可憫！

東海詩集絕無哀感氣息

當民國六七之交，正項城下世不久，東海有〈範孫過訪，閒話感賦〉一詩曰：

碣石今何處，蒼茫大澤隈。
論鹽能富國，分野見奇才。
一水鄰堪接，三山事可猜。
昭王遺跡在，落日照金臺。

余曾瀏覽東海詩集，皆昇平富貴之作，從無所謂哀感氣息，更看不到怨忿篇章，僅此詩下一「猜」字，殆飽受項城束縛，待其身後，始一攄其鬱塞！

一日，東海詢以所為詩，及《清詩匯》得失如何？我坦白告曰：公詩我最喜：「庭梧雨洗三分綠，園果霜催一半紅」兩句；至公所為聯語，則最喜挽李秀山（純）一聯，聯曰：

六朝烟水淘遺恨；
四十功名惜盛年。

東海亦自認此詩此聯，為較愜意之作。我因叩以蓄疑已久之李秀山自戕一事，其實情果何如者？東海只微笑曰：「看我挽詞第一句，即可思過其半。」細味東海所言，則憂時自戕之李督軍，或摻有其他問題在也。再後，我又以此事詢諸當時為李氏辨理善後之齊撫萬氏（燮元），齊則操其天津寧河官話，僅僅答以：「多少有點帷薄關係」一句，即再不欲談。

左宗棠自輓聯雄偉奇詭

上面說到隨左文襄最久之老厨師，曾挽左氏一聯，使我又連類想起文襄（左宗棠）薨於福州任所之一二事。據薩鎮冰上將見告：「福州人，為對左表示尊崇，提到左，只稱爵相或宮保，從不稱『中堂』二字！以『中堂』與『宗棠』同音，特為避諱。及左薨，全城內外居民，有自願拆卸廬舍，以通過靈輀為榮者。當移靈返湘之日，萬人空巷，途祭巷哭者，相屬不斷；而最為特色之舉，即靈車前導，除銘旌及左氏巨大遺像外，厥為用一竹架，高揭文襄病亟時，所親手撰書之自挽長聯一幅，而殿以老厨師羅穆清一聯，及供設白菜數束，使見者睹物思人，均為之隕涕不置！」

茲錄其自挽聯如左：

痛今日，騎鯨西去！半腔血，灑向空林。七尺軀，委殘芳草。看誰來，歌騷歌曲，按銅琶塚上，掛寶劍枝頭。憑弔此，松楸魂魄，憤激千秋。縱教黃土埋余，應呼雄鬼！

倘他年，化鶴東歸！一瓣香，祝還本性。三分月，悟出前因。便自茲，為樵為漁，結鹿友山中，訂鷗盟水次。磨鍊他，鐵石心腸，優閒半世。只恐蒼天厄我，又作勞人！

凡屬自挽，語多衰殺，我們在近百年後，能看到一個將近八十的老人，在病革時，還能寫出雄偉奇詭，前不見古人，後不見來者，像文襄這樣的一幅自挽長聯，真不能不佩服其體力之特健，意志之堅定，而具有不可思議之深厚稟賦！我四十餘年前，於長沙左家，猶及見文襄兩遺像，高懸於大廳中：一為三十歲左右所摹寫，旁有其子子異之題識，及陳散原（三立）之題詩；一為晚年所攝影。兩像雖有老少之別，豐瘦之分，然皆端凝威重，天骨森森，所謂燕頷虎頭之選！與所見文正像，氣象略同。不過文襄眉目間，總有幾分驃悍之態。似不若文正之閒穆。宜乎陶文毅一見，即詫為天下奇士！

又陳散原老人，所題左文襄畫像詩，記有：「燕頷虎頭飛食肉，那識天人十圍腹」等句，頗能描摹其瑰奇雄偉之態！此像此詩。至今猶共縈迴腦海中也！

陳寶琛題《天風海濤館圖》

更有一事堪略述者，即魏午莊（光燾），總制閩浙時，聽水老人陳寶琛，為題其《天風海濤館圖》，略謂：「……左文襄之薨於位也，吾閩人痛哀之！張佩綸之逃於陣也，吾閩人痛劾之！譚文卿（鍾麟）之未計事功也，吾閩人淡忘之！愛憎取捨之各異，人心之公也！今公持節是邦，所謂：『政通人和，百廢具興。』其將使吾閩人歌頌之也審矣！……。」

觀上所題識，知八閩人士，誠不易欺！民國二十二、三年之交，正李任潮（濟深）、陳真如（銘樞）等，組織人民政府於福州失敗後，余寓滬濱，適篋中存有此圖，友人閩侯林君求覽陳氏題跋，戲相謂曰：「陳氏此跋，應添識數語於末端曰：李任潮、陳真如輩，如不及早收場，吾閩人將驅逐之！」又可知八閩人士之大義昭垂，為不可及。

在筆者與徐東海（世昌）暢談清末民初之政海趣聞中，以袁項城（世凱）之小站練兵，關係滿清命運，及民國十五年以前，中國之整個政局；而當時徐東海氏（世昌），實為贊襄項城營務之第一人，且經項城再三函邀，東海始允以文人充軍中「長史」，故對小站練兵緣起，其所知實較王士珍、段祺瑞、馮國璋輩為更多。筆者在與東海多次暢談中，特鄭重以此事之經過相詢。

袁世凱自負有名將之才

東海喜余有此關係重大之一詢，亦鄭重相告曰：「當光緒甲午，中日事亟之際，項城活動由韓返國，初隨直隸臬司周馥，辦理東征轉運事宜。在當時，項城頗以獨能知兵自許，即朋僚輩，亦多以知兵許項城。自負有名將之才，而又極端好動之項城，令其處於後方轉餉之地，大有：『吾亦欲東耳，安能鬱鬱久居此乎！』之感，故余與周馥等二三知友，時為慰解，項城終稍釋然。

「一日，長蘆鹽運使胡君（燏棻），特來訪余。謂舊湘軍與舊淮軍，均不足當強鄰之一擊，囑介以見袁，勸特練一軍，以圖長效。項城聞而喜躍，此實為勸項城練新軍之第一人。但項城絕有遠見，不敢輕於一試，仍力稱：『必須餉械優精，幹部健全，遴選精壯士卒，熟練半年或一年，俾成節制之師，能操不潰之柄，方敢著手。否則，亦隨人奔潰而已，決不願多此一舉，以損素譽！』此則為袁氏醞釀練兵之始。袁氏能就當前形勢，蹈瑕抵隙，指出建軍要領，實具隻眼，宜其往後之有成也。

王公大臣薦袁督練新軍

「光緒乙未，中日和議告成，項城以李合肥、李高陽、翁常熟及榮祿之揚薦，遂以浙江溫處道留京，充督辦軍務處差委。蓋上述諸人，如李、翁、榮三公，時為掌樞機之軍機大臣，而李高陽（鴻藻），更激賞項城之能；以其為家世將才，嫻熟兵略，如今其特練一軍，必能遠則矯二百年來，綠防各營之積弊，近則一洗舊湘淮軍之陋習。乃會同翁、祿二人，亟言於朝，尤其榮仲華（祿），竭力以贊助此舉之成，遂共囑袁氏，草擬創建新軍計劃。項城以余，有一技之長，亦迭函邀往贊助。余觀項城所手訂之建軍綱要，確能提綱挈領，一針見血。余等數人，只略加款目，稍予潤色，而此關係軍國大計之新軍計劃，於以產生。

「項城小心謹抑，先將此項計劃，分別呈軍機處翁、李、榮三公。先予核閱，然後正式呈遞，遂於是年十月。由醇親王載灃、慶王奕劻，會同軍機大臣，奏請變通軍制，在天津建陸軍，並共同保薦項城，負責督練；於是此新軍計劃，便見實施。項城奉委，夙願獲償；但當前有兩大問題，立須決定：

項城力爭新軍全部皆新

（一）練兵地點之決定。榮仲華主張利用京津各地，原有營房，稍加整理修葺，即可開始訓練，省時省費，無逾於此，各樞臣均極贊成之。項城則獨予力爭曰：『新軍寧住草棚，亦不入原有營房。蓋既曰新軍，應一切從頭做起，避遠沾染舊軍一切壞習。使天下一新耳目，方能收嶄新之效！』項城力爭結果，各樞臣均感其言之成理，使榮仲華，竟肯放棄原有主張，而從項城之請，亦不為忤。可見項城手腕與毅力之高。於是乃擇定距天津約七十里之新農鎮，即津沽間所稱為小站者，依照所擬計劃，興蔫所營，開始訓練。項城能獨具化腐朽為神奇之毅力，其後來能有成就，實非偶然！

中上級幹部以人才為準

（二）新軍幹部之選擇。項城對幹部之如何選取？初感茫然！上級幹部，如用淮軍宿將，則以往軍中一切舊習，必隨以俱來，而建立新軍之意義全失！如純用武備等學堂之將校，則資望或淺，又不能饜舉國人之屬望。項城幾經思考，絞盡腦汁，始決定：凡屬中上級幹部，不問其出身為淮軍或武備學堂，只以人才為準，而隨時拔擢調充之。至中下級幹部，初則由武備學堂，或淮軍中調拔，繼則由新軍中逐漸升擢。此一用人問題，以項城之素喜操權，故特別重視，而始終由其獨攬，只指定余等極少數親信，為其詳列各候選人之出身、經歷、及與各部隊間之關係等等於一手冊之中，彼此又反覆加以考核，註以按語，以隨時備項城之諮詢與採用。

相幹部學自文正與文忠

「項城對用人大權之操切如此，而對每一個幹部，如儀容、風度、談吐、學識等等之衡鑒，更加不厭求詳，倍感興趣。且因『閱人多矣』之故，有時相幹部多奇中。據項城秘以語余：『用人需能相人，乃學曾文正與李文忠也。』曾李諸公之衡鑒人才，吾人固熟聞之矣，項城之相人也，在理論方面，亦學曾、李諸公，首取厚重，次取宏毅，且以具村樸氣者，為『剛毅木訥近仁』。在實施之際，有時亦間捨厚重而取輕浮，如蔡松坡之沉毅而項城以其貌似清癯，遂認誤為帶有幾分輕浮之氣；如陳乙庵（宧）之狠惡，而項城以其神態軒舉，卻又誤認其為沉毅。此特舉其尤著者，且為項城親以語我之秘聞。後來蔡陳二人結果，剛剛相反；毫厘之差，千里之謬，項城曾為之頓足悔歎：『盡相信，專上當！』此俗諺也；亦猶『盡信書，不如無書』之為愈。然則相又豈易言哉？

據軍隊為工具始自老袁

「又項城之選用幹部，多屬漢人，而且多屬豫魯淮泗間人。好在榮仲華，只解高高在上，以為能控制項城、及項城以次幾位要角便足，對中下級幹部之運用，略不干涉，實亦無法干涉。以後南北大小軍閥，甚至於一個山寨之匪首，亦多自行大練幹部，即以項城為開山祖師。項城以前之統雄兵者，如曾文正（國藩）兄弟，如胡文忠（林翼），如左文襄（宗棠），如李文忠（鴻章）等，固不曾特練幹部，據軍隊為個人工具也。

小站保定黃埔名震全國

「項城機智絕倫，對於保舉各級幹部，採分批附保辦法，尤其對每一個幹部之考語，縱令賢如管樂，勇如頗牧，亦祇按以『暫加試用』，或『暫行調用』等語句，以減低目標，免致引起奕劻、榮仲華，一班滿清權要之注意。當時較主要之高級幹部。如姜桂題、王士珍、段祺瑞、楊榮泰、吳長純、徐邦傑等，皆分批逐漸以調隸麾下。至於後來，最低級亦做到中將以上之大總統、副總統、巡閱使、督軍、省長、鎮守使等職者。至馮國璋、陳光遠、王占元、段芝貴、張懷芝、雷震春、田中玉、孟恩遠、陸建章、曹琨等等，在當時，則屬偏裨之選，大家在項城督導之下，均能各盡厥職，發奮為雄！致『小站』二字，亦猶後來之保定、黃埔，名震全國！而項城做督撫，入軍機，為總理大臣，為民國元首，為洪憲皇帝，亦以「小站練兵』，為其唯一程本。

項城命眾僚屬入房尋寶

「當小站練兵的全盛時期，項城夙興夜寐。事必躬親。余等亦殫精竭慮，以為之輔。上下一心，彼此忘倦。一日，項城飲全體壯士，我們一班高級僚屬，約四五十人，均環拱項城而坐，項城酒酣，忽拔劍指簽押房曰：『我有一寶，藏之此中，君等可入房搜索之、携取之，傾筐倒篋不禁也！且得之者，除以此寶歸之之外，還有獎敘。』言罷復顧余笑曰：『兄其能知此寶乎？』其實，余根本不知項城房中有何寶？於是大家一擁入房，倉皇攘奪之際，有攫得文房四寶之一者，有卸捲誥令者，有取某一書者，袖一界尺者，有獲其翎頂，而又與人易以袍帶者，有奪得便壺，又唾而棄置之者，有尋得寶劍洋槍者，則眾相爭搶不少讓，以為此誠寶也！有搜獲項城平常百看不厭之《東周列國志》者，則大喜以為得寶！更有抱項城所坐團花椅墊者。形色齊全，不可名狀。余則一入房，即直往取其枕畔《孫吳兵法》一書，竊幸以為得寶無疑。惟曹仲珊（即曹琨）病後，蹣跚其行，一無所得，幸其與項城一侍衛交厚，憐其寶山空手，乃拾得眾所共棄於地之一黑滑有光之銀屬薄版授之，仲珊不得已，納諸衣袋，失意離房而去！

袁氏此舉實屬意義深長

「項城待群喧告息，滿面笑容，揮令各人就坐。先大聲作問：『每人均有所獲否？』眾應曰：『有！』又問：『自認以為得寶者，可起立！』於是應聲起立者，約六七人。余亦有意自認，但嫌造次，一起立又復坐下。項城始溫語曰：『寶祇一件，而自認取得之者，竟有如許多人！然則可將所取寶物舉驗？』此六七人者，即依命次第應驗畢，項城曰：『皆非也！』大眾為之一怔！項城並指取算盤者曰：『持籌握算，固然重要，然孳孳計利，豈堪稱寶哉？』於是以寶物應驗者，均垂首歸坐。

「有獻議謂：『不如請督練（指稱項城）宣布何物為寶，則得者起立，豈不痛快！』眾人聞議，多表贊同！項城則沉吟不語。余深知項城此舉，意義深長，並非酒酣耳熱、一時興到之所為；乃在察驗每一部屬，所取者何物，以占其性情嗜好，及將來造詣，比看相為更坐實。因亦獻議謂：『不如由督練指派一人，按序登記各人所得者為何物，然後宣布誰為得寶？』項城聞而喜曰：『如此做法，實獲我心。』並即派余，擔任登記事宜。登既記竣，項城逐一省覽，終未宣布寶落何人之手。座眾不無疑愕，甚有猜為寶尚在簽押房中，未被取出，擬提議重往搜尋者。得失在念，猜測紛紜，項城只微笑不言。

寶物原來是一塊「馬版」

「酒又數巡，項城時展登記冊觀之，迨閱覽一過，始徐徐起立，呼『得「馬版」者，請來身前！』但連呼多次，舉坐無敢應者，即余登記時，亦無『馬版』二字之紀載；且『馬版』果為何物？眾人更覺茫然！項城睹此場面，知眾人不解『馬版』稱謂，乃改呼：『得「銀版」者，請起立！』曹仲珊一聽『銀版』二字，頓驚寶已在手，即起立應命，面有得色。項城命將此『馬版』傳觀一過，則為一純銀而略滲其他金屬品之薄版，長不滿尺，寬約四寸，色澤黝黑有光，上有蒙文、回文、及拉丁文之鑄刻，下端有一小孔，且尺度略仄，殆便繩繫及手捧也。與余接坐之姜桂題、徐邦傑輩，曾悄悄相謂曰：『黑漆一團，有何可寶？』余曰：『此物似有來歷，且待分曉。』

版上勒鑄成吉思汗手令

「項城先向曹仲珊獎勉曰：『汝能得此「馬版」，即汝之福，願汝他日，步此「馬版」創始人後塵，為國揚威九萬里外！』次向眾解說此『馬版』之來歷曰：此馬版，為余于役朝鮮時，其國王取以餽余，用酬余匡扶之功者，余隨身携帶，如捧重器。創此版者，君等亦知之乎？乃氣吞東亞，威振歐西，我元朝成吉思汗是也！成吉思汗，先征服中國本土，次及中小亞細亞，以達於歐陸，當時歐西諸邦，共驚為黃禍之降臨。成吉思汗，軍行所至，命一驍將，領蒙古騎兵數千前導，驍將恭捧此版，版上乃用多種文字，勒鑄成吉思汗手令，其大意即：『降者免死！抗拒者殺無赦！』寥寥數語，見者跪拜，故當時國內國外，見此版，如見成吉思汗本人，望風伏拜，無敢仰視者！蒙古人重銀，凡帝后棺槨，多為銀製，故此版亦范銀為之。今為仲珊所得，緣也！亦福也！至與飲諸君，亦各有所獲，而各與我結緣，望各『自求多福』。項城講話，語語有力，聽者動容，殆出天授。講畢，眾人共進一觴為壽，並祝仲珊得寶。仲珊亦福至心靈，先向項城拜謝，然後答謝眾人而散。

曹錕才氣平庸福澤深厚

「眾將佐去後，項城獨招余入室謂曰：『仲珊才氣平平，初未深加注意，今諦審其容狀，亦一封侯相也！且福份或不次於閣下，當好為看待之。』余聞言竦然曰：『然則督練，亦早及此文弱書生矣！』項城笑曰：『余少年時，覺君之可親，可與共圖大事！今則覺君如立朝端，與袞袞諸公相較，亦毫無遜色！所謂相面相背，已匪伊朝夕，即君靈台之所蘊蓄，亦能狀寫得出。』上述諸語，雖屬項城一時戲謔；但吾於項城，實具終身知己之感！項城臨薨，托我以善後諸大事，我即首與芝泉、聘卿、華甫諸君約曰：『如有損及項城令名，及稍有牽累其家屬者，吾人當以大敵視之！』結果，幸不辱命！他年，見項城於泉壤，可無愧也！」

東海又更告曰：「曹仲珊，在當時諸偏裨中，實屬中下之選，論勤奮，不及孟恩遠；論勇敢，不及王占元。而孟、王兩人，倘嚴加銓按，已屬下駟一流，則曹之為曹，亦可曉然矣！但伊自巧得『馬版』後，竟一帆風順，蒸蒸日上，殆亦精神上突獲鼓勵所致。後來督領師干，巡閱兼省，以迄於為民國元首，據其自稱，此『馬版』未常須臾相離！元首之來，雖由賄選，究竟亦算元首，故『馬版』實不負仲珊也！」

曹錕被囚馬版輾轉易手

按：此版自馮煥章演逼宮一齣，囚曹氏於延慶樓後，即落入西北軍某將領手，展轉為鍾可托氏所有。迄抗戰時，鍾氏又以貽程頌雲（潛）之參謀長晏某。勝利後，余過漢臯，始獲見此版於晏家齋頭，正如昔年遊百靈廟時，瞻拜成吉思汗遺像，睹每一遺物，輒生景仰之思！英雄手澤，感人之深，有如此者。惜我行色匆匆，未克將袁、曹授受經過，舉以告晏，免使此含鋩神物，再雜廁於晏家百十許銅鏡中為歉然也！

蔣公當年亦囑學生尋寶

東海逑此事畢，頗有「金鑾秘記」之感！余因亦以蔣公當年奬勉黃埔學生之事告之：「某年元旦日，黃埔高期學生，群趨蔣邸賀年。蔣公謂曰：『我室中，有一至寶，今任汝輩搜尋，誰能取得，即為誰有。』諸生聞令，紛紛升堂入室，予取予携，爭先恐後，竟不徒勞，得各手一物以出。蔣公則直捷了當宣示其旨意曰：『取得《三民主義》一書者，為得寶矣！』其考驗學生之方式，與項城略同，而立意設教，則完全不同，因蔣公此舉，其動機在察驗學生之辨別力，非如項城之偏信星相，專用此以卜每一部屬之命也！」

小站黃埔各有不同之點

吾大略推逑黃埔精神所托如此，東海歎曰：「黃埔與小站，固各有其立場，惟欲天下英雄，入其彀中，其所採『入彀』方式，正恐無多差別也！」

吾笑謂曰：「倘當年主小站者，非項城而為蔣公，則必以《孫吳兵法》一書為寶，是得寶者，乃東海而非保定（曹琨籍保定，故云），其差別可道里計耶？」

東海聞說亦笑曰：「君說甚辯，然君之緊守黃埔門牆，又何若是其甚也！」

吾此時，覺東海神態語氣之間，已曉然於小站之與黃埔，其精神所托，確各有其真正不同之點，因坦然答曰：「時代推遷，取捨自異，倘曾、左、胡、李諸人生當今日，小站之設，或黃埔之創，恐亦有其必要！且昔之所謂：『善道與守死』，正通於今之所謂：『信仰與奮鬥』，藐予小子，又何敢不守門牆。以固吾圉？」

東海經余解說，益釋然曰：「君言良不我欺，吾今乃知黃埔建軍之真意義矣。君如去充所謂『特務』，亦必一開明特務，君以吾言為唐突否耶？」

彼此相與一笑，以結束此一談話。

咸豐一家的戲癖

劉豁公

咸豐是滿清叔季聰明而無大志的掛名皇帝，他對於政治，根本不感興趣，相反的，對於演劇的技巧，極為重視，雖微如一字一音，或一舉手一投足之小動作，亦必悉心研究，一點也不含糊，這位萬歲爺，確是很特別的。

但可惜運氣不佳，在他初登大寶南面稱孤時，恰值洪（秀全）、楊（秀清）起義於金田，戰將石達開、韋昌輝、蕭朝貴、馮雲山、李秀成、陳玉成、譚紹洸、林鳳翔等，一個個文武兼資，攻城略地，勇往無前，黃河以南十餘省，很快的落在他門手中，終是天王洪秀全建都於金陵，取清廷的地位而代之，可能性是很大的！

也虧那咸豐沉得住氣，對太平軍之節節勝利，他竟視為當然，毫不介意，一任他的寵臣端華、肅順、載垣等，遣將調兵，相機行事，號稱中興名將的曾國藩、左宗棠、彭玉麟、胡林翼、李鴻章、劉銘傳等，都是端、肅識拔出來的。

咸豐在這一時期，除了遵他祖先的規定，逐日臨朝，作形式上聽政外，依然做著選色徵歌的風流天子，什麼宵衣旰食，為國憂勞，他根本就沒幹過！

一天二十四小時，至少總有數小時過著檀板金樽的生活，他不但是好戲，並且能夠唱戲！所擅長的崑（崑曲）亂（亂彈包括二黃秦腔）劇不下六十餘齣，而最愛唱的計有崑曲的《獅吼記》，（因為他的令弟恭親王奕訢是懼內的，他唱這戲，顯然是以陳季常影射恭王，以陳夫人柳氏，影射恭王的福晉。）二黃的《四郎探母》，（因為他去旗裝的婦女，操京白，摩仿懿妃那拉氏聲容惟妙惟肖。）梆子的《三疑計》（因為當時某將軍，曾經鬧過疑妻不貞的笑話。）等等，他是生旦兼工，無所不能的，但為保持皇帝的尊嚴，未便粉墨登臺，只好說白清唱，一過其戲癮！

好在內廷有著特建的舞臺，「南府」（就是當時的皇家科班分為內學、外學，內學訓練年青的內侍，外學訓練民間的兒童）裏，又有許多本廠自造的角兒，加上外面「四大徽班」（三慶班、四喜班、春臺班和春班）的名角，隨時可以傳差，以此內廷演戲，幾於成了必修的日課！常被傳差的徽班名角，生行有程長庚、余三勝、張二奎、王九齡、盧臺子、楊月樓等。旦行有胡喜祿、蔣檀青、梅巧玲等。淨行有何桂山、金秀山、錢寶峯等。丑行有楊明玉、羅百歲等。而檀青尤為咸豐所器識，整天的留在宮裡，等於內廷一員！

由於咸豐的好戲成癖，影響所及，遂使皇后（孝貞后亦即後來的慈安太后）、貴妃（懿貴妃亦即後來的慈禧太后）、漢妃四春（杏花春、武陵春、牡丹春、海棠春）等同樣的成了準樣戲迷！

孝貞后是滿族女性中，較為賢淑的一個，她不尚奢華，不喜修飾，終年的穿著布衣，督率一班宮女，從事於刺繡縫紉一類的女紅，藉以減少臣工的貢獻！對於驕奢淫逸的娛樂，除了不參加外，並盡量的向咸豐婉言勸諫，使他內不自安，適可而止！但在內廷演戲時，她可要摒棄一切，盡量的欣賞戲的藝術。

至懿貴妃那拉氏又不同了，她是北人生長南方的，（其父惠徵曾任安徽徽寧池太廣兵備道多年。）天生麗質，慧黠無倫，從小就愛好南方小戲「黃梅腔」例如；《藍橋擔水》、《山伯訪友》、《蔡鳴鳳辭店》等，她都耳熟能詳，有時隨聲附和，亦復有板有眼，清脆動聽，後來她之見賞於咸豐，也就得力於這些小戲！

那是一個融和的春日，那拉氏被選入宮為宮女，派在「圓明園」「桐蔭深處」服務，咸豐偶然在園裡散步，隱隱聽見銀鈴一般的嬌音唱道：「太陽一出照西山，後面走出阮如蓮，奴丈夫到學中去把書念，曾記得奴丈夫美貌少年，杉木桶兒挽上肩囉，哈呵咦呵嘿，轉上一個彎來，呀呵咦呵嘿……」《藍橋擔水》

咸豐的妙解音律，前面是說過的，但他的足跡不出都門，故對於各處地方戲，根本一無所知，偶然聽到了新的歌聲，不期感到無上的興奮。「這是誰唱的呢？」他一面想一面循聲走去，忽然發見一個絕色的少女，坐在花陰石橙上刺繡好像安琪兒一樣。

隨在咸豐身後的內侍，照例的叫一聲「施」！那就是說：「皇上來了」！

少女很張皇的向四下飄了一眼，隨即丟下刺繡的錦幅，跪下接駕。

「他叫什麼名字」？咸豐很溫和的這樣問。

「奴婢那拉蘭兒，是前安徽徽寧池太廣道臣惠徵的女兒，兩月前應召入宮，被派在這裡，伺候萬歲爺的。」

「你才唱的是什麼戲？」

「那是南邊的『黃梅腔』，奴婢隨口胡唱，污了萬歲的龍耳，奴婢罪該萬死。」

「到挺會說話，『黃梅腔』又是什麼戲呢？」

「這是湖北黃梅人，由『皮黃』裡蛻化出來的，除了湖北人外，皖贛一帶的人，也都很都歡喜他，奴婢就是隨侍二老在安徽學會了的……」

「朕覺得這種簡單的腔調，倒很天真，聽了怪有趣的。」說著走進「桐蔭深處」，盤坐在坑上，吩咐蘭兒拿張矮橙來坐下來唱！

蘭兒有的是清脆歌喉，為了要博至尊的歡心，便毫無保留的，竭其所長把那齣《藍橋擔水》，順序的唱了下去。

咸豐感到相當的滿意，當晚就召幸她，蘭兒遂由宮娥一躍為妃子，這在專制時代中原已不算新聞，不過蘭兒的用心，是很苦的！

原來她以歌聲，引起咸豐的注意，覲見後所有應對的言語，都是在事前計劃好的！

咸豐既為蘭兒之聲色所迷，遂爾不次超擢，封為貴妃，位次僅亞於皇后，每天除了早朝暫離片刻外，飲食起居，無不與共，白樂天長恨歌裏所謂「後宮粉黛三千人，三千寵愛在一身。」蘭兒是可以當之無愧的。而尤妙的是承恩不久，即已有了愛情的結晶，這個結晶品，就是後來的同治！

因之咸豐更把她愛如拱璧，曾經在她宮裡，連住了半月不出視朝！

孝貞認為這太不像話，於是頂著祖訓，跪在西宮前，高聲朗誦，咸豐聽了大驚，也來不及穿鞋襪，立刻跑出來說：「請皇后不要再念，我這就視朝了。」

按照清廷的祖訓，如果皇帝貪逸樂不理朝政，皇后有權稱祖訓加以警告，皇帝是一定要接受的！同時皇后更有權懲治與此有關的妃嬪等人，這事咸豐當然也知道，故他一面視朝，一面就擔心著蘭兒要受皇后的杖責，只匆匆的問了幾件重要的朝政，隨即起駕回宮。

「皇后現在那裡？」咸豐很緊張的這樣問。

「剛到坤和宮去。」

「啊，坤和宮？」咸豐感到相當的驚訝，原來那是皇后舉行賞罰的地方，皇后此去，無疑的是辦蘭兒，以此不暇細詰，很迅速的趕去說：「請皇后暫免責罰，因為蘭兒已有孕了！」

「皇上何不早說」：皇后說：「我所以要責罰她，是遵祖宗的法度，既是她已有孕，為皇嗣計，就免了她的罪吧！」

蘭兒自被封為貴妃後，仗著咸豐的寵愛，平添了無限驕矜，心目中止有咸豐一人，此外雖貴為皇后，在她眼光中，也不過是富貴的婦女而已。

及至孝貞傳訊，面前有著幾個如狼似虎的太監，執大杖站在那裡，也認為等於官廳問案時，站班護衛的衙役，沒有什麼道理，後據老宮人說：「今天這件事，若非萬歲爺趕來救護，貴妃娘娘，是要吃大苦的！原來這宮杖有伸縮性，輕重緩急，完全操在執刑的太監手中，錢用到了，雖杖至數百，亦無妨害，反之只十餘杖，亦能使人重傷，甚至於危及生命！」

蘭兒這才感到，皇后在宮廷裡的權威：並不亞於皇帝，自己過去視她如無物，實在是錯誤的！她一貫是想到就做的，當即前往中宮，拜謝寬恕之恩，並說明自己少不更事，乞皇后多加訓誨，玉之於成。

孝貞是賢淑的，見她那種楚楚動人的乞憐狀態，心靈上不期為之感動，非但不再嗔怪，並且給予莫大之同情。

蘭兒既看清了這一點，便事事先意承旨，以博孝貞的歡心！漸漸的水乳交融，一點兒沒有隔閡！

安德海是西宮小內侍之一，因為年紀很輕，人都叫他小安子，他長得很俊，說話也和普通人一樣，沒有一般太監那種尖銳刺耳的怪聲。

他曾在「南府」「內學」學戲，藝宗「奎派」，（張二奎派）和著名的周春奎不差什麼，懿貴妃既悅其貌，復賞其技，便不斷的叫到面前去，說這說那，絮絮不休，所說的大多是戲，也有不屬於戲的，人家看到他兩人蹤跡親密，頗多揣測之詞，但安子是個太監，似乎也沒有什麼！

所謂「四春」，即杏花春、牡丹春、海棠春、武陵春，前面是說過的，她們都是出身青樓的漢族民女，本身既學過戲，愛好戲的藝術，當然不算新聞，因之追陪咸豐觀劇的，除皇后及貴妃外，她們也是固定的隨員！

久被內廷傳差的楊月樓，是個文武不擋出類拔萃的生角，拿手戲不下百齣，「猴子戲」（如《安天會》《芭蕉扇》《猴盜牌》之類）尤有特長，他做猴子的「身段」，與真猴一般無二，這個很合懿貴妃脾胃，特地給他取一個外號叫「楊猴子」！

四春中的杏花春亦有同感，每值月樓登場，她與懿妃的眼光，是不會離開這個猴子的！

杏花春姓方名玉人，本是二十四橋的著名尤物，不但生得美麗，更有一副天賦的歌喉，任何戲曲，由她的口裏唱出，都令人聽了入迷！

懿妃對她，本是有好感的，此刻卻因她對楊月樓虎視眈眈，心裡感到充分的不快，是何理由不可知，也許是某種酸素作用吧？

儘管這樣，他她們依然過著人們意想不到的優裕生活！

但可惜「漁陽鼙鼓動地來，驚破霓裳羽衣曲！」原來卅餘年前，（按即公元一八四二年亦即清道光二十二）英國人曾經以戰勝國之姿態，（按即中英「鴉片戰爭」英國戰勝）迫清廷，簽訂《江寧條約》，除將香港割讓與他外，並闢廣州、福州、廈門、寧波、上海為通商口岸，同時給它們以領事裁判權，准許它們設立「領事館」「會審公堂」！

通商口岸，是一個個開闢了，但廣州人不忘鴉片戰爭時，英軍姦淫擄掠的殘暴，便堅決拒絕英人入城，宣稱「他若不聽，叫他活的進來，死的出去」！

英人憚於廣州的民氣強悍，倒也不敢惹他，好在香港已經到手，便將所有要在廣州做的事，一律移到香港去處理，不過這口惡氣，是一直撇在肚子裏的！

碰巧一八五六年（咸豐七年），有個中國商船亞羅號，冒用英國的國旗，載海盜到廣州去，被駐粵的水師發覺了，當即上船搜索，捕獲華藉匪類十三人，並將英國旗撕毀投入海中。

英政府抓住這個機會，逕向中國宣戰！

同時法國為了拓廣其中遠東市場，藉口廣西法教士被殺，亦向中國進兵！

由於作戰的對象同是中國，當即聯合起來，號稱「英法聯軍」！向中國比肩作戰，先後攻入廣州、白河、大沽及天津，進逼北平，火燒「圓明園」，烽火連天，國亡無日！

「不愛江山愛美人」的咸豐帝至此亦深抱不安，遂於八月八日，匆匆的率領后妃皇子（即同治），及親信的王大臣，連著「南府」諸伶，同往熱河避難！但他最寵幸的崑旦蔣檀青，剛剛患著嚴重的熱病未能從行，咸豐認為莫大的憾事！

半年役，檀青趕到熱河去供奉，咸豐為之笑口常開！所謂「小紅低唱我吹簫」，咸豐與檀青彷佛似之！

明年五月，留守京畿的恭王奕訢，已經與英法簽訂《天津條約》，咸豐帝本可回鑾，但他憚於旅途的炎熱，遂決於秋後回京！

也許是他的命運，該在熱河去世吧？就在那年的七月十四那天，他還與平時一樣，帶著皇后懿妃等唧盃觀劇，樂不可支！不知怎樣，第二天即感不適，某御醫給他診脈，認為受了暑氣，並沒有什麼大病，可是吃了藥並不見效，只覺頭昏腦脹，胸部懊悶，坐臥不安，這樣持續了三天，病勢日益沉重，終於十七日黎明時候，拋卻所有的一切與死神攜手而去！

咸豐既死，懿貴妃的獨生子載沖，以皇長子之資格，居喪即位，是為同治！（按咸豐止有這個兒子，無所謂長不長，反正皇位總是他的）。懿妃按照母以子貴的慣例，遂與同治嫡母孝貞后，同時被尊為皇太后！

一向專權的大軍機肅順，有意挾制寡婦孤兒，遂矯遺詔，自命為輔政大臣，把持一切！這對兩位皇太后，無疑是個重大的打擊！時以御弟留在北平監國的恭王奕訢，來奔大行皇帝之喪，兩位身受包圍失卻自由的皇太后，就此得到一支有力的援軍，當即開了一次祕密的家庭會議，決議由恭王授意於左都御史董元醇，疏稱：「皇上沖齡，未能親政，大步方艱，軍國重事，應請皇太后垂廉訓政，並派親王一二人輔政，以繫人心……」

肅順認為這對他極端不利，正待設法阻止，老謀深算的恭王，突以皇叔兼任監國的身份，聯合慶親王奕劻，唱了一齣《二進宮》名劇！力請兒皇帝同治，恭上兩位太后以「慈安」、「慈禧」的尊號，請她倆垂簾訓政，尅日奉移大行皇帝之梓宮回京安葬！

兩宮抵京之日，肅順、載垣尚等在途中，當命緹騎把他們械送至京，分別賜死、禁錮，由此大權遂歸於兩宮！

憑良心說，慈安、慈禧當國後，在政治上一切的措施，並不一定比肅順高明，有些地方，也許還不及他！但也有一例外，即是「崑」、「秦」、「徽」、「漢」，揉合而成的「皮黃」，（西皮、二黃時人稱為京戲，就是現在的平劇亦稱國劇）由於她倆的提倡，人才輩出，盛極一時，藝術上的進展，是空前的！

據我所知，那時誕生的名角，老生如汪桂芬、譚鑫培，小生如王楞仙、程繼先，老旦如謝寶雲、龔雲甫，青衣如陳德霖、王瑤卿，花旦如田桂鳳、響九霄（田際雲），淨角如黃潤甫、金秀山，丑角如羅百歲、王長林，武生如楊小樓、尚和玉，武旦如朱文英、閻嵐秋，武淨如李永利、錢金福，武丑如戈處、張黑，差不多全是兩位太后，獎勵培植起來的！（關於上述諸人的一切，我將分作詳實的報導，本文限於篇幅故從略）。

自然同時產生的好角並不止此，這不過是舉例吧。

特別值得一提的，即是兒皇帝同治，他因受了嫡母生母的雙重影響，從小就對於皮黃發生好感，經過頻年的耳濡目染（宮內的舞臺除了「忌辰」，差不多天天有戲），加以兩母的領導，他也成了標準的「戲迷」，憑著皇帝的權威，遇有合意的戲，就指派唱的角兒，盡量的傳授給他！這樣不多幾年，他已成了特殊的名票，老生、武生一腳踢，唱起來實在夠個味兒，「王帽戲」更有拿手，因為他以政治舞臺的君主，扮演戲劇舞台的帝王，飾偽如真，是必然的！

但可惜壽命不長，他只做了十三年票友皇帝，已因楊梅結毒，嗚呼哀哉，尚饗去了！

他所遺留的皇冠，就在慈禧堅決主張下，落在他的堂弟載湉（就是光緒）的頭上！這位可憐的皇帝，畢生受制於西后（就是慈禧），始終沒有抬頭，登基時年甫四齡，「慈安」、「慈禧」兩太后垂簾決政，他－光緒－只穿著小型的黃袍，坐在金鑾殿上扮演「啞劇」！

成長後名為「親政」，一切軍國大事，依然要秉母后的意旨，不過由他的口裡發號施令，等於一個傳聲筒而已！

據一般人的推測，光緒所處的環境，較之《逍遙津》裡漢獻帝還要可憐！

但他並不以此減少其對於平劇，特別是對「場面」的興趣！所有「吹」、「彈」、「拉」、「打」的樂器，他都拿得起來，打大鑼更有特長，相信當年享盛名的「大鑼陳」，也未必能好過他！

此外貴族子弟之嗜劇成癖，甚至薄王侯而不為，毅然「下海」為伶者，尚不知有若干人？（最著名者有雙克庭、德珺如、那琴軒、溥西園、溥竹生、寶九、鐵麟甫等數十人，關於上述諸人的一切，容日分別報導，茲不贅）。這雖說基於他們的個性，也未始非兩宮感召之所致！

不過慈安的好劇，是好戲的藝術，慈禧則兼好演戲的人，前面所說的楊月樓，即以年青貌美，體格魁梧，得到慈禧的青眼，這是一般人都知道的。

某一時期，月樓應聘至上海，受到社會盛大的歡迎，凡是看過他底戲的，再看他伶的戲，便覺得平淡無奇，不足一顧，誠如古人所謂「曾經滄海難為水，除卻巫山不是雲」。而月樓亦以貪戀上海之繁華久不言去，後竟斥資在四馬路建築「鶴鳴園」，大有終老於是鄉之意！如果真是這樣，倒也未嘗非月樓之福，叵奈他的「鶴鳴園」造未及半，在他原搭的「丹桂園」附近，有個新建立的「滿庭芳」，突然邀了一個名叫李春來的童伶武生，來和他唱對台戲，他感到「勝之不武，敗則適足為辱」，遂一怒而返北平，連那已建而未完成的戲園也不要了！

他一到北平，就在「三慶」搭班，因為掌班程長庚（字玉山，於戲無所不能，而亦無所不精，時人稱之為伶聖），是他素所景仰的，同時程老對他，也很器重，認為能繼自己掌管「三慶」者，只有他是理想的。因之長庚以年老退休，他就做了「三慶」的掌班。慈禧對他的寵幸是無比的！每次「傳差」（就是傳外面伶人到內廷演劇），固然少他不得，而在他唱完戲後，更要召到西宮去賜坐長談，這無疑是不合宮廷禮法的！但她是皇太后，她所要做的事，是沒有敢於違抗的，因之慈禧的召見月樓，也就成了公開的秘密！所不知道的，只有東宮老佛爺（就是慈安皇太后，慈禧則稱西宮老佛爺）而已。

他們這事的暴露，是偶然的，也是意外的，過去月樓應西后之召，總是儘可能的，談過話即刻走開！這天不知怎樣，忽然感到相當的疲乏，便在西后床上躺下來休息，剛一躺就睡著了。

西后示意叫宮人在旁侍應，自己便到御苑去散步看花。

碰巧慈安走來找慈禧聊天，瞥眼看到月樓在慈禧床上，不由的勃然變色，本當喝叫隨侍的太監把他拿下，忽然想到這事有礙宮庭的榮譽，自以隱祕為佳，便深深的嘆口氣返身走去！

慈禧聞報，內心感到相當的不安，但也不動聲色，只走回去把月樓推醒！

「睡足了吧？這有挺好的杏酪，吃了就回去罷，東宮老佛爺就要來啦。」

向例帝后賜食物，受賜者必須當場食盡，以示恭順，這個月樓是知道的，便匆匆的吃完了杏酪，拜謝而出。

到家不多一會兒，忽然無疾而終，時年四十二歲，冠絕一時的「猴子戲」，只好帶到泉台去唱了。

打這天起，西太后即以病聞，是何病症不可知，反正金鑾殿上，已經尋不到她的足跡，御醫們診治無效，疆吏張之洞等所薦的名醫，好像也無能為力！

於是東太后單獨視朝，朝罷就到西宮去訪問病狀，發見她面泛朝霞，毫無病意！「她這怎麼回事呢」？東太后想：「大概是懷慚吧」？

為了要解除她的心病，特於次日訪問時，暗將咸豐所留的遺詔帶了過去。

「咱們老姊妹，相處至今，從來沒有一點兒隔閡」東太后說：「但先皇老不放心，曾經留下這樣的一個遺詔，其實是多餘的」。邊說邊把那遺詔遞了過去，那詔書說：「葉赫那拉氏，祖制不得備椒房！今既生皇子，異日母以子貴，不得不尊為太后，惟朕實不能深信其人，此後如能安分守法則已，否則汝出此詔，立命廷臣傳遺命除之」！

慈禧看了，不由的面無人色。

「妹妹放心」！慈安微笑著說：「我不會拿它來害你的」！說著就叫宮人拿火來把它燒了。

慈禧口裡不斷的稱謝，內心卻對慈安平添了許多妒恨！

明天就派內侍送「克食」（一名粔籹，即特製之牛奶餅）。到東宮去，慈安循例對來人吃了一個，一面讚美，一面示意叫宮人收了進去，不知怎樣，半夜裡忽然腹痛，痛到不能忍受的分兒，派人傳喚的御醫還沒趕到，慈安已經鳳馭上昇了！

次日拂曉，就有內監傳報「東宮老佛爺宴駕，今日免朝」。

「這就怪了」！左宗棠向王文詔這樣說：「怎麼昨天還是好好的，今天就遐昇了」！說罷嘆息而出，明天早朝，就奉詔出督兩江（兩江總督）！從此宮中府中的一切，他就不得而知了！

當左宗棠仗節出京時，前以崑旦翹楚有寵於咸豐的蔣檀青，正以皮黃勃興，崑曲遭到人們的揚棄，一時窮無所歸，展轉流落到綠楊城廓（就是揚州），沿門度曲，索取冷炙殘羹，藉以維持殘餘的生命！

我的朋友楊雲史（名圻），係名侍御崇伊先生的哲嗣，那時年方弱冠，裘馬翩翩，確是一個濁世佳公子，偶然在「平山堂」（揚州名勝之一），看到蔣檀青自彈自唱，白髮哀吭，聲淚俱下的慘狀，不期予以莫大之同情，當即引與並坐，勸他吃了幾杯，然後叫他追述少年時，供奉內廷的情況，隣座老人，多為黯然神傷者，雲史先生亦為之慘然，隨贈番佛二尊，慰使歸去。事後並作〈檀青引〉紀其事云：

江都三月看瓊花，寶馬香車十萬家，
一代興亡《天寶曲》，幾分春色玉鈎斜，
玉鈎斜畔春色去，滿州煙草飛花絮，
都是尋常百姓家，欲問迷樓誰知處，
高台置酒雨溟溟，賀老彈詞不忍聽，
二十五絃無限恨，白頭猶見蔣檀青，
雕欄風暖凝絲竹，筵上驚聞《朝元曲》，

其時雨腳帶春潮，江南江北千山綠，
朱絃斷續怨滄桑，望帝春心暗斷腸，
欲說先皇先墜淚，千言萬語總心傷，
坐客相看共嗚咽，金徽彈罷愁難絕，
同是傷春事不同，飄零身世何堪說，
家在京師海岱門，少年往事不堪論，
旗亭舊日多名士，北海當年侍至尊，
太行北盡仙園起，靈台縹緲五雲裏，
年年豹尾幸離宮，百官扈從六宮徙，
萬戶千門魚鑰開，柳煙深淺見蓬萊，
妝樓明鏡雲中落，別殿笙歌畫裡來，
祖宗旰食勤朝政，百年文物乾坤定，
萬方鐘鼓與民同，九重樂事怡天聽。
建康殺氣下江東，關河萬里戰雲紅，
嶺表樓台燒夜月，江頭刁斗落秋風，
軍書旁午南征久，從此先皇近醇酒，
誰解君王猛士憂，三千粉黛皆蒲柳，
三山清月照瑤台，夾道珠燈擁夜來，

一曲吳歌調鳳琯，後庭玉樹報花開，
臨春結綺新承寵，玉骨輕盈珍珠重，
避面寧教妒尹邢，當筵未許憐張孔，
太液春寒召管絃，官家小宴杏花天，
昭陽宮裏春如海，五鼓初傳燕子箋，
鞓紅照睡繁華重，絕代佳人花扶擁，
南府新聲妒野狐，昇平獨賜龜年俸，
夜半青娥掃落花，深宮月色照羊車，
庸知銅雀春深事，留與詞人賦館娃。
當時海內勤王事，慷慨誓師有曾李，
未見江頭捷騎來，忽聽海畔夷歌起，
避暑溫泉夜氣清，宮花露冷月華明，
驚心一曲《長生殿》，直是漁陽鼙鼓聲，
延秋門外黃昏路，城闕生塵妃嬪去，
穆王從此不重來，馬上天顏頻回顧，
來朝胡騎遶宮牆，凝碧池頭踞御床，
昨夜採蓮新製曲，月明多處舞衣涼，
太白睒睒攙槍吐，雲房水殿都淒楚，

咸陽不見阿房宮，可憐一炬成焦土，
和戎留守有賢王，八駿西行入大荒，
金粟堆空啼杜宇，蒼梧雲冷泣英皇，
居庸日落離宮暮，北望幽州空煙樹，
初聞哀詔在沙邱，已報新君歸靈武，
鼎湖龍馭使人愁，福海悠悠春水流，
山蝶亂飛芳樹外，野鶯啼滿殿西頭，
梨園寂寞閉煙雨，百草千花愁無主，
漢家仙掌下民間，秦宮寶鏡今何處？
玉泉山下少人行，瓊島春陰水不清，
獨有漁翁斜月裏，隔牆吹笛到天明。
繁華事散堪悲慟，玉輦清遊憶侍從，
明年重過德功坊，鈞天無復華胥夢，
小臣掩面過宮門，犬馬難忘故主恩，
檀板紅牙今落魄，尋常風月最銷魂，
十年血戰動天地，金陵再見真王氣，
南部煙花北地人，天涯獨灑傷心淚，
武帝旌旗滿九州，湘淮諸將盡封侯，

兩宮日月扶雙輦，萬國車書拜五洲。
獨有開元伶人老，飄泊秦淮鬢霜早，
夜夢簾間唱謝恩，玉階叩首依宮草。
糊口江淮四十年，清明寒食飛花天，
春江酒店青山路，一曲《霓裳》賣一錢，
君問飄零感君意，含情彈出宮中事，
亂後相逢話太平，咸豐舊恨今猶記，
憐爾依稀事兩朝，千秋萬歲恨迢迢，
至今煙月千門鎖，天上人間兩寂寥。

他這詩不脛而走，展轉流入宮庭，慈禧看了，不由的泣下沾巾，當發「廷寄」至金陵，著左宗棠「尅日派員，訪尋檀青的下落，護送至京，以待恩命」。

這無疑，是她差強人意的措施，但可惜遲了一步，在這「廷寄」到達秣陵時，那位可憐的老伶，早已貧病而死，連留下來的骸骨，也不知搞到那裡去了。

也真有所謂有幸有不幸吧？當年楊月樓，因為高臥慈禧的榻上，被慈安偶然發現，慈禧感到極端的不安，為了預防慈安的查究，只得祕密犧牲了情人，這在月樓，可說是不幸的，想不到十餘年後，他的獨生子小樓（名嘉訓，乳名三元，係小榮椿科班出身的），同樣以武生姿態供奉內廷，同樣得到慈禧的寵幸，因為他也愛唱「猴子戲」，並且唱得極好，（《水簾洞》《安天會》尤為拿手），慈禧就叫他「小楊猴子」！每次召見，必有若干的賞賜，所賜的物品沒有一定，反正是值錢的！後此小樓之豪富實基於此！

而小樓之於慈禧，也確有「鞠躬盡瘁，死而後已」的趨勢！在慈禧的大命垂盡時，小樓入宮問安，慈禧睜著失神的眼睛望著他說：「我大概不會好了」！

「老佛爺萬壽無疆，這點兒小病，一半天就會好的」。

「這很難說，假使我魂歸天上，你該怎麼樣呢」？

「這是沒有的事，萬一老佛爺聖駕歸天，奴才一定出家去，燒香拜佛，以了餘生」。

「好！你倒很有良心」！慈禧臉上略有點笑容，「蓮英！你把那盒子拿來，再去瞧瞧皇帝，告訴他，我也病啦」！

李蓮英（時為太監總管）答應一聲，很迅速的就拿來一個漆皮小篋，隨即轉身走去。

「你把這拿去，夠你們吃喝的啦」！

小樓臉上現出要哭的模樣，抖抖的捧著皮篋，再拜謝恩而出。

那皮篋，裝著什麼不知道，只覺沉甸甸的！剛離西苑不多遠，就有一個太監追上來，尖著喉嚨喝道：「楊小樓！給我站著，你敢把這東西往外拿，你還要腦袋不要」？

楊小樓愣了一下，自覺毛骨悚然，連忙丟下皮篋，飛一般逃了出去。

這時蓮英已經達成了使命，回到慈禧面前。

「皇帝好了沒有」？慈禧問。

「還是那樣，沒見好，也沒見壞」。

「你說我病了，皇帝怎麼說呢？」？

「皇上沒有說話，微微的哭了一下」。

「哼！他別高興，我不能死在他的頭裡」！

明天傍午，光緒龍馭上賓，據內侍們私下的傳說，係慈禧賜藥所致！也有說是袁世凱假手某醫師幹的！宮中事波譎雲詭，誰知道呢？

又明天慈禧亦告遐昇！這時小樓老闆，還在教他外孫劉宗楊《連環套》呢。

我所知道的「慶記公司」

劉豁公

這裏所說的「慶記公司」，並非商人組織的營業機構，而是我們做無冕王的報人，特為清末權貴慶親王奕劻假定的代名。

原因是當時滿清政府的皇帝尊號，雖然先後落在同治光緒的頭上，可是統治大權，始終操在以「懿貴妃」一躍而為所謂「慈禧端佑康頤昭豫莊誠壽恭欽獻崇熙皇太后」，即西太后）的那拉氏手中；她有兩個親信的大臣，即是一、慶邸，二、榮祿。

慶邸是咸豐帝之懷弟，與西太后有叔嫂之親，他以皇叔之尊，掌管「軍機處」，一切政事概由他「票擬」，呈請「兩宮」（太后和皇帝）奪，以此權傾朝野，賄賂公行，臣門如市，這就是「慶記公司」之由來。

榮祿是當時的「東閣大學士」，也是西后未貴顯時的情人！他表面上並不與聞「軍機處」大政，但與西后接觸的機會特多，每日至少也有二三次「叫起」，（就是召見）任何機要事項，西后都要找他去商定！因之那時之所謂「兩宮」，與其說是西后與同治——光緒，毋寧說是西后與榮祿！故他之招權納賄，實較慶邸為尤甚！但他始終躲藏在幕後，故不為人所注意，這確是例外的。

慶榮之間，表面上是親密的，實際上爭權奪利，勢如水火，但都避免正面的衝突，至多不過奏參對方一二親信之爪牙（如榮參慶之爪牙惲毓鼎，慶參榮之爪牙樊增祥等）聊以洩憤，但也有一次例外！

事實是這樣的，由於庚子年「義和團」肇事，英、美、德、法、日、俄、意、荷的八國聯軍攻入北平，大肆劫掠遂使清廷歷代的寶藏財物為之一空；於是盈廷上下，均以理財為第一要務，「慶記公司」，無疑是主辦此項要務的中心，於是慶邸，授意於爪牙，教到外面去發散空氣，「不論是誰，只要想出法子來能夠替政府充實經濟，這件事一定交給他辦！」當有某法商食指大動，自願包收「土藥稅」每年報效政府三千萬，另以百萬為慶榮酬勞，這當然是慶邸求之不得的，但對那每年百萬的佣金，不願榮祿分肥，遂決計秘而不宣，只說「這事大有裨益於國帑，不妨從速准行」榮祿亦以為然，當即奏知西后，西后亦以歲得數千萬為樂，但為避免民間的誹議，特旨令各省督撫議其可否，法商聞訊，特往榮祿那裏去道謝，同時說到每年分贈榮慶各五十萬的成約。

榮祿這才發覺，慶邸獨吞百萬的陰謀，即時帶憤入宮，向西太后密奏道：「舉辦「土藥稅」事，輿論界深為不滿，各省疆吏，多數均不謂然，還是不要辦吧！」西太后雖覺掃興，但也並不堅持，這件事就此作罷，貪多務得的慶親王，也只好付之一嘆，但他並不因此中止其植黨營私！

王之春是個市儈出身的「道員」，他根本就未具備政治的學識，但他卻有一套登龍術，不管它是屬於精神物質的，只要能博權貴的歡心，他願意盡量的貢獻出來，尤妙在他有幾個貌美如花的妻妾，都願犧牲色相，為乃夫博取前程，王觀察就在這種情況下，很迅速的與「慶記公司」有了密切的人事關係！於是由道員而臯司，而藩司，而巡撫，再一升便是大制軍了，要像這樣的直線上升，恐怕不久的將來，位列三台，也是意料中事，但也有一點缺憾，就是和他同黌的易實甫（順鼎）觀察，對他狗苟蠅營的作風深為不滿，突然做了一篇〈王之春賦〉說：「石頭長巷，繩匠胡同，帽兒變綠，頂子緋紅，門多帶馬之人，新交壽老，（指余壽屏誠格）座有吹牛之客，綽號眉公，（指陳筱石夔龍）……」這一類型的詞句可謂極嬉笑怒罵之能事，他不單是做了，並且不斷的拿給人看，因之很快的傳遍九城，大家用作酒後茶餘談天的資料！

這當然是王之春恨之切骨的，於是常在慶邸前，說易實甫如何如何的狂妄無賴，故終滿清之世，易實甫始終是個道員，從沒有升過一步！

慶親王權勢之盛，固為人們所盡知，就說他令郎載振，（振貝子）亦復炙手可熱，以此熱中的官僚，多把妻妾子女，拜在他們賢喬梓膝下做乾兒女，前面說的那位陳筱石漕督，就是把繼室夫人，拜慶邸作乾爺的，同時皖撫朱經田（家寶）也將他令郎朱綸，拜振貝子為乾爺，相信他們的漕督皖撫，大半就由這上面得來！當時有人在「陶然亭」粉牆上題了一首詩說：「居然滿漢一家人，乾女乾兒色色新，絕似朱陳通嫁娶，本來雲貴是鄉親，（雲南貴州為鄰省，朱雲南人，陳貴陽人）鶯聲嚦嚦呼爺日，豚子依依戀母辰，一種風情誰得似，諸君何必問前因。」

距此不久，又有人和了一首詩說：「一堂兩世作乾爺，喜氣重重在一家，照例自應稱格格，（滿洲帝王之女例稱格格）請安能不喚爸爸，（讀如吧滇語也）岐王宅裏開新樣，江令歸來有舊銜，（御史江春霖曾以此彈劾奕劻父子致被咨回翰林院）兒自弄璋翁弄瓦，寄生草對寄生花。」這確有一點謔近於虐，但也說的是事實，事制時代的官場大多如此，那是不足為怪的。

入民國後，過去慶「記公司」的人物，大多數風流雲散，匿跡銷聲，獨樊增祥忽自署名為樊山，與前此常以詩文譏刺他們的易實甫（別署哭盦），同樣以名士姿態，縱情詩酒，放浪形骸，成了北平有名的「捧角家」！所謂「萬人空巷看梅郎，喝采聲雄誰似我」。正是哭盦自畫的供狀。

老慶之乾姑爺陳筱石，則以遺老之姿態，渾跡春申江上，鐵箱中有的是錢，依舊過著優裕的生活，特別是一年一度的生日，照例的開筵致客，遺老畢至，同時招集所有的南北名優，如楊小樓、小梅、王鳳卿、黃潤甫、龔雲甫、王長林、賈璧雲、小達子、麒麟童、李萬春、許德義等，各演拿手好戲，以娛來賓，場面的闊綽，與南通王張季直（謇），氏之慶壽，海上聞人杜月笙（鏞）氏之浦東宗祠落成，各極一時之盛，亡國大夫，還有這樣號召的力量確是出人意外，人說「百足之蟲，死而不殭」。這句話也許是真實的。

書法家清道人的逸事趣聞

祝味菊

民國元年，上海的租界裡突然平添了許多「伯夷叔齊」，多是前清的大官僚，他們見到中國人把滿洲人趕走了，就胡裡胡塗，要替外族守節，個個都不吃新政府的糧，寧願在租界向洋人納稅。

在租界裡那班遺老中，大名鼎鼎的，數出來也有一百數十人，其他無名的「伯夷叔齊」究有多少，就難以知道了。大名氣的遺老中，有曾任江寧藩司的李瑞清其人者，前清並算不得什麼大名人，論他的文名，遠趕不上蒯光典、樊增祥、易順鼎等人，官位也不算高，若與有做過巡撫、總督、宰相、尚書的遺老們相比，區區一個藩司，多如恆河沙數。但李瑞清到了上海後卻憑他一支毛筆寫出他的名氣，從文人學士、以至商場中人，誰不知清道人是個會寫字的人？清道人的大名，知者已多，遠蓋過從前曾做宰相、尚書、總督那班遺老了。

清道人走了紅運只八年，一死之後，人家就不喜歡他的字，於是他的大名已逐漸被人忘記，如果不是他的弟子張大千在最近三十年中時時提到先師「李文潔公」，海外的中國人簡直不知清道人是什麼時代的人物了。（有清一代，諡文潔者甚少見，李瑞清外，所知者有光緒三年之兵部右侍郎黃琮，道光六年翰林，黃氏為昆明人，殉難贈世職，諡文潔。）

改裝道士租界充遺老

論清道人的字，遠不及和他同時做遺老的沈曾植、康有為、鄭孝胥諸氏，但為什麼他每年賣字可達二三萬金之耳呢？這不得不說是宣傳之力。而這一宣傳，不是清道人自己請人去為他出力，而是偶然碰的到。

原來這個清道人名叫李瑞清，字梅庵，又號梅癡，江西臨川縣人，光緒廿一年乙未科中了進士，選庶吉士（但沒有散館，翰林資格未完備），算是金馬玉堂人物了。他做了十幾年官，好容易熬到宣統初年做到江蘇候補道，已是一個四品的大員了。但南京官場向有「群道（盜）如毛」之稱，道台與錶子、驢子一樣多，幾時輪到李瑞清補缺？然而時來運到，武漢起義，義軍攻打南京，江寧藩司樊樊山（增祥）逃往上海（按：江蘇一省有兩個藩司，在南京跟著兩江總督的為江寧藩司；在蘇州跟著江蘇巡撫的為江蘇藩司。此為各省所無者，亦以江南賦稅多，公務繁劇之故）。辛亥年九月廿九日兩江總督張人駿電奏清廷，請以候補道李瑞清署理江寧藩司，電奏中說他「立品端方，沉潛有守」，堪署藩司之職。當此兵荒馬亂，大清江山岌岌可危之際，只要有人肯做官，清廷也不嚴加選擇，一律照准的。南京於十月十二日為革命軍攻克，瑞清雖署理了十多天的藩司，也算是赫赫的二品方面大員，為讀書人得志之秋了。

民國成立，李瑞清為了要噉飯，到上海租界充遺老，但他的宦囊不充，勢不能持久的，於是以清道人的「筆名」，賣起字來。　清跨台後，他就改裝為「道士」避亂到租界。按：陳三立詩〈集滬上酒樓〉有句云：「隔坐道人兼涕笑（自注：李梅庵易道士冠服，自金陵兵間至），學仙且戰一時無。」可見李瑞清一到上海就自稱道人，也作道士裝扮了。他的住所門外，掛「玉梅花庵道士」匾額，不久後，有人來敲門請道士往做法事，梅庵大笑，自此即將風雅的「招牌」除下。此事曾傳遍滬上。租界裡的人聽說有個道士是前清的大官，現在賣字養一家二十多口，便起了同情心，口頭上替他宣傳，不久後，倒也有些生意上門了。

煞有介事爭過氣官印

恰巧此時，上海忽發生了前後任江寧藩司爭「過氣官印」趣事。報紙喧騰，傳為「佳話」。原來江寧藩司樊樊山臨走時，將藩司的銀印帶了一同逃到上海（後來樊山因江寧失守，得革職處分，知者甚少），李瑞清接任時，因為沒有官印，只得臨時刻一個木印執行職權。不久後，兩個前後任江寧藩司忽然同在上海做起「伯夷叔齊」，他們舊日本是江寧同僚，又是朋友，但因為有銀印、木印這一不愉快的事，就避不見面。李瑞清、樊增祥都各有一批門客、官親朋友，他們各為其主，互相譏誚，樊山方面的人說李梅庵臨走時，把藩庫所存的現款百餘萬，全部吞沒，帶到上海存入外商銀行了。而李梅庵的人則說樊樊山私帶銀印逃走，存心叵測，李梅庵是他的後任官，有權向他索取銀印。雙方人馬如是吵吵鬧鬧者一兩個月，滬上報紙當然加油加醬，給予宣傳，清道人之名，不脛而走，寫字生意，頓增數倍。正在此時，湖北軍政府派代表到上海，請樊山回湖北故鄉做民政長，樊山婉辭（按：樊山之辭謝，實在是存心觀望，如果民國政府成功，根本穩固了，就不妨出來做官，否則待滿清王朝中興，仍做「本朝」的官。所以到民國二年以後，樊山做起袁世凱的參政了，他有詩解嘲云：「對酒益知談藝好，出山思補在家貧。」世凱死後，黎元洪正位大總統，黎為樊的鄉後輩，樊山立即寫信給黎，求為總統府顧問，博取微祿，元洪卻置之不理。）李梅庵方面的人知有此事，又立即製造謠言，謂樊山已往湖北，不在洋場做「伯夷叔齊」，下首陽吃周粟去了。於是要求樊山交回銀印。詩人陳三立時在上海，聞知此事，笑對友朋曰：「滿清既經遜政，什麼都完了，還有人要爭此爛銅爛鐵耶？如果銀印還在樊山手上，就留給樊山做紀念品好了。『蝸牛角上爭何事，石火光中寄此身。』不爭也罷！」

廉潔自守賣字討生活

至於李梅庵為人，倒真是廉潔自守，並未吞沒半文公帑，當南京城將破時，李氏見大勢已去，就把藩庫所存國帑百餘萬元，用正式公文，列明數目，請地方著名人物及士紳到衙門，當面點明，交給他們保管，他絕不趁火打劫，乘此機會將公款化為私有。如果那些沒有道德和操守的官僚，在此混亂期中，大可揑造事實，謂藩庫被劫，庫款盡失的。李梅庵辦妥這件事後，江蘇巡撫程德全（雪樓）已被民軍公舉為江蘇都督，梅庵很不以為然，即作書致其舊上司曰：「瑞清頓首死罪，致書於雪樓中丞都督閣下。」開頭這幾句，已極調侃能事。最後數語有「願中丞善事新國，瑞清從此為黃冠，披髮入山矣。」但不知為了什麼緣故，這封信沒有到達程德全手上，據傳說，因為信裡太多譏諷德全之語，收發處接到後，交給祕書長，祕書長認為這是普通函件，而且詞語譏訕，不必呈閱。後來這封信輾轉為江蘇財政副整理官王建祖所得（王建祖字長信，廣東番禺人，光緒三十四年編修，洋翰林也）。到民國七年，此函流出市面，為骨董商人哈少甫收購（哈少甫是回族人，在上海以收藏著名，設有古董肆，一九三四年九月逝世）。遂裝潢成冊，遍求名人題字。鄭孝胥題詩有「乞命賊庭等兒戲，頓首死罪尤費辭」之語，亦譏程德全也。其後程德全知有此事，亦為哈少甫題詩云：「中丞印已付泥沙，布政逍遙海上槎。多少逋臣稱逸老，孤忠祗許玉梅花。」「中丞」指湖南巡撫余誠格棄印潛逃事，「布政」即指湖南藩司鄭孝胥，蓋報一箭之仇也。

清道人賣字，賣到名頭大開，收入為之大增，但他絕不為了筆墨太忙，要增加筆潤。他每日寫字，也和我們寫稿匠一樣，要寫足多少千字才可以過活，有時遇到忙起來，有飲宴之會，也不能出席。他的「潤例」定得頗為合理，寫一把摺扇、團扇，不過大洋二元，楹聯每尺一元，因此人們花四塊錢就可以請他寫一副對聯來補壁了。

覆信訴苦匪徒受感動

清道人賣字潤例，有小啟一篇，自述學寫字的經過，和寫字之辛苦。文頗長，但也很有趣，喜歡研究書法的人不妨作為參考。

那篇賣字小啟，是在辛亥革命前不久發布的。到民國成立後，清道人在上海賣字，再有〈鬻書後引〉一篇，說明為了生活，不得不賣字來養家活口，文云：

辛亥秋，瑞清既北鬻書京師，皖湘皆大飢，所得資盡散以拯飢者，某冬十一月，避亂滬上，改黃冠為道士矣。頗棄人間事，從赤松子游。家中人強留之，不得去。瑞清三世為官，今閒居，貧至不能給朝暮。家中老弱幾五十人，莫肯學辟穀者，盡仰清而食。故人或哀矜而存恤之，然亦何可長？亦安可累友朋？欲為賈，苦無貲；欲為農，家無半畝地，力又不任也。不得已，仍鬻書作業，然不能追時好，以取世資，又不欲賤賈以趨利。世有真愛瑞清書者，將不愛其金，請如其值以償！

清道人賣字既然大行其道，有些文人見了又妒又羨，就製造謠言中傷他；而歹徒又誤以為他一個月有一二萬元入息，就寫信向他勒索。一九一七年秋間，時在溥儀復辟失敗之後，清道人被「封」為「學部侍郎」之時，「官」是「升級」了，於是有人假名「維良會」名義，寫了好幾封信給清道人，指定要他捐助三百元匯豐銀行鈔票，如果不聽話，就要對他不利。一次兩次，清道人皆不為所動，到後來不勝其擾，覆匪徒一書，反向匪徒訴苦，訴說種種苦況，如蒙匪大哥殺害，更是歡迎之至云云。據說匪徒見了這封信，不僅不勒索他，竟然「仗義每多屠狗輩」，反送三百元給清道人，幫助他解決生活。清道人給匪徒的那封信倒也寫得動人，今錄於左：

（上略）來示誦悉。貧道傷心人也。辛亥國變，求死不得（按：這句話就騙人！許多遺老皆喜作此言。一個人立心要死，沒有死不去的，我們何曾見文天祥說為了一家數十口，死不得呢）。飄泊海上，鬻書偷活。寒家幾四十人，恃貧道一管以食，六年以來，困頓極矣。昨接貴會來書，業已作書報復，頃又得來書，云未取得。以萬人行路之通衢，何能禁人之不取？至云囑貧道備匯豊銀行票三百，以助貴會，此說誤矣。貧道鬻書人也，非有多數之錢儲之筐笥也。有一日而得數元，數日而不得一圓，此種營業，非平靜市面好，然後人才思及此裝飾品，非野雞之能到處拉人也。近日銀根緊急，十餘日來，無一圓之收入，自顧不暇，何能為貴會之助？俗語云：「有錢錢當，無錢命當。」且人之樂生，必有後來之希望，貧道無妻無妾，無子女；所有子女，皆兄弟之子女，或寡婦孤兒而已。吾友吳劍秋云：「道士無妻妾之奉，而有家室之累。」況世風日變，姦匿僉壬俱居高位、擁重兵，亡國之禍，已在眉睫，惟求速死，得大解脫。兩得手書，故此掬誠相告，請貴會切實調查，如有謊言，手鎗炸彈，引領甘受，而無悔焉。

這封信寫得雖然坦白，但也有「謊言」，他賣字平均每月有千多塊錢收入，上海的南紙店（即經理他賣字的什麼朶雲軒、九華堂之類）皆有數可稽，所謂「十餘日來無一圓之收入」，殊非事實。

並非同道拒作發起人

李梅庵自稱「道人」，但他並沒有入道教學，其稱道人，不過說他是已「出了家」的人，也和一些文人自稱「山人、居士」罷了。因此上海有些道士誤以為同道中人，遂假借設立「中國道教會」名義，請李梅庵領銜為發起人，並請捐助巨款，以為提倡。清道人已知他們的把戲，無非騙財，就寫信答覆，將他們教訓了一頓。該函寫得也很有趣，不妨一讀：

靜虛、涵光、應廣諸公法鑒：忽辱手教，以瑞清為不肖，引為同道，並錫以道號，但有惶悚。瑞清塵俗人也，非欲求金丹，慕長生，思輕舉也。辛亥國變，刀斧餘生，伏處海濱，以求苟活，寒家三十餘人，賴以為生，亡國罪臣，不入地獄，便以為幸。尚何面目談大道樂神仙乎？其云道人者，不過如明之大滌子自稱石濤和尚，假道號聊以自娛耳。以名瑞清，故自號清道人。又來函云，公等欲立道教會……欲命瑞清為發起人，則非所願也。……又命清捐貲，義宜樂助。然瑞清雖出世，未能出家。……太史公曰：老子無為自化，清淨自正，此道家宗旨也。故道貴自衛，無事求助於世。況當此舉世溷濁，豺狼遍地，諸會林立者，無非爭權利耳，非但瑞清不肯為，更望諸道長勿以清淨之身，而與此汶汶者浮沈也。……

函末數語，直斥那班社棍藉此斂財，讀之令人爽快之至，今日此輩充斥都市，什麼會、社、團等等名目，皆假慈善宗教之名而為不可告人之事，惜不能起清道人於九泉而斥之矣。上揭二函，皆清道人的管家所藏，道人死後，張大千之弟君綬以善價向之收買。君綬既死，遂為張大千所藏。原來清道人寫此二函後，命帳房發出。那個帳房先生倒也鬼靈精，知道主人的一鱗半爪都可以易米的，何況這封信甚有「歷史」價值？於是他就依樣葫蘆，照原函另抄一份，將真本留起，抄本寄出。民國九年清道人死後，張大千的弟弟張君綬以善價向李家的帳房先生購買了，後來君綬逝世，這封信便為張大千所得。（舊日稍為富貴的人家，都有一兩個帳房先生，清道人「三世為官」，在上海賣字時，歲入一二萬金，養個帳房先生，似不為過份。我們試看魯迅、周作人兄弟在北京時，哥哥在教育部當僉事，弟弟在北京大學教書，居然也雇用一個管家，其人名叫徐坤，即帳房先生也。）

丁巳復辟，「宣統皇帝」又坐起龍廷，由張勳等人擺布，封官賜爵，凡在租界上表現積極的遺老，無不封以「尚書」、「侍郎」、「巡撫」、「總督」，使大家歡喜。清道人義不忘清，又和一班遺老來往得很密切，於是得到「學部侍郎」之封，雖然為時不過十日，然而老子擁此卿貳之「職」，亦可以自娛了。清道人死後，溥儀因為他忠於「皇室」，且又是官居二品的「朝廷」大員，便諡他為「文潔」。這一諡號，有清二百六十八年間極少見，按照清制，翰林非留館授職者，死後不得諡「文」字，清道人並未留館授職，居然諡「文」，此亦可見小朝廷之胡為。不過關門做把戲，也不必認真了。若非一九五二年張大千在香港寫文章提到他的「李文潔公」，我還不知李瑞清有此偽諡呢。

以勞易食埋骨牛首山

當清道人賣字上海行時之際，忽然又來了一位書法家曾熙。曾熙寫的也是北碑，並能文能畫，所以張大千也拜在曾熙門下。曾熙來上海賣字，是老友清道人慫恿的。原來曾是湖南衡陽人，在北京當小京官。辛亥後，困於生活，清道人在上海賣字得意，就叫他來洋場討生活。曾熙立即應命，到後，清道人為老友宣傳，作〈衡陽曾子緝鬻書值例引〉一文，刊報上，大力吹捧一番，我們讀這篇文字，可見曾熙寫字的工夫如何。今錄如左：

衡陽曾季子，名熙，湘學士所稱子緝先生者也。美鬚髯，自號農髯，長余六歲。昔年同官京師，同學書。余喜學鼎彝、漢中、石門諸刻，劉平國、裴岑、張遷、禮器、鄭道昭、爨龍顏之屬，自號北宗。季子則自學石鼓文、夏承、華山、史晨、太傅、右軍、大令，尤好鶴銘、般若，自號南宗以相敵。余時頗自負，於時賢書，無所可否，獨好季子書，以為有晉人風。季子亦獨喜余書，每作書，必各出相示議論，以為笑樂。後余出官江南，曾季子以太夫人老病歸故山，以侍母不相見者七八年（按：曾熙於光緒廿六年義和團運動時，因交通困難，且無交通工具，他和僕人共抬一轎，把母親抬到四十里外搭船，故有孝子之稱）。辛亥國變，余黃冠為道士，鬻書作業，偷活海上。今年八月，曾季子出游西湖，遠來視余，余因止之留滬上以鬻書，曰：「髯昔不能以術取公卿，沒人財帛以自富。今又不能操白刃以劫人為盜賊、稱豪傑，直庸人耳。既老且貧，猶欲執冊奉簡，口吟雅步稱儒生，高言孔孟之道，此餓死相也。餓死，常也。人方救國，髯不能自保其妻孥，不亦羞乎？且富者人之性情，所不學而俱欲者也。……」鬻書雖末業，內無飢寒之患，外無劫奪之憂，無捐金之事，操三寸之觚，有十倍之息，所謂不齎貸之子錢，以勞易食者也。太史公曰：「富無常業，貨無常主，賣漿小業，張氏千萬；灑削薄技，郅氏鼎食。」它日吾與子起家巨萬，與英美巨商之主者埒富，亦其常也。曾季子捧腹大笑曰：「敢不如子言！」因為定其值，以告世之乞先生書者。

這篇文字，介紹曾熙的生平，兼述其兩人學書的派別。但兩人雖同賣字海上，並沒有文人相輕及「同行如敵國」的惡習，反而互相推重，各做各的生意，這就難得了。雖然他們賣字並不能發達，但生活卻過得很舒適。不久後，清道人死了，曾熙的賣字生涯較前更好，因此他就把清道人葬在南京的牛首山，立祠宇，置祭田，三十年前譚延闓在金陵做行政院長時，每遇清明必往掃墓，請一班達官名流在墓上吃一頓很豐盛的魚翅筵。（這一頓酒席，單是魚翅一樣就要六十多元，時稱豪舉。十餘年後，書法家王世鏜逝世，于右任也把他葬在清道人墓附近，于氏亦時往掃墓。）民國十九年（一九三〇年）七月，曾熙以七十高齡死於上海，但歸葬故鄉，並沒有在牛首山湊熱鬧。

盛宣懷的兒女

巢甫

八子八女兩妻五妾

盛宣懷是民國五年丙辰（一九一六年）陰曆三月廿五日死去的，比他的死對頭袁世凱早兩個月。盛死時七十三，袁只五十八，兩人都是妻妾多人，所以兒女也眾多，此乃其相同之處。袁的兒子，已有人談過，現在我且一談盛宣懷的兒子吧。盛死後遺下的財產比袁的多好幾倍，所以盛的兒子所謂盛老四，盛老七等，在舊日上海租界裡以揮霍著。自經三反五反後，盛氏家產完了。老四等人個個都窮困而死。

盛宣懷有二妻五妾，元配姓董，繼配姓莊，都是武進人，側室刁氏、秦氏、劉氏、柳氏、蕭氏。長子昌頤、次子和頤、三子同頤，是正室董氏所生，長次兩子皆先宣懷死。四子恩頤，六子泰頤（早死）是繼室莊氏所生。五子重頤側室劉氏生，七子升頤、八子鈞頤（早死），側室柳氏生。

長子死於縱慾

宣懷的長子昌頤於宣統元年（一九〇九年）七月死在上海，那時候宣懷已六十六歲。當時上海人都說，昌頤之死，死於霍亂，但馬敘倫先生聞諸宣懷的一個親信帳房，則昌頤之死，乃死於縱慾，其說頗有趣，馬先生記此事於所著之《石屋餘瀋》中（但沒有說明聞諸帳房，這是我問他根據來源，他對我這樣說的），今錄如次：

盛夔卿為郵尚宣懷長子，仕至湖北德安府知府，如夫人者十人，復有外婦，別營墅院居之。然夫人頗妒悍，日監視之，或使其女伴父行止，故諸妾曠不得御，有逃逸者，則復置，足其數，謂之十美。嘗築宅上海池濱橫側，諸妾所居，並以玻璃間隔，不用木材，十室相照，舉止共見，而已室居其中，意以監制，恐有外遇也。有一新寵，亦不能近。一日，夫人方迎客，伺間而往，正當歡會，其女突入，夔卿羞憤，即起駕車出門。車中連飲勃蘭地（外國酒名，夔卿車中素備此酒），興致勃然，復往別墅續歡。俄而有促請赴宴者，則是夕方置宴妓家，已為東道也。至則為客勸酒，復進勃蘭地數盞，卒然疾瘇，不省人事。妓家大懼，納之車中，送之別墅，別墅向隱於夫人者也，至是惶懼無策，馳告夫人。夫人至，則呵斥外婦，自抱夔卿，復納車中，馳歸邸第。而夔卿氣如游絲，乃延德意志國醫生視之，用鍼術納藥水，少瘥。戒夫人曰：「七日不宜進飲食，否則復病不能救矣。」至六日末，夫人憂其久餓體弱，進芙蕖實兩盞，疾即復作。愧此醫生，不敢復召，則集中外名醫，並為束手。不得已，復呼前醫，再納藥水而病卒不起。死未七日，十美殆去其七。

公子哥兒的荒唐生活如此，當然是沒有好結果的。夔卿大概是盛昌頤的別字，他們兄弟的別字，皆以丞字殿後，如澤丞、蘋丞，「卿」、「丞」、「臣」皆音相近，此夔卿當係昌頤無疑，但馬先生行文何必如此客氣，不敢稱其名而呼其字以示敬。（舊日的人，多稱人之字表示尊敬，但像盛氏兄弟這班花花公子，生無益於時，又何必敬之？）

盛昌頤是同治二年癸亥（一八六三年）出生的，二十九歲時中光緒十七年辛卯科順天鄉試舉人。姑無論是他自己中的或請槍手代中，總算是正途出身了。他的官做到湖北候補道，並非單是知府。（德安府知府是他的實官，候補道只是虛銜，尚未有道員的實缺）光緒三十年甲辰，盛宣懷生了一場大病，昌頤辭德安府回家侍疾，也可說是孝子了。他死時四十七歲。他的太太是浙江溫處道宗源瀚（江蘇上元縣人）之女。「十美殆去其七」，則所餘者僅三人。今考知其妾有陳氏、錢氏、其詳不知。大抵陳、錢二人是正式「入宮」的，「十美」則全是「黑市」。

盛老四對四字著迷

盛宣懷的第四子是繼室莊氏所生僅存之子（莊氏死於一九二七年），這個花花公子在洋場上可稱得是第一號「闊人」。但他並不是什麼實業家，也不是什麼大官僚，只不過在北洋政府時代，馮國璋任代理大總統時，獎以二等大綬嘉禾章，又是北洋政府的簡任職存記，國務院顧問、督辦參戰處諮議，以前在北京工業學校讀過書，又留學過英美，做過漢冶萍公司總理，中國通商銀行經理等職，此其所以為「闊」耶？他雖然不是大官，大實業家，但他的行徑，比之和他同時的大官僚、大財閥更要招搖。因此上海人無不知有盛老四這個哥兒的，他的名叫恩頤，字澤丞反而不大為人知道。

恩頤排行第四，所以他對這個「四」字大感興趣，他買了汽車之後，千方百計託人向上海租界當局拿汽車牌照，要四個四字的，即四千四百四十四號。他坐在這輛汽車上，除他一人外，還要裝多四個白俄保鑣，保護老四不被綁票。（盛老四自己排行第四，故對四字特別感興趣。因記一事，元朝的鮮于樞《困學齋雜錄》記云，有個轉運使名田時秀，字彥實，他住的地方叫半十里，他排行第五，以五月五日生，小字五兒，二十五歲應鄉、府、省、御四試，皆中第五名，年五十五歲，死於八月十五日。最妙者是他住在半十里，在廿五歲那一年中秀才、舉人、進士，皆第五名，亦與五字有緣。如果盛老四知有這樣的一位古人，亦可引為同志而自豪了。）

上海花花公子，無不從小就吃花酒，吃花酒就夜夜向四馬路的會樂里走動，盛老四既愛「四」字，一提到「四馬路」就眉飛色舞。他到會樂里擺酒時，不愛人家叫他做大少或盛先生、盛經理、總理，只要人家叫他四先生，或乾脆叫老四。他娶的小老婆，多出身於四馬路，他玩膩了一個又一個，從沒有和他白頭廝守的，但他也不要，發多少贍養費，把不要的揮諸門外，又另娶一個新的進來。可是群妾之中，獨有一個「承恩」二十年不衰的，卻是因為她的名叫四貞，有個「四」字，所以老四對她有特別愛好。

正月初四盛老四死

老是是個不治生產，又無一技之長的花花公子，早在二十年前，因為揮霍無度，坐吃山崩，已經一貧如洗了。當他富有之時，高朋滿座，一班清客，誰不趕著他叫老四，等到他「落難」住在一個灶披間裡，孤家寡人，親戚朋友，沒有一個去看他，當年巴結他的那班清客，更不消說了。上海雖改革了，但地方政府也沒有追究他以往那種荒唐的歷史，老四遂回蘇州，住在留園（舊日是盛宣懷之父買下的）附近一所小屋裡，那時候他已近七十，年老多病，在一九六〇年陰　除夕死去。

盛老四死後不久，蘇州人傳到上海一個消息，當老四病重的時候，自知不起，便作「劉伯溫預言」，在一張紙頭上寫道：「盛老四於年初四早晨四點鐘病故蘇州」。寫好後，他就把紙頭放在身邊。原來他怕咽氣的時候沒有人知道他的死期，故此將正月初四的日子告知收斂他的人。然而死者的「預言」並不靈驗，他的生命留不到年初四，卻在陰曆除夕死去了。最有趣的是他一生與「四」有緣，臨死時還念念不忘那個四字，必要擇定初四日早晨四點鐘才歸西。

盛老七一夕賭輸七十萬

老四之弟老五名重頤，前清時捐過一個二品銜候選道，上海改革後跑到香港，不久死去。老七名升頤，在上海以豪賭著稱，一九二四年奉軍張宗昌、吳光新到上海終日賭牌九為樂，某夕，張宗昌與盛老七推牌九，老七輸七十二萬元，面不改容了，某小報刊胡寄塵的〈東南劫灰續錄〉詩云：「呼盧喝雉趁豪情，沙石黃金價值平。最是盛家公子闊，一揮七十萬元輕。」老七於上海改革後來香港，今在日本。老四的兒子毓郵、毓度、毓綬，毓度今在日本東京，經營一家中國菜館，聽說是日本八幡株式會社支持他的。八幡以製鋼鐵著名，大概當年與漢冶萍有關係，所以招呼老四的兒子。

民國成立後，政府曾沒收盛宣懷的家產，但在上海的卻無法動其分毫，過了不久，又將沒收的產業發還，馮國璋做總統時，經熊希齡、孫寶琦等（孫與盛為兒女親家，老四是他的女婿）向政府疏通，於民國七年（一九一八年）五月，以二等大綬嘉禾章賞給盛同頤、盛恩頤；又以二等嘉禾章賞給盛升頤，無非是要他們兄弟拿出一大筆來做慈善事，給以獎章，就等於洗滌他們一家賣國的臭名了。同時，他們兄弟又運動溥儀的小朝廷，撤銷以前對盛宣懷的一切處分，開復原官。（盛宣懷有一姪名文頤，字幼盦，不知因何事為北洋政府通緝，亦捐巨款請馮國璋特赦，馮不肯。日寇佔上海時代，盛文頤謀得鴉片專賣，發了一大筆橫財。）一九二七年國民革命軍以「革命」姿態出現於上海，老四吃了一驚，忙逃往大連，因為當時的上海人以為蔣介石是「左派」，避之則吉也。後來經過疏通，老四仍回上海納福。（當時的國民政府倒也有「朝氣」，通緝北洋政府一班大官僚，有所謂「十元兇」之目，顧維鈞、曹汝霖、梁士詒皆在十兇之內，但不到一年，又撤銷通緝令了）。

盛宣懷有女八人，長女嫁姚賡韶，二女嫁馮學幹，三女嫁林志偉。這三個女兒都是元配董氏生的。四女嫁邵恒，五女嫁林熊徵，六女嫁劉承棨（此三女乃側室刁、劉、柳所生），第七女為莊氏所生，名愛頤，嫁莊鑄九，第八女未詳。盛七小姐因分家產事，曾與其兄打官司，後來分得一百萬元，她現時住在上海。四十年前，宋子文曾與七小姐有過議婚一事，為莊夫人反對，後來宋子文顯貴，莊夫人又後悔不迭了。這件事上海人知之甚詳。

盛宣懷的家產

汪大士

盛宣懷是舊日上海租界裡一個大富翁，他死後剩下一筆龐大的遺產，子孫享用不盡。但他的財產總數有多少，卻一向未見有公布。遠在清光緒末年，國人已喧傳他有財產千萬元以上，此說還不算怎樣誇大，因為他搞輪船、鐵路、煤礦、郵電這都是有入息的，積資千萬，也可說是「清廉」了。

盛宣懷的子孫承受了一筆大遺產，他們當然是盡情揮霍，他的第七女兒也得到遺產百餘萬元，在上海為著名的富婆。盛宣懷生八子八女，當一九一六年逝世時，生存的兒子只剩四人，女則八人齊全。如果家產平均分配，十六人分一千多萬，大概每人可得一百萬吧。

宣懷死前數年，已將家產大略分配一下，他組織一個愚齋義莊（他別號叫愚齋），規定以家產十分之四撥充善舉（即今日某些慈善家的口頭禪「取之社會，用之社會」，甚為難得），十分之六分給子孫，以後添置產業，也照此四六分配，子母相連，家產與義莊永不分離。盛宣懷倒也替子孫打算得很周到，他以為這樣就永遠不會破產了。

到底盛宣懷的遺產共多少呢？我們局外人不得而知，但根據一九二九年盛家的報告，雖不是完全可靠，卻也可窺一二，然而這「一二」已夠令人可驚了。現在摘錄其大意如左：

盛宣懷的繼室夫人莊畹玉的「頤養費」，母金七十萬兩，其孳息漲價及藏書樓全部圖書尚不計在內。（按：盛之髮妻董氏為武進董似穀翰林的第三女，莊氏亦同邑莊毓瑩的長女。莊氏一九二七年在上海逝世）常州城內周線巷內住宅一所，深十五進，房屋二百四十餘間。拙園義莊田產三千餘畝。蘇杭兩處地產及嘉定、常熟當鋪資本及財政部捲烟庫券七十萬元。招商局老股一萬一千股，即新股二萬二千股，每股銀二百兩（共四百四十萬兩）。漢冶萍股份二萬零二百六十七股，每股洋五十元（共一百餘萬元）。上海租界內地皮產業約值一千萬兩。此外尚有積餘公司股份一萬七千股，仁濟和股份四千八百股，每股時值多少，未見宣布。從盛家的報告來估計一下，已經一千多萬了，那麼，盛宣懷的全部財產值數千萬，諒也不足為奇。

這些民膏民脂，盛宣懷本人死後未到二十年，已被他的四個兒子花得七七八八了。盛七小姐後來嫁一個姓莊的人，名鑄九，同居上海善鐘路一所精美的大洋房。一九六二年十月，鑄九以中風逝世，七小姐今尚存。

記冒鶴亭

高伯雨

三百多年前，滿清統治了中國，當時有很多舊官僚，因為要保持富貴，紛紛投降，但亦有很多人閉門不出，甘作遺老。過了二十多年，清朝的江山大定，形勢不同，有些遺老覺得這樣守下去不是辦法，難道白白餓死嗎？於是只好不談清高，不講氣節，出來應科舉考試，希望得到一官半職，解決生活。當時有人嘲這批遺老的詩云：

聖朝特旨試賢良，一隊夷齊下首陽。
家裡安排新雀帽，腹中打點舊文章。
當年深自慚周粟；今日翻思食國糧。
非是一朝忽改節，西山薇厥吃精光。

這首詩極盡諷刺能事，幽默上乘之作也。後來有「遺老出山」一語，就是這個典故。

辛亥革命後，中華民族推翻了異族統治，但還有不少人懷念清朝，甘心做它的忠貞之士，對民國非常痛恨，便立心做遺老。但過了一些日子，覺得這樣拖下去，實在捱不住了，就表示要出山，賺些周粟來養妻活兒。例如大詩人樊樊山，他在上海做了一年多遺老，不得不入京做起袁世凱的參政，又怕人笑他失節，作詩表白心意，有句云：「對酒益知談藝好，出山思補在家貧」，聊以自嘲。

另一個詩人冒鶴亭，在宣統三年，不過是一個不大不小的京官，辛亥後，也躲在北京學人充遺老，和其他遺老組織詩社，自鳴清高。無如家非富有，不到半年，生活便發生問題，於是走袁寒雲門路，民國元年（西曆一九一二年）十二月，財政部發表他做甌海關監督（在浙江溫州），雖非特別肥缺，但以資生活是不成問題的。（鶴亭名廣生，江蘇如皐人，冒辟疆之後。他的祖父輩皆在廣東做官，他也生在廣東，故名廣生，與廣東人特別有感情，語言習慣，亦多與廣府人相似。）

這個好消息卻給冒鶴亭帶來一則以喜，一則以懼的矛盾心情。怕一班同志笑他失節。只好靜悄悄地不讓朋友知道，趁火車出京，前往履新，怎知遺老們消息靈通，紛紛到車站送行，這班遺老一見了這位新任海關監督，就大叫：「我們來送遺老出山了！」冒鶴亭為之大窘，連連作揖道：「不敢當！不敢當！諸公留步！」

事後，冒鶴亭作了幾首七絕來解釋他出山的原因，希望獲得遺老們的諒解，我只記得其中一首云：

文章那有黃金買，時輩多將白眼看。
餓死應知俄頃事，一身容易一家難。

詩雖然不是上乘作品，但也可謂有藉口了。

海關監督是優差，冒鶴亭既然做了官，就要在精神和意志上為國家服務了，但他的遺老思想仍然未能扔掉，於是便以吳梅村自況，表示自己並非不想守節，實在是和吳梅村一樣被逼出山。其實當時的政府並未用強力來威逼那批遺老出來做事，與元朝逼趙子昂、清朝逼吳梅村完全不同。冒鶴亭以吳梅村自居，似乎比擬不當。現在試舉一事，以證我言。

遺老葉昌熾《緣督廬日記》，癸丑三月廿九日（一九一三年、民國二年五月五日）記云：

> 佩鶴攜其孫同來，葵幅之子也，年十八矣。又為如皋冒鶴亭孝廉（廣生）轉示隆裕太后輓詞五言排律一首，出都重有感四首，謁墓一首，皆七律。冒君為黃叔雍之婿，今在甌海關司榷，非其志也。夙未謀面，遠道貽詩，以梅村自況，有云：「誤盡平生負盡恩，半文不值復何言」，又云「總為巢由母尚存。」語雖未工，其志亦可悲也。

說來亦復可憐，冒鶴亭一面做民國的官，拿高薪養活一家子，而一方面又自責負君恩，愧對遺老，其所以如此者，則因有老母在堂，不得不做吳梅村，領新朝的俸祿來奉巢由之母了，其思想之矛盾，的確可笑。（與樊山齊名的詩人易順鼎，也是做了短期遺老，亦經袁寒雲推轂，做了局長級的大官，他的詩也有「秦洞有花招晉客，周家無粟養殷頑」等句。）

冒鶴亭的官做了七八年，後來又失業了，從此以名士詩人的姿態，在舊文壇中享盛名者三十餘年。一九四五年後，日閥投降，張繼在南京創設「國史館」，聘他做纂修，於是他又做起官來。

（詩人陳石遺，他的年輩比冒鶴亭稍高，清亡後，他的詩文中絕無遺老及正統觀念的思想，這樣明理的人，是值得的欽佩的。）

一九五九年八月十日，冒鶴亭在上海福煦路模範邨寓所逝世，自一九五〇年後，他任上海市文物保管委員會顧問、文史館館員，死前數年，經常有病，一九五九年春初，一度病危，入醫院治療，靜養數月已完全好了，便回家休養，我以為他經過此病後，可以安然度過九十歲，不意其俄然而逝也。冒鶴亭有兒子在香港，熱心於基督教，亦有其他親友，故有人於是年九月廿六日舉行追思禮拜，有兩家報紙登載新聞一段，可作參考，節錄如左：

××學院教授之尊翁，遜清甲午舉人、刑部郎中、三品京堂鶴亭老詩人，於本年七夕午時逝世滬寓，享壽八十有七，安葬蘇州靈岩。××及留港友好等，以冒翁為一代詩宗，四方景仰，文星忽隕，薄海同悲，論身世德同梅村，溯風格遠追山谷。哲人其萎，古殿忽失靈光；遺芬永存，名園猶思水繪。特訂於一九五九年九月廿七日（星期日）下午五時正，假香港北角英皇道浸信會，隆重舉行追思禮拜。

冒鶴亭早年在廣州跟葉恭綽的祖父衍蘭讀書，與潘蘭史、姚伯懷同學，後來又執贄於桐城派古文大家吳汝綸門下。他很小年紀就回故鄉如皋應童子試，歷縣、府、院三試，皆第一名，於是補博士第子員（俗稱中秀才，他三試皆第一名，俗稱小三元，很難得的），光緒二十年甲午科鄉試中式，時年廿一歲。他的韻文做得很好，未到二十歲，就以詩文馳名國中，一班詩人都很樂意同他唱和。他的學問雖好，但只是一個舉人，並沒有考取進士，所以他認為有點美中不足。他在清朝最後的官職是農工商部郎中（並非刑部郎中，其時刑部早於光緒三十二年改為法部了）。

冒鶴亭的母親是河南省祥符縣人周星詒（字季貺，工詩文、目錄等學）的女兒，廿六歲就守寡，分家時得二百六十兩，那時候星詒的哥哥星譽（字叔畇，咸豐翰林）正在廣東做鹽運使，周夫人帶了冒鶴亭及其妹到廣州，依大伯父為活。鶴亭時年六歲，他的妹妹四歲，她就是後來吳用威的夫人。（吳字董卿，杭縣人）

周星譽因憐姪女孤苦，特撥出數百兩銀子給她，湊足一千之數，存在銀號生息，以為日用之資，光緒十年，兩廣總督張之洞在年終密考時，說周星譽年老辦事胡塗，勒令退休，不久也死了。冒鶴亭一生受外家的影響最大，他的外祖藏書極多，晚年在福建做官失明，把全部書籍五萬卷贈給他，後來在上海家中，因失火盡毀，鶴亭早年的學問，多靠這批書獲得，一旦失去先人遺物，自然非常悲痛。七、八十年前的讀書人，能夠多讀未見書的很少，因為那時侯只有少數富貴人家喜歡收藏書籍，而又非寒士所能借讀，冒鶴亭有了這幾萬卷書，學問日進，未到三十歲已是一個以詩文馳名大江南北的人了。他在文壇上活動了七十年，所作的詩詞不下六、七千首，又把早年的詩文刻為《小三吾亭集》數十卷。他的著作極多，牽涉面很大，是個多才多藝的文士，對於經史子集都下過許多苦工去鑽研，據我所知他寫成的書有很多都未曾出版，關於史部的有《蒙古源流年表》（馬敘倫先生曾對我說，冒鶴亭的祖先是蒙古色目人）、《唐書吐蕃傳世系表》，又有管子、韓非子校注、《疚齋論詞》等數十種，我手邊又有他手校的《隨園詩話》、《陳後山詩箋注》（這兩種都是三十多年前商務印書館出版的）。他又喜歡輯印有關地方文獻的書，在溫州做海關監督時，就輯印了不少（因為他的岳丈是光緒十六年庚寅科傳臚，授職編修的黃紹策，瑞安人，故冒翁對溫州具有感情，因此築溫語樓，又自號甌隱）。他出版一部《如皋冒氏叢書》，其中大部分是他的先人作品和他的作品，小部分是外姓的作品，都是他從光緒年間到民國十一、二年所輯的。其中有《五周先生集》七卷，附他所作的《外家紀聞》一卷。五周先生者，就是他的外祖周星詒一家的人，這部叢書的內容極豐富，冒辟疆的作品就有很多種。

冒鶴亭在清朝的官不算大，只不過是五品的郎中，在科名上，也不很得意，未能到得最高的進士科，甚至連光緒癸卯的經濟特科，雖經有人推薦，但考試時也沒有取錄，後來還是以捐納得官。他在北洋政府時代做過海關監督，南京政府時代，經戴季陶照拂，做過考試院的委員。

胡漢民於九一八事變發生後，不想再在虎口討生活，忙不迭回到廣州，陳融是胡的親戚，因胡的關係，做起西南政務委員會的秘書長。陳融喜風雅，所居在小北門，名顒園，有書齋名黃梅花書屋，胡漢民亦常往觴詠。冒鶴亭在南京時，就和胡詩筒往來不絕，兩人唱和的詩、期韻的詩，多至十數首。其時顒園的座上客人才甚盛，寫畫的有趙浩公、盧振寰（今在廣州），李居端（數年前死於香港），金石家有李茗柯、馮康侯，詩人則有「南園今五子」的曾希穎、余心一、熊潤桐、李吹萬、佟紹弼（五子中，曾、熊二人今居香港，餘皆先後謝世）。冒鶴亭聞此盛事，亦買舟南下，住在顒園，主人待之特優，因他喜歡聚豐園的灌湯包，主人每日派人去買來孝敬。冒翁在廣州，詩興甚濃，又在通志局任事，又被三水縣士紳請總修《三水縣志》（似乎沒有成，他就回上海了），從公之暇，想起當代詩宗陳石遺住在蘇州，何不請他來湊湊熱鬧，於是向石遺竭力慫恿，並匯旅費給他，請他到廣州小住。

石遺到廣州後，顒園又多一個詩翁了，於是便產生了一幕詩人「鬥爭」之事。曾希穎向陳冒二翁挑戰，要即席吟詩，主人出了詩題，冒翁竟然敗在後生小子手下，久久不能成句，而曾則不消半小時就寫成七律一首，石遺也為之拜服。主人恐冒翁下不了台，連忙叫歌女來唱歌助興，作詩之事，酒罷再說。這件事曾傳遍五羊城，此是民國廿四年冬之事也。

不久後，冒翁回去上海，而胡漢民亦下世。抗日戰爭期間，汪精衛在南京組府，冒與汪也是詩友，故亦有往來。汪六十歲生日，詩翁興致勃勃，寫了一篇壽序去恭維一番。有人說詩翁宦心未泯，意欲求為考試院副院長，汪認為他沒有這個資格，說目前未便更動，待有缺出，當為留意，先聘他做行政院顧問，又怕他收入不敷支出，照顧到底，派他的兒子做第一區行政督察專員，生活得以解決。

胡漢民與汪精衛一向是不睦的，胡在世時，冒鶴亭親他，胡死了，而汪一時行運，而冒又以文壽之。於是引起張叔儔作詩譏之云：

和盡師期手不停，翩然來往蔣山青。
如何雙照樓邊過，又見詩人冒鶴亭。

這首詩把冒詩人挖苦得夠了，無怪詩翁在上海某報上見了後，為之不怡者累日。

冒鶴亭生性慷慨，對於朋友很講交誼，尤其對詩友畫友，見有困難，無不解囊相助，遇到手頭拮据時，他就出術。例如有個詩人要印詩集，尚欠二三百元，他就向親友募捐，完成詩人的心願。

有個畫家，窮得要命，拿了十多張作品請他設法，他自己也縮衣節食花二三十元買一張，又代他出力，請朋友賣，有些出二十，有些三四十等，那個畫家就渡過難關了。他有個媳婦，是冒孝魯的夫人，她的父親賀履之是北京頗有盛名的畫家（賀氏名良樸，湖北蒲蘄人，工花果，偶作山水，亦甚可觀。生清同治六年，死民國二十七年，一八六七—一九三八，年七十二歲），她的畫也寫得很好，從小就受到父親的教導了，但冒鶴亭從不介紹媳婦的畫出賣。

冒鶴亭的詩詞有很多未經刊行，但三十年來散見於列物者不少（他又寫過幾部雜劇，在廣州出版，由畫家趙浩公、盧振寰繪圖）。一九四五年，是他鄉舉重逢的紀念之日子，因為他是光緒甲午科舉人，到那年的甲午是六十年了，在科舉時代叫作「重宴鹿鳴」。冒翁為了紀念此佳辰，填〈金縷曲〉一闋云：

余年八十二重宴鹿鳴，妹婿遵義周季貞，年八十一，重宴恩榮，倩潮陽鄭慕康，吳興張威公繪《春秋嘉話圖》，分存我兩家，以示後人。

冒廣生

殘夢隨流水，算匆匆一周甲子，不過彈指。猶記泥金朝報到，曾博衰親顏喜，也曾博旁人稱美，暮四朝三棋局換，笑一錢不值今如此！舊時燕，巢空矣。　霓裳畫破憑誰理？數京華紛紛冠蓋，眼前餘幾？白髮蕭疏成二老，相望東南千里，寫一幅丹青遙寄。佛法本來無我相，問故吾紙上非耶是？是天寶，前朝事。

一九三五年是冒翁最後一次到廣東，他有一首詩是詠吃餃子的，詩題：「叔葆太史招同憬吾丈、南屏、師晦喬梓、薰卿食水餃餌，賦呈一首」。詩云：

唐詩永餃餌，大率名牢丸。
北人呼作角，或濕或就乾，
伍家有燕姬，伶俐過素鑾。
朝來集跫廬，親手供客餐。
其蒸氣烰烰，捧出官窰盤。
十盤餌幾何，百三四十單。
東街買豕蹢（按：此字音擲，腳也，即豬腳。），西市求鵝肝。
座客五六人，狼藉無餘餐。
得毋翳桑夫，致被姬笑訕。
姬聞客健啖，乃至大喜歡。
約客詰旦來，不惜十指殫。
十指姬不惜，一詩吾寧慳。
吾詩灶下解，或者破姬顏。

題中的叔葆是伍銓萃，字建榮，廣東新會人，光緒十八年壬辰翰林。憬吾是汪兆鏞，精衛的長兄，鶴亭曾跟過汪莘伯讀書，故稱之為丈。南屏是桂坫，董卿為吳用威字，除吳一人外，其他都是嶺南人（冒生在廣東）。詩中的人今已盡謝世，桂南屏之子師晦最後死，他是一九七一年在香港死的，亦在七十左右了。此詩完全關係廣東人，是地方掌故之最有趣味者。寫到這裡，有朋友到訪，他是熟於廣掌故的，我便問他關於冒鶴亭、陳石遺兩位大詩人在顒園交白卷一事，是真實，還是謠傳呢？他說確有其事，今日在香港親眼見的還有熊潤桐、曾希穎二人，而且曾又是與冒挑戰的戎首。客人問我見過曾希穎戰敗冒鶴亭那首詩未？我說未見過，客人笑道：「我念給你聽，你可把這件事補寫入你的大文中，以存他日羊城詩話掌故。」以下是客人所說的話。

一日，顒園主人又有雅集，冒鶴亭倚老賣老，發言高論，旁若無人，平時又看輕廣東人的詩，常說廣東人的詩，甚少能出省門一步。這次又有此議論，曾希穎年少氣盛，就說：「我們來即席吟一首好嗎？」於是請主人命題。上次主人曾命「紅梅」為題，希穎所作最先錄出，而冒、陳二翁撚斷髭鬚，不著一字。此次主人命題為海珠紅棉，希穎感於當時陳濟棠為了刮地皮，把海珠勝跡填平，使與長隄連在一起，海珠寺前本有紅棉三株，只存其一。遂以此為題云：

粵垣當道填江使大隄與海珠相連，寺前木棉三株，僅存其一，遽失名勝，感而賦此。

豈為英雄浪得名，南離正氣盪天聲。

誰教接跡依塵土；可覺臨流失弟兄。

水石略無垂釣地；祠堂猶有讀書情。
還珠滄海知何日，望眼高樓淚欲傾。

這次冒陳兩詩翁仍然不能即席寫成一詩，從此便不敢再說廣東人詩不出「省門」一步的謬念了。有些人作詩構思很慢，但有些人則可以「七步」成章，我們不能因冒鶴亭一時不能即席成詠，就說他不會做詩。

今人提及冒鶴亭，往往喜歡把他的祖先冒辟疆（襄，號巢民，為明末四公子之首。清末流傳的董小宛入宮故事，即其侍妾也）和水繪園拉說在一起。因為舊時的人很看重世家，鶴亭以「世家公子」之後，多少有叨先人之餘光，故對於冒辟疆及水繪園更盡情宣傳，一來表示風雅，廣通聲氣，二來也藉祖宗聲名，抬高自己的聲價以嚇庸夫俗子。三十年前，每逢冒辟疆生日，他一定邀集詩人詞客，為祖宗做壽，有時興到，逢三月初三上巳佳辰，乃仿清初水繪園修禊故事，也來風雅一番。五十年來，他抓住這兩個題目做了不少詩，而其他詩人也跟著唱和，登在報刊上的時有所見。

水繪園既是冒鶴亭的「世家商標」，我就不妨略作介紹一下。原來冒辟疆是如皋的大地主，以富豪雄據一方。他在縣中蓋造了七個花園，名叫：水繪、匿峯、撲巢、深翠、菴羅、逸園、還樸。其中以水繪為最有名。水繪築於哪一年，無可考證，舊有無名氏所作〈遊冒氏水繪園記〉，略知水繪是以辟疆最初所築的逸園的毗連之地開拓而成的，地點在如皋縣北門的紫霞山前。園不設墻，環以碧水，竹樹擁鬱。可知其園四面皆有水繞，而裡面則有水路，以洗鉢池為中心，貫通諸勝，於迴曲折，克盡其妙，故取名為水繪。有水就可以觴詠了。（王揖唐贈冒鶴亭詩有「早贖名園泛羽觴」句。）

水繪園主人冒辟疆常在園中舉行修禊盛會，最有名的一次是在清康熙四年乙巳（一六六五年），詩人王漁洋正在揚州府做推官，時年三十二歲，冒辟疆五十五歲。是年二月，王漁洋有信給他說他三月會到如皋，屆時可以在洗缽池玩水了。漁洋到了後，冒即請他到水繪園修禊，著名的詩人集者有陳維崧（四十二歲）、邵潛（八十五歲）等，冒辟疆二子禾書、丹書（三十二歲、二十七歲，此二子乃正室所生），各有詩作，後來收入辟疆的《同人集》。（辟疆生於明萬歷三十九年辛亥三月十五日，死於康熙三十二年十二月初五日。）

十多年前，江蘇文化機構擬修復水繪園，以保存地方勝跡，冒鶴亭藏有舊圖一幅，雖然不是清初原物，據說也是中葉時期的人根據原圖摹寫的。文化機構就決定用他所藏的圖來重修水繪園，後來是否已修葺完成，因冒鶴亭已死，我沒法知道了。民國初年，鶴亭以歷年海關官俸所餘，又向吳用威借用現金一半，以八千元贖回此園，於是水繪復歸冒家，鶴亭以「小三吾亭」名其齋便有著落了。（水繪園中有寒碧堂、因梅樓、枕烟亭、小三吾亭諸建築。）

冒鶴亭在清末做了二十多年官，並未飛黃騰達，亦未有什麼建樹，只是浮沉郎署，以詩人名士姿態在王城中出現，一直到宣統元年（公元一九〇九年），才以一篇文章助上司一鳴驚人，而使冒鶴亭認為此舉對朝廷做了一件有意義的事，報「國朝養士三百年之恩」，到他晚年，仍引以為快的。

這件事說來很有趣，也和清末官場外史有關，為了明瞭此案的來龍去脈，似應詳說一下。

四十年前，招商局一案，牽涉到李鴻章的嫡孫李國杰為國民政府判處徒刑，李國杰在牢中坐了三年，無以排遣，重新學作詩。出獄後，把他的大作集為一冊，出版《蠖樓吟草》（作序者有梁鴻志、冒廣生、楊圻等。題簽亦為梁鴻志。一九五二我從友人案上見此詩，是李國杰題贈唐紹儀的，扉頁書「少川世丈大人教正。姪國杰敬呈」），其中一首題為〈冒丈鶴亭過滬贈詩感謝次和〉。詩云：

同在天涯醉夢昏，早朝憶否紫宸門？
批鱗逆疏彈奸快；倚馬驚才頫首尊。
頗惜鬢毛華杜老；獨傾肝胆向平原。
獄寃三字渾閒事，劫後重逢舌幸存。

詩中的「彈奸快」三字，指李國杰請本部郎中冒廣生為其草疏嚴劾直隸總督端方也。宣統元年西太后安葬，靈車所至，直隸地方官要辦皇差。端方派人沿途照相。李國杰時以農工商部左丞隨扈，眼見端方如此不法，故請冒鶴亭為他「彈奸」。其實派人照相，只不過是芝麻綠豆的小事情，何至有「大不敬」褻瀆王室呢。無非是假公濟私罷了。冒鶴亭彈奸一疏如後：

奏為大員藐視朝廷，胆大妄為，據實糾參，仰求聖覽事：竊臣此次奉命恭送孝欽顯皇后梓宮永遠奉安山陵，見有官役人等攜帶照相器具，沿途招照。及本月初一日，梓宮將到普陀峪之時，該官役等仍在陵寢內外任意拍照，臣已不勝駭異。初三日，乃聞科爾沁輔國公博迪蘇於寶城後東沙山上，見該官役等仍照前拍照，隨即派人當場拿獲。據該官役等口稱，係奉直隸

> 總督之命，隨由肅親王善耆取具口供。臣時行禮未退，當聞該官役等供稱：一、劉壽山，天津人，二十四歲，現充直督戈什哈；一、尹紹耕，天津人，三十七歲，在天津東馬路開福陞照相館；一、尹紹耕之弟；一、車夫孟長祿。問畢，由善耆將一干人犯交端方自行辦理。初四日，始聞取交大理院審訊。而論者猶為端方袒護，以為拍照之事，外國之所不禁，不知陵寢何地，端方何人，當梓宮奉安之時，為臣子者，搶地呼天，攀號莫及，而乃沿途拍照，毫無忌憚，豈惟不敬，實係全無心肝。……凡此皆該督平日藐視朝廷，胆大妄為，無所不至。推原其故，蓋由皇上正在沖齡，監國攝政王謙和馭下，乃敢目無法紀，肆意妄行。若不明申禁令，加以嚴懲，恐臣下紛紛效尤，而履霜堅冰，朝綱從此盡墮。……

疏上，端方得革職處分，根據上諭所宣佈罪狀為「沿途派人照相，初三日舉行遷奠禮，焚化冠服時，該督乘輿橫衝神路而過，又於風水牆內，借行樹為電杆，實屬恣意任性，不知大體！」這件事在表面上看來，李國杰此舉是為公而劾奸，而事實上則公報私仇的動機在作怪。原來李國杰的岳丈楊崇伊在光緒三十四年丁憂回籍時，寓居蘇州，受龜奴二千元之賄，糾眾向其親戚吳韶生搶回妓女，為江蘇布政使瑞澂呈請蘇撫陳啟泰、江督端方查辦。奉旨楊崇伊得革職處分。崇伊是楊雲史之父，以翰林官御史，戊戌一案告密而為士類所不容的奸佞小人。楊革職後誓報此仇，託其婿李國杰覷機會為之雪恥。（楊雲史為國杰伯父經方之婿，兩家有密切關係。）

蘇州士紳葉昌熾《緣督廬日記》記楊崇伊此案，亦頗有「內幕新聞」，不見於官書者，今錄如左：

閱《申報》，連日記楊莘伯觀察（崇伯字莘伯，光緒六年翰林，以御史外簡候補道員。——引注）以持槍糾黨至吳子和家搶妓，為瑞方伯嚴辦，詳由督撫奏參革職，永不敘用，不准逗留省垣，驅逐回常熟原籍，交地方官嚴加管束，如再不知斂跡，干預公事，再行按照所犯治罪。從來紳士獲咎，未有如此之齷齪者，況曾列諫垣詞館者乎？人言嘖嘖，皆云受蔡人王阿松之賄二千元，奪合浦雙珠還，釀此大獄，斯文掃地，至於此極，士大夫與有辱焉！（「蔡人王阿松」蔡人二字，初閱之不知何指，既而思之，乃龜奴也。「蔡」乃龜之古稱，《論語》中已見之，蔡，大龜也。）

楊崇伊受賄代龜奴「打不平」，確是行為卑鄙，這件事的詳細情形，端方、陳啟泰會銜上奏的摺子，敘述全案真相頗詳，今摘錄於左：

（上略）竊據蘇州布政使瑞澂稱：「本司訪聞本月十六、十七兩日，有丁憂在籍前浙江候補道楊崇伊，持槍率眾，夜入三品封典前江蘇縣學訓導吳韶生家逞兇情事。正飭查問，旋據署元和縣吳熙面稟：楊崇伊與吳韶生本係至戚，因楊崇伊前託帶領發堂妓女二名，原議由吳韶生擇配。嗣楊遣僕與開娼戶之王阿松同來索取，吳恐仍為王阿松所凌虐，推辭未允。詎楊崇伊突於八月十六日夜子刻，手執洋鎗，率領家眾，赴吳家奪取。吳韶生衰邁胆怯，未敢與校，聽其強擁二妓而去。楊崇伊步行殿後，遺有所坐素轎一乘。次夜戌刻，楊崇伊復持槍率眾，重至吳家，逢人便毆，左右鄰近，擁擠張皇，吳韶生避不敢出，家人抵死爭持，將洋槍奪獲。適該令吳熙聞報而至，楊崇伊遂以被毆受捆請驗，並請懲辦吳氏家人。該令見其頭有微傷責以不應持槍夜入人家，開導再三去後，吳韶生始敢出見，驚恐萬狀。據稱彼此至戚，不願涉訟，僅肯開具節略，並經該令錄呈前來。本司查楊紳崇伊，身為監司大員，又當守制之時，乃於發堂妓女，插身干預，復敢兩次尋衅，帶領家丁，黃夜持槍滋事，實屬目無法紀，不顧名譽。是其在常熟原籍，遇事風生，鄉人側目，人言亦屬可信。雖吳韶生年老畏事，不願深求，本司查悉既詳，未敢玩忽容隱，專案詳請奏參前來，臣等查……該道楊崇伊平日聲名本劣……相應請旨將……楊崇伊即行革職，永不敘用，不准逗留省城，交常熟原籍地方官嚴加給束。……」（按：此摺發刊邸鈔，但《東華錄》未錄入。）

楊崇伊是這樣一個無惡不作的劣紳，端方、陳啟泰嚴懲他正是保護善良誅鋤惡霸之舉。楊得到懲罰，不想閉門思過，反而要報仇雪恨，李國杰也為了親戚關係，還要要寃寃相報，作無了期尋仇。冒鶴亭大概不知其中有此內幕，故奮筆為之執筆草疏云。

記兩個王孫畫家：溥心畬與溥雪齋

胡天月

溥心畬因其父載瀅於庚子拳亂獲罪，奪爵歸宗，所以未能襲封鍾郡王；溥雪齋則是孚郡王之承繼孫，入民國後，為了爭產，還與載澍打了一場「父子官司」！

溥心畬死於一九六三年；溥雪齋曾任中共北京文史館館員，而今想已不在人世了！

載澂不肖引同治冶遊

民國以後，滿清皇族宗室中人，有兩位傑出的天才畫家：一位是人所共知的溥心畬；一位是溥雪齋。溥心畬是恭親王之孫，恭王是道光帝的第六子，名奕訢，與咸豐帝為兄弟行。恭王共有四個兒子，長子名載澂，是貝勒；次子名載瀅，也是貝勒；三子名載濬；四子名載潢（二人皆早死）。他的長子載澂，最為不肖，生平劣跡多端，其最荒唐之處，為引導同治帝冶遊，以致同治染上梅毒惡疾，御醫諱為天花，誤投藥石而至死亡。

《清朝野史大觀》載有同治與載澂二人私事頗詳，茲擇錄數則於後：

（一）穆宗（即同治帝）好演戲，而又不能合關目，每演必扮戲中無足輕重之角式。一日演《三娘打竈》趣劇，載澂扮小妹，某妃扮李三嫂，而帝則扮竈君，身著黑袍，手持木板，為李三娘一詈一擊以為樂。

（二）孝哲后（同治皇后），崇綺之女，端莊貞靜，美而有德，帝甚愛之，以格於慈禧太后之威，不能相款洽。慈禧又強同治愛其所不愛之妃，帝遂於家庭無樂趣矣。乃出而縱淫；又不敢至外城著名之上等妓寮，恐為臣下所睹，遂專覓內城之私賣淫者取樂焉。

（三）穆宗好冶游，與貝勒載澂尤善，二人皆好著黑衣，娼寮酒館、暨攤肆之有女者，遍游之，其病實染毒瘡，頭髮盡脫落，御醫斷為疥瘡，因而致命！

按上則所言黑衣，為當時北京流行的「混混」裝束，彷彿今日香港阿飛之著牛仔褲，使人一望而知是輕薄少年，時人稱之為「嫖衣」者也。載澂在同治帝駕崩以後，恭親王曾有意懲治之，打算用家法杖死邸內；但終以父子天性，未忍下此毒手。那知他怙惡不悛，索性放縱自恣，終日遊蕩，不稍歛迹。尤其是在夏天，穿著一身黑洋縐褲褂，到什剎海遊人眾多之處閒遊，看見良家婦女，姿色出眾者，無不加以調戲。有一年，竟至因為強搶民女，惹出來一場大禍。

強搶婦女被恭王圈禁

《清朝野史大觀》載此事略云：

載澂者，群呼之為澂貝勒者也。一年夏間，率其黨遊什剎海，海故多荷，沿岸皆有茶座，賣蓮藕者亦沿岸佈地以售。澂見隔座有一婦甚妖冶，獨出無偶，屢目澂。澂命其黨購蓮蓬一束贈之，且與之相約至酒樓密室相會，從此為雲為雨，已非一日。一日澂謂婦曰：「爾能歸我否？」

婦曰：「家中有姑有夫，勢必不行，無已，惟有劫我於半途可耳！且大爺劫一婦人，誰敢云爾者。」

澂大喜，乃置金屋，備器具，仍約婦於什剎海茶座間，率其黨一擁而上，劫之去，道路沸揚，以為澂貝勒搶奪良家婦女，不知其有約也。婦亦為宗室女，論支派當為載澂之族姑，恭親王奕訢聞之，囚澂於高墻，即此事也。

載澂這種行為，簡直像是京劇《艷陽樓》戲中的高登，身為太尉高俅之子，唱的是：「我父在朝為宰相，壓賽東京小宋王……」其口氣與載澂心目中所想像的一般無二，而且府中有的是三百名家丁，二百名教習，搶一個民間婦女，並不算一回事，頂多罵上一句「好不識抬舉」，還不是手到擒來嗎？那知恭王真的把他圈禁起來了。後來雖然有機會放出來，但是死在光緒十一年，恭王則死於光緒廿四年，所以他沒能趕上襲爵。

《清朝野史大觀》記載澂死時的情形是：

載澂淫惡不法，其病，恭王大喜，日望其死。病革，左右以告。恭王曰：姑念父子一場，往送其終可耳。及至澂室，見澂側身臥南坑上，氣息奄奄，上下衣皆黑縐綢為之，而以白絲線遍身繡蛛。王一見大怒曰：即此身匪衣，亦該死久矣！不顧而出，澂遂氣絕。

拳亂罪名盡諉過親貴

恭親王的次子載瀅（即溥心畬之父），後來也被慈禧太后加以圈禁，可是他實在罪不至此，而是多少有點含冤莫白。按載瀅是側室所生，本來繼宣宗第八子鍾郡王為嗣，為人碌碌，無所表見，但是在光緒二十六年庚子，義和拳初起時，慈禧太后頗相信其術；而親貴中，如端王載漪、莊王載勳、及貝勒載濂、載瀾等均主張甚力，載瀅當然隨眾附和，未必參預主謀。迨八國聯軍入京，清廷預備與外人議和，慈禧就把一切罪名，都推到這些親貴身上，由光緒帝降旨，把他們一個個加以懲治。現在將當時的上諭節錄數段於後：

庚子閏八月初二日上諭：此次中外開釁，變出非常，推其致禍之由，實非朝廷本意，皆因諸王大臣等，縱庇拳匪，啟釁友邦。莊親王載勳、怡親王溥靜、貝勒載濂、載瀅，均著革去爵職；端郡王載漪，著從寬撤去一切差使，交宗人府嚴加議處，並著停俸。輔國公載瀾、都察院左都御史英年，均著交該衙門嚴加議處。……

又閏八月廿六日上諭：此次肇禍諸臣，茲經按照情罪經重，降旨分別懲辦，朕心一秉大公，毫無掩護。即如……貝勒載濂載瀅，中外疊次電奏，均未指出，朕亦據實一併懲辦，可知此事始末，中外傳聞，未必盡確，而朕之懲處諸王大臣，並無徇縱，可昭然若揭。……

又九月二十二日上諭：此次肇禍諸臣……已革貝勒載瀅，著一併交宗人府圈禁。貝勒載濂，業經革去爵職，著閉門思過。……此事始末，惟朕深知，即如怡親王溥靜、貝勒載濂載瀅，中外諸臣迭次參奏均未指出，即出使各國大臣電奏，亦從未提及，朕亦據實一併懲辦，可見朕於諸臣分別輕重，一秉大公，毫無偏袒，當亦薄海內外所共諒也。

懷恨恭王特懲治載瀅

由這三道上諭綜合看來，除了載瀅而外，其他的五大臣，俱是讚成義和拳的，連載濂也在其內，見於諸家私人筆記。惟獨載瀅不免於被波及的原故，實在是慈禧存有一點私心；因載瀅雖入嗣鍾郡王，但其本為恭王之次子，而慈禧因總管安德海之被戮，與恭王素有嫌怨。所以在庚子懲治諸臣之上諭中，波及載瀅。欲加之罪，何患無詞，而又惟恐人之不服，於是在上諭中，一再聲明其未被人指出，而係出自宸衷獨斷，且鄭重表示為一秉大公，可見其心虛，明知其為不公也。

下一輩的恭親王溥偉，本為載瀅長子，入嗣載澂後襲王爵。載瀅次子名溥儒，即溥心畬、三子溥僡，均庶出。載瀅雖入嗣鍾郡王，但以拳亂獲罪，革職圈禁，奪爵歸宗，溥心畬遂無爵可襲。（載瀅死於宣統元年。）

溥心畬於民初之際，感國家之多故，入北京西山禪林中，閉戶讀書，以餘時作畫，用功甚勤，畫宗北派，意境高古，直富宋元；但其衷心願以經生自居，從不喜人以畫宗稱之，以為有辱其抱負也。他的詩亦清新俊逸，而書法則秀勁挺拔，可謂三絕。有詩集傳世，中間篇什多含有故國之思；但平生不事生產，時感困乏，晚年尤甚，不得不以畫求售，以資生活。

罪名忤逆載澍遭重辦

溥雪齋則是惇親王之孫，惇親王是道光第五子，為恭王之兄，名奕誴。生有五子：長子載濂，次子載漪即端王，三子載瀾，均於庚子拳亂後獲罪革職。四子載瀛，五子載津。載瀛生二子，長子溥忻，即溥雪齋，次子溥佺。但是溥忻入嗣孚郡王為承繼孫，孚郡王為道光第九子，為惇親王之弱弟，名奕譓，死於光緒三年。孚郡王無所出，先以奕楝子載沛為嗣，但早卒；又以奕瞻子載澍為嗣。載澍娶慈禧太后內姪女為妻，與隆裕（光緒皇后）為姊妹行，所以慈禧特意取他為孚郡王嗣子，以便將來有機會襲爵。那知這位澍貝勒，一時得意忘形，在閨房之內，與妻子吵嘴，一時按不住心頭的火氣，用酒壺向她擲去，這一下子，可惹出禍來了。她當晚進宮，見了慈禧，哭訴委曲，這位老姑太太，看見她們家的小姑奶奶受了欺負，認為是有點瞧不起太后，但是夫妻反目，動手動腳，也沒什麼多大的罪過，慈禧就特意說載澍是將酒壺朝著他母親扔去的，因此加以忤逆的罪名，下旨意作為以子擊母，罪犯逆倫。

或者當時的拌嘴，是先由母子的失和而起，不管實情如何，反正慈禧要重辦他，藉著不孝的理由，連夜的辦公事，定了個革爵圈禁，奪爵歸宗的罪名。慈禧的這位內姪女，不過是想慈禧給她撐撐腰，罵上載澍一頓，也就夠挽回面子的了。那知慈禧小題大做，一下把載澍給關起來了，奪爵歸宗，還在其次，只是這份兒圈禁高墻，夫妻們永遠不能到一塊兒，這就害了自己一輩子，越想越不對，於是趕緊到慈禧面前，去為自己的丈夫求情，想把他赦出來，另辦個不痛不癢的罪名。那知慈禧一味打官腔，說是不能出爾反爾，於是這位內姪女想了個措詞，她說是孚郡王因為無後，才把載澍過繼過來，是為的傳宗接代，這一來豈不仍舊是使孚郡王絕了後嗎？她自己以為這樣的說法，一定可以打動了慈禧的心，堵住了慈禧的嘴；那知慈禧更是棋高一著，她說：我給孚郡王過繼一個嗣孫，這個問題，不就解決了嗎？

慈禧最忌人夫婦和美

因此，溥雪齋便成為孚郡王的承繼孫了。

慈禧太后是老寡婦，其心理上有變態，素來忌妬人家小倆口兒夫妻和美，像同治帝是他親生的兒子，還不許跟皇后親近，對於光緒帝也是這樣，看見人家與后妃接近，就要吃飛醋，所以慈禧對於這位內姪女也一樣絲毫不加憐惜，反而像是趁心解恨似的，把載澍辦了個罪加一等，永遠監禁；可是對於內姪女提出來的這個大題目，也用手法搪塞過去，使得她再無所藉口，只好自認倒霉。這就是溥雪齋由惇親王後裔，過繼到孚郡王支下的原委。

到了民國成立以後，載澍由宗人府釋放出來；他還惦記著孚郡王府的產業，具狀向北京的法院申請歸本人享有；但溥雪齋延律師辯訴，結果以載澍早在清朝即已奪爵歸宗，對於這份孚郡王府的產業實在是無權過問，當然法院判為仍由溥雪齋以孚郡王嗣孫的資格，執行管業。這場「父子兩代官司」，載澍算是敗訴了；可是溥雪齋亦未能永遠保守這份產業，不數年以後，也就變賣了，這就是北京朝陽門內，前北平大學女子文理學院的校址，俗稱九爺府。

清末親貴都會唱京戲

溥雪齋，和溥心畬同為道光帝曾孫，並且是堂兄弟，兩人均擅丹青，不過溥雪齋素來精於南派山水，在數十年前，已有相當地位，和溥心畬互為南北宗之健者。但其後來，忽改變作風，亦摹擬宋元，惜其成就不能超越心畬，而名亦漸為心畬所掩。當中共未搞「文化大革命」之前，溥雪齋仍在北京，任中共北京文史館館員，當時已年近七旬，如今想已不在人世了。

清末的親貴們，普通都會唱幾齣京戲，高尚點兒的，就是兼擅繪事，像貝子溥倫，行四，能唱青衣。鎮國將軍溥侗，行五，對於戲曲更精，而又能繪畫。這二位都是道光帝長子奕緯的後代。此外載字輩的，如醇王的第七子載濤，亦能演武生戲，而又善畫山水，署款用埜雲居士。溥心畬之弟溥僡，及溥雪齋之弟溥佺，亦均能畫，溥佺以花鳥擅長，此皆清末之近支王公，而能扢揚風雅者，推原其故，又皆有迎合慈禧之心理存焉。慈禧最喜聽戲，所以諸王公不僅如從前之府中擁有戲班，簡直是自己練習粉墨登場。慈禧在光緒中葉以後，忽怡情翰墨，學繪花卉山水，甚且召雲南繆素筠女史入宮，名為代筆，實則向其學習，於是諸王公又皆從事於丹青，一時成為風氣，其中能自樹立，卓然成為一家者，當推溥心畬與溥雪齋為巨擘；而溥心畬更能留心學問，儼然以老師宿儒自居，而不肯限於藝人，雖未見其著書立說，然其志則可嘉已。（按：溥心畬曾留有若干著作，但沒有出版。）

舊王孫溥心畬

宋訓倫

溥心畬先生的家世和畫學，言者不少，知者更夥。這裡所記的，祇是我個人對溥先生的印象。他交遊滿天下，如果有很多人各就自己的觀感，將這位一代畫宗的卓論畸行記下，彙纂成集，當更增加無限高山景止之思。

我稱他一代畫宗，溥先生泉壤有知，必不滿意。他實在以經學自許，並以敦品勵行，作為處世教人的基本大法。繪畫，在他看來，祇是雕蟲末技，他著有《四書經義集證》，和《十三經師承略解》等書。前者皇皇鉅製，我沒有拜讀的機會，後者則曾承他檢賜，是薄薄的一冊，將十三經源流作一概括的勾勒，很像大學或專科所用的經學常識問答一類的參考書。

所以照他的為學次序看來，先要正心誠意，然後博通經史，旁及掌故詩詞，最後才到寫字和繪畫，而字更在畫之先，必須書法有了門徑，繪事方能有成。近代有許多畫家，能繪畫而不會寫字，更不會賦詩題跋。在溥先生看來，這樣是難以進於高明之境的，因為不讀書寫字，何能開拓心胸而趨於醇雅，則下筆豈能免於俚俗。中國的畫與中國的書法原理相通，字寫得越好，畫越容易進步，畫有書意，方能高雅。

事實上，溥先生雖諄諄其教，據我所知，即溥先生門人中，能恪遵他遺教的，恐亦不多，還有人甚至違反了書法上穩紮根基的基本要求，不先從碑帖入手，卻冒冒失失地直接去臨摹溥先生那種扶疏飄逸的書體，那真成為畫虎類犬了！

一炷瓣香，說來容易，但金鍼巧度，卻各需緣法，在溥先生本人倒是一向不問老少男女，程度高下，一律耳提面命，並無差別，所以他每次到香港來，我們都能在他那下榻之所，看到黑壓壓一屋子門牆桃李，像這樣有教無類的精神，著實令人敬佩！

世人震於他的書畫令名，反把他一生最基本的凜然大節給忽視了。他一片惓惓忠愛之忱，誠然專為滿族而發，但明辨是非，洞識體要，與一部份人迥不相同。溥儀出任「滿洲國皇帝」時，他即曾全力諍諫，並撰〈臣篇〉一文以見意，其中有「未有九廟不立，宗社不續，祭非其鬼，奉非其朔，而可以為君者……謀之不臧，噬臍何及！」關東軍首長派人送款求畫，他亦拒絕。以愛新覺羅嫡系宗室在那種震疑迷惘的時期，能以如此準確的舵針來把握自己的方向，如果沒有非常的識見，尋常人豈易至此！

在一片紅潮，泛濫神州之時，溥先生獨搭一葉扁舟，從舟山群島，歷涉驚濤駭浪，直奔台灣。振衣千仞，孤邁特立，若非胸有所守，對世事有真知灼見，又何能自保其身，超然物外。

溥先生雖是博學之士，有時卻偏見極深，中華民國推翻了他的祖宗三百年基業，中華民國這四個字便時常使他有一種異樣的感覺。他在日本遨遊的一段時期，就住在董浩雲先生的東京寓邸裡。有一天，他寫信給韓國漢城中國大使館裡的一位朋友，他在信封上寫了朋友姓名和「韓國漢城」四字，卻留下「中華民國駐韓大使館」一行字不寫，硬教一個廚房大司務代他寫成，據他說：「這樣可以免得自己傷感」。像這樣行徑，自然十分可笑。

我與他初次見面，就在東京，記得那天我走進他的房間，他擱下畫筆，從榻榻米上站起來，雙手拱胸，必誠必敬地口稱「溥儒」二字，自道姓名，這兩字的聲音是那麼沉著莊嚴，一副「恭敬懇摯」的神態，給我異常深刻的印象；但談不到半句鐘，便聽他滿口講的是「本朝……」「本朝」，實在使我忍俊不禁，那時已是民國四十幾年，他似乎要我跟他一同憧憬於道咸同光的時代。

在東京，他長日賦詩寫字，並且製了許多燈謎，給人猜射。自己用斷縑零紙，信筆作畫，作為贈品。有一天，我猜中了謎底是孟子「南辱於楚」的一條，獲得他的小幅硃竹一件，款上還題著「擬東坡筆意」幾個字，另外還加贈一件簡筆山水，澹遠疏宕，可謂神品。

書法作品中最使我欽佩的，是他聚精會神寫了送給董浩雲先生六條五言排律的草書詩屏。詩是他自己的舊作，字則鸞舞蛇驚，鴻飛獸駭，圓潤遒勁，妙造自然，真做到心手雙暢，翰不虛動的地步。平生所見溥先生的行草，當以這六條為第一，現在張掛在深水灣「香島小築」中。我曾經當面向溥先生說，這是我所看到他寫得最工的字。他笑笑道：「我打擾了主人這麼長久的時日，豈能不表達我心中一點點謝忱」，可見他自己也深為得意。

的確，「聚精會神」四字，我認為不管任何大家，抑或無名小卒，都是下筆時的基本要求。以溥先生的藝術造詣，再聚精會神，出之以至誠，當然使出渾身解數，由心及手，豈有不臻於鬼斧神工之妙！

他的楷書極像成親王而秀潤過之，實際是得力於褚河南。我曾將梁啟超所集的宋詞楹聯請他用二吋見方的楷書寫在打著朱絲格的灑金箋上，真精雅極了。那聯語是：

呼酒上琴臺，把吳鈎看了，闌干拍遍，
明朝又寒食，正海棠開後，燕子來時。

溥先生並特地以小楷加上長跋說道：

歲在戊戌之冬南遊，道出九龍，客館寂寥，端憂羈旅，暇日臨池，聊紓離索。邂逅宋君訓倫，遠逢舊雨，如接春暉，君以宋詞命寫楹聯，拙書不工，敢託氣類，今古興懷，若合一契，浮雲變滅，何其有極，觀於物外，不亦可乎？陋巷沍寒，時將改歲，槿籬霑雨，積潦停烟，並記節序，以待春時。西山逸士溥儒識。

像這樣的小品傑構，簡練雅飭如此，完全胎息六朝散文，而託旨深遠，意在言外，更覺得興味無窮了！他的楷書，從前早經有人評為「五百年來第一人」，看這副楹聯，豐神秀整的程度，此評洵非虛語。

他有許多識見，都比尋常人要更深一層。某次，我請教他對於某要人的書法作何評價。他很嚴肅地說道：「古人寫字，有肉有骨。如果有肉無骨，則近於俗；有骨無肉，則近於枯。所以清明盛世的文章書法，都有一種雍容春雅的氣息，到了衰亂之世，飢寒凶厲，乃有一種枯瘠而又剽悍的字畫，這也是氣運使然！」

他還告訴我，曾經有人問他：「公畫較並時諸賢如何？」他祗回答了十六個字：「吾於古人，不敢不勉；吾於今人，不敢不讓。」

他兩次三番為了吃蟹趕到香港來，一次住在九龍新樂酒店，兩次住九龍樂斯酒店。事實上，他的吃蟹真是亂嚼一通，可謂食而不知其味。看他一次總能吃上十隻以上，其實檢視他吐出來的碎殼，至少還能理出六隻八隻的蟹肉。

倒是他每次來香港，使香港許多朋友得到更多機會去親近他，請教他。他曾先後在香港大學和新亞書院作學術講演，使香港的學壇藝苑驟添不少生氣。據我所知，香港有兩位博學宏詞的通人，使他十分心許而深相契合的，一位是香港大學教授饒宗頤先生，一位是詩書畫兼精的林千石先生。宗頤縹緗萬卷，博覽群籍，以漢學馳名國際，至於書畫詞章，尤其餘事。千石書宗二王，畫追北苑，曾寫給我長逾十尺的小行草手卷，是他自己的古今體詩，極類蘭亭墨妙，朗朗如玉山上行；此外，還兼擅金石，誠可謂多才多藝。但饒、林二位都各有一種清峻澹泊的氣質，唯其不屑濁流，乃與溥先生的風格更易印證。

溥先生知我歡喜讀詞，時常隨手抽取桌上的廢紙，信筆將他的得意之作抄給我看。雖然隨意抄錄，不計字之工拙，卻一樣簽名蓋章，並還加個上款，可見前輩先生的拘謹不苟。

他的詞遒峭如張子野，意境極高。例如金陵懷古，調寄〈踏莎美人〉：

依舊江山，無邊雲樹，六朝陳迹知何處？荒亭古木正棲鴉，猶似春城烟柳夕陽斜。

玳瑁梁空，鬱金香冷，白楊黃土蕭蕭影，玉人無復倚闌干，一片清谿明月水光寒。

又如憶故山，調寄〈清平樂〉：

畫梁依舊，雙燕重來否？蕙帳塵消人去久，餘得夕陽殘柳。
浮雲片片南行，卻教隔斷歸程，朝暮湄河碧水，東流不繫離情。

長調如〈八聲廿州〉：

望幽燕暮色對殘秋，千峯送斜陽，正蕭蕭木葉，沉沉邊塞，滾滾長江。已是登臨恨晚，誰共賦滄浪，衰草連天碧，故壘雲黃。
尚有梁園修竹，臏青山愁外，雲路悲涼，似猿啼三峽，烟櫂下瞿塘；更何堪江山異色，怨黍離轉眼變滄桑。傷心處，遠天鳴雁，聲斷瀟湘。

這些詞淒涼激楚，一唱三歎，筆下無限哀怨，而以沉鬱頓挫出之。「更何堪江山異色，怨黍離轉眼變滄桑」，當年這位「舊王孫」所經歷的愴痛，不料今日竟一樣輪到我們身上。但當年他究竟還能在自己耽過的土地上，一樣呼吸自由空氣，而我們今天卻連回到故園的這一點點最低的權利都沒有了。

像這種「身世之悲」，他時常流露於字裡行間，例如他第一次到香港來時，曾經秋夜泛舟，賦

〈鷓鴣天〉詞一闋：

雪點蘆花起白鷗，錦帆片片鏡中遊，王孫芳草無窮碧，散作江南處處秋。天上月，水邊樓，露涼雲淡掛簾鈎，空濛不見山河影，照見山河影更愁。

最後兩句真是言近旨遠，感慨無窮。而且這一闋詞，如此綿邈清麗，可謂詞中有畫。我靈機一動，立刻懇求溥先生賜畫一件，將這首詞寫入畫中，使成為天壤間的一件藝術至寶。溥先生應允俟到台灣後慢慢交卷。因為這類精心細膩的作品，必須像上文所說，出之於「聚精會神」，絕非旅邸客窗，賓朋喧闐中所能草率為之。

果然，到次年秋天他再度來港，立將這畫當面見賜。我捧觀之下，這一驚喜真非同小可！整個畫面，一種疏宕幽秀之氣，撲人眉宇。著色淺絳和淡青，固靜雅到極點，而意境佈局，更清空絕俗。像這等筆墨，雖文衡山唐六如復生，亦必斂手相讓，遑論當代諸子。他除將上述鷓鴣天詞題上外，並補跋幾句說：

僕不工倚聲，偶作鷓鴣天詞，心冷詞兄見之，以為可存，並命作圖。僕雖粗解繪事，而畫中頗少詞境，信筆成之，取其略有詞意而已，心冷見之，當不河漢斯言。壬寅十月　西山逸士溥儒並識當晚，香港騷人墨客公宴溥先生於豐澤園，我就挾了這張畫濫竽末座，席間許多朋友看了欽羨不置，一致認為確是溥先生近年的精心傑作。

我得意之餘，將這幅畫製成賀年卡分寄朋友，祇因有感於他那〈鷓鴣天〉詞中「空濛不見山河影，照見山河影更愁」兩句，想起有人欲超邁唐宗宋祖，結果弄得民不聊生，鬼號神哭，溥先生學有修養，祇是感喟一陣，我則劍拔弩張，唾壺擊碎，也填了一闋長調〈摸魚兒〉詞，就印在那張賀卡背後：

> 盪扁舟月華清映，輕鷗驚起烟渚，空濛不見山河影，卻照羈愁如許。歌與舞，看璀璨樓台信美非吾土，江關夢阻，憶舊館春深，玳梁燕老，望斷故園路。
>
> 千秋事，枉說唐宗宋祖，風騷空比今古，飢鴻遍地勞囚泣，真個鬼號人怒。君莫訴，終不信神州從此長悽苦，殘陽已暮，倘一局棋新，雲龍際會，兵馬自天渡。

賀卡印就時，恰巧溥先生還滯留香港，他看見了喜不自勝，向我索取了十幾份去。現在距溥先生謝世已歷多年，河山依舊，兵馬杳然，天心人事，徒歎奈何！

溥先生真不愧為中國畫的一代宗師，而且代表典型的中國士大夫，他認為中國畫就是中國畫，不得滲入任何外國色彩或氣息，即以郎世寧的畫，在他看來，也並非上品。這種鍥而不捨，堅忍卓絕的精神，由繪畫推而至於他的日常生活，何莫非是。他的山水，花鳥，人物，氣韻之高，並世無第二人。我曾買到他畫的一幀工筆「洛神」，開相，衣褶，神態，都脫盡凡俗，他並題有一詩：

茫茫碧水望晴川，猶憶黃初作賦年，
一去驂鸞不知處，洛濱千載月空圓。

賦詩題跋更是他的拿手好戲，一般畫家題詩，總得先要苦吟一番，然後寫在詩稿抄謄上去。可是經我兩三個月親眼所見溥先生的題畫，才使我佩服得五體投地。原來他根本就沒有任何稿箋，如果有，就衹有腹稿。看他全副精神作畫；等到畫上的最後一筆完成時，筆就順手抬到上面去題詩了。原來他手上儘管作畫；腹內早在吟詩，畫甫完成，詩也吟就。這比古人的八叉七步似還更上一層，不獨「叉」與「步」的形相已經化除，而且文思與藝術可以同時雙管齊下。更難能的，詩還要做得好，不好何貴？這是我經常所看到、而最使我心悅誠服的一件事。

那一年恰好顧宗瑞先生七十雙慶並為顧老先生五十年金婚紀念。朋友們請求溥先生畫一幅松鶴雙清冊頁為壽。這類酬酢題材如易俗手為之，便無足觀。那天晚上，我到溥先生處，看他伸紙調色，極工整極精細的一幅松鶴圖，卻走筆如飛，才個半小時已全部畫成。蒼潤秀逸，令人意遠。畫筆未乾，詩已題上：

九莖芝蓋獻華堂，奉橘萊衣樂未央，
松鶴丹青同預祝，海清雙奉百年觴。

不羡鴛鴦比翼飛，采芝香滿辟蘿衣，
室家琴瑟誰無此，白首齊眉古所稀。

「海清雙奉百年觴」，可謂善頌善禱，顧老先生伉儷今猶康健如常，「百年觴」自然沒有問題，但不知何時可望海清呢？

我雖藏有溥先生影印的筆記《華林雲葉》，卻不曾讀過《寒玉堂詩集》，所見到他的詩詞，都祇是一鱗半爪。不過，像上列這種酬世文字，托體如此雋雅，其他性情之作，更可想見。試想這一百年來的中國畫壇上，還有甚麼人具有這樣的學養和才華？

溥先生的畫，市場價格並不太高，且偽畫充斥，令人扼腕；但市場價格的高低，他自己生前都未縈心，身後更何足道。凡真美善的藝術，自有其不朽的精神價值，又豈時代風尚所能局限。據我妄言，即以今天震撼世界的印象派畫而言，其藝術生命究竟能維持多少歲月，實在也大有疑問。

若干年後，世界承平，社會康樂，到那時大家覺得需要穿著較為整齊的衣服，或需要講些沖夷寧靜的精神陶養，到那時說不定溥先生的畫也就跟著時代的需要而再發生它的萬丈光輝。

西山逸士的幾段逸事

萬大鋐

（一）三絕馳名

遜清宣宗皇帝第六子恭親王奕訢嫡孫，貝勒載瀅次子，廢帝溥儀從兄，北京法政大學畢業，德國柏林大學天文學博士及生物學博士，北平藝術專科學校教授，日本京都帝國大學教授，臺灣師範大學教授，行憲國民大會代表，這位擁有特殊家庭背景及一大串名銜的舊王孫，西山逸士，溥儒（心畬）先生，他之所以成為中外聞名的人士，卻與上述這些經歷無關，而是由於我國藝壇最難得成就的「詩書畫」三絕。他的詩書畫三絕，究竟高超到什麼境界？筆者於此，涉獵未深，不敢置評。而且對於文藝的評價，見仁見智，人各不同。就以耳聞對於溥先生的品評而論，大都盛讚他的畫，次及字，再次才是評與文；然也有人說他的字遠比畫高明。再以字來說，多數喜愛他那筆清秀俊逸的行書，但也有人說他的正楷為「五百年來第一人」。至於畫，人們皆以南張北溥並稱，但這

「並稱」，並不像天秤的兩端，不分高下，有的說張勝於溥，有的又說溥勝於張。張的足跡經過的地方多，現在他的作品又有了國際評價，聲勢似在溥之上，然也有人說，當今真能繼承國畫的正傳統的，唯溥一人。總之，所有這些評論，各有所見，難得一致的結論。

(二) 書畫自評

既然第三者的批評，難得確切而又全面，倒不如聽聽他自己的意見。溥先生最不滿意外人稱他為「畫家」，或是什麼藝術家，這心境是可理解的，顯然他並不僅僅以畫自許，甚至對人們稱頌他為「三絕大師」也並不愜意。因為他胸中所包羅的，除詩書畫之外，還有「文」和「史」。事實上他在文史方面用功之勤，確不在詩書畫之下，只是世人知道的不多而已。所以他也許為糾正世俗的見解，對自己的造詣，首推文史，次是詩，再次是字，畫列在最後。再以他各期的書畫作品比較而言，左派份子說他三十八歲到五十歲閒居北平的時候的作品最出色，此後每況愈下，這是別有用心的說法。他自己對大陸時期的作品並不滿意，曾對筆者說他在書畫方面的功力，來臺以後至四十五年東游日本歸來，是一個階段；四十七年游曼谷、香港歸來，又是一個階段；又說「像我這樣無間寒暑，日以繼夜地不斷努力，怎會不進步反而退步呢？」可是他自己認為愈到晚年，作品愈精，功力愈深。有人批評他的書畫，臨摹古人的功夫下得深，創作的功夫下得少，他也承認，但他有另外一種看法，如不先在臨摹方面紮好根基，怎會有好的創作呢？所以他並非不想創作，而認為還不到時候。四十七年冬的一個清晨，在香港旅館裡，突然以驚喜的神情告訴我：「我的字有了自己的東西」。這是說他在這方面的造詣，已超脫古人的影響，而進入創作的境界。他為人謙抑，對前賢更一概推崇，常說今人的書畫，無論如何都趕不上古人，所以有人問他的畫比諸明代的四名家如何，比諸清代的「四王」又如何，總是笑而不答。但那天我問他的字比諸古人，屬於何種境界，他竟直率地說：「一般可及清代名家，個別的字則可媲美明人。」從這裡看來，他對字的自我欣賞，確是超過他的畫、。

對於詩文，他的興趣更在書畫之上，在他看來，一個人如果不會吟詩，就不免庸俗。他對詩有這樣的見解：

> 余七歲學詩，始為五言，繼習律體，古風三百篇之外，惟喜唐詩，居山十五年，日夕吟誦，自課四百餘首。古風習漢魏六朝，近體則師唐人。陳弢庵太傅與余忘年交也。見余詩，以為學唐易失於空泛，華而無實，勸習宋詩，余不能從也。竊謂宋出於唐，唐出於三百篇，下逮漢魏，比興之義，敦厚之道，豈華而無實哉。雖然，亦書紳太傅之言，去華而務實，今又三十年矣。加以顛沛喪亂，苦心志而傷世變，詩亦變風而不自知矣。

唐詩中，他特別欣賞杜工部，受杜的影響很深。有人嫌他的詩傷感氣氛太重，常常流露其對「故國」的懷念，這是他的特殊身世，以及歷經顛沛喪亂所使然。至於文章，無論古風駢體，無不佳妙，尤其是才思敏捷，出口成章，人所難及。這一半由於天賦，一半由於博覽群書，熟憶典故的緣放。來臺以後，曾以七、八年功夫，完成一部《四書經義集證》巨著，全稿用行楷謄正，凡千二百頁，字體清秀端正，一筆不苟，這是一部研習國學的工具書，也是一部古往今來最美麗的文稿，兼具學術和藝術的雙重價值，已由教育部以十萬金購藏於中央圖書館。

（三）求畫之道

因為他的書畫實在太好，所以慕名求他墨寶的人特別多。一般人批評他的書畫很難求，當然這是比較而言。據我所知，過去在大陸時不計，到臺灣以後，無代價贈送與人的就不下四、五千幅，此數能算少嗎？例如每年他和夫人兩個生日，到賀的來賓和弟子，宴罷之後，舉行摸彩，每人一份，非書即畫，從不落空，以一個人應付這麼多人，每次總要忙上半多月，然而他樂此不疲。每次以一百五十份計，十年就有三千件。還有，前幾年每晚朋友到他家裡陪他閒聊，總要以一幅畫作彩，以投骰點數最大的為得主，幾年下來，為數也很可觀，再加平日零星送出去的，計算起來還怕沒有四、五千件嗎？這麼多的人情送出去，還落個墨寶難求的批評，難怪他常常要對熟朋友發牢騷：怪只怪我的手生得「不好」，如像你們一樣，不能寫，不善畫，就不會有這許多煩惱了。

關於求墨寶，他很欣賞日本人的態度。他說日本人求他的書畫，總是親自上門，面致來意後，恭恭敬敬地跪在塌塌米上，聽候發落，無論得到與否，態度總是那樣虔敬，使你沒有辦法不答應他。國人則不然，往往輾轉託人，自己並不出面，並且把事情看得非常輕鬆，一般總是這樣開口：

「某先生：你跟溥先生很熟，請你替我求他一幅墨寶，要好，要快。」當溥先生說到「要好，要快」的時候，把一般求書求畫朋友們的輕佻神態，描繪得淋漓盡致。有一次他還對我說：「你的朋友，並不等於我溥某人的朋友，如果把你的朋友都算作了我的朋友，那我即使再多生幾隻手，也來不及應付呀！」為了不能滿足求字求畫者的願望，不知得罪多少人。

不過，要他的東西，也不是沒有辦法，最有效的辦法，是請他吃。十年前，我們有個聚餐會，羅漢請觀音，每週請他吃一次，每次作主人的都得到他一張畫，每半年還可得到一幅比較精工的作品。如要特別精細或指定的作品，那就非招待他到北投溫泉住上幾天不可。還有一個辦法，是下長期水磨功夫，他白天不歡迎賓客去打擾，但晚上卻希望有人去陪他聊天，人越多越熱鬧，他越高興。十點半以後，做完他自己的事情，大概有半小時到一小時的時間，就替朋友們畫幾筆，每人分配到五分鐘或十分鐘，這叫做「排班」。有位朋友，每到十點半就到他家，十幾年來，除了生病無論刮風下雨，間斷的時候很少，日積月累，所以他收藏溥先生的東西真不少，這是用細工磨來的。因為他很守時，此人一到，就知時間已到十點半，後來溥先生也就直稱他「十點半」而不名，有一次溥先生對我說：「以彼此的交情來說，你應該多有幾張精品，何不學『十點半』，常來我家啊！」我只好笑笑，因為自知沒有「十點半」那樣的水磨功夫。

（四）王孫生涯

「故國不堪回首月明中」，溥先生的身世，使他也終年懷有李後主同樣的心境。他最忌朋友們和他說起往事，尤其不滿那個冒牌公主所撰的什麼《飄渺錄》，把宮庭生活作了許多誇張和歪曲的描述。不過，往事雖然不能問，在他高興的時候，會自動講出來。他在一首〈感興〉詩中有這樣兩句話：「我生之初蒙召見，弄舞曾上排雲殿」。註曰：「儒生五月，蒙賜頭品頂戴，隨先祖恭忠親王入朝謝恩。三歲，復召見離宮，賜金帛。」可見他一生下來便成顯貴，恭親王在晚清皇室中是一傑出人物，極得眷寵，他是沾了祖父的光。後來祖父一死，境況日衰，所以以皇室標準來說，他小時候的生活，並不怎樣稱心。據他說：人們以為他的書畫之所以出眾，乃是他具有特殊的條件，能飽覽內廷中豐富的收藏之故，這是誤解。他說：清廷對於宗室子弟管理很嚴：第一，不能隨便出入宮禁；第二，不能隨便離開京城幾里以外行走；第三，不能置產業；第四，不能和商人交往。所以表面看來「皇族」是個「特權階級」，高人一等，其實比普通老百姓還不自由。還有，滿清入關，是馬上打來的天下，為使後代不忘本，就定下「祖制」，要代代子弟不廢騎射功夫。到了他這一代，雖已進步到洋槍火砲時代，因為「祖制」不可廢，所以他小的時候，仍受過騎射訓練，最後的「畢業考試」，是要通過「一馬射三箭」。他並且解繹，三箭不是分三次射，而要一次射，就是在馳近箭垜時，朝前射一箭；正對箭垜時，平側射一箭；馳過箭垜時，再朝後補一箭。因為馬奔馳得很快，所以連發三箭是相當難的。溥先生只說到這裡為止，沒有進一步說明他的考試成績究竟如何。

談到宮廷，不能不涉及西太后。溥先生口中的「老佛爺」與一般的傳說有所不同，這也許出於「為親者諱」。他說：一般都說西太后的生活非常奢侈，如每餐必須擺滿一百樣菜，浴巾要綉彩鳳，且只用一次，宮中特為養了許多宮女來織綉；諸如此類，均非事實。但有一點是真實的，就是四太后的「威儀」，確能使人神經緊張，有些大臣甚至外國的使臣，初次見她，會渾身發抖，緊張得說不出話來。他舉一個例：每年元旦，宗室人員集體向西太后朝賀，女的由恭王妃領班，朝賀儀式開始，她雙手托一小盤，高舉過頂，按音樂節拍，輕步行進，音樂一停止，人也恰好跪在西太后面前，要不先不後，才中規矩。這個差使，雖只短短幾分鐘，卻很難當。因為在那雄偉的大殿上，擠滿了人，但又鴉雀無聲，西太后高踞上座，兩道銳利的眼光，注視著你的一舉一動，這種緊張嚴肅的氣氛，使人不能呼吸，所以除了事先將步伐排練成熟之外，還要有相當的鎮定功夫才行，這不是每個人都能勝任的。

溥先生在北平的故居，是有名的「恭王府」，佔地數萬畝，兼具宮室園林之美，生活在其間，不啻地上神仙。可是，這種清福，溥先生享受得並不久，先是他的大哥把王府的前面部份賣給輔仁大學作校址，他住在後面；後來覺得出入不便，索興將其餘部份以十萬兩代價一併售與輔仁大學。他把這十萬兩售產得來的錢，全部捐給西山一所廟宇，由廟裡修築一棟房子給他住。從此他就擺脫「王孫」生涯，在西山做起「逸士」來。

溥先生早年的生活是相當艱苦的，父親早喪，大哥不理家務，全仗他母親持家教子，所以他對母親很孝，而母親對他的督教也嚴。他在德國學成歸來，項氏太夫人告誡他：你不要以為得了兩個博士，就算功成業就，這不過是求學問的開始，從現在起還要認真讀書，再下幾年苦功夫。聽了母親的話，他就在西山一住十年，謝絕交游，閉門讀書。他的字，本來已有根基，十九歲時，在書法家薈集的北平，就有人請他寫墓誌銘；至於畫，就在那時讀書之餘，為了消遣，才開始自學的。（編案：德國留學及獲得兩個博士學位是不確的。）

（五）凜然大節

溥先生為了避免追憶往事，引起閒愁，故意把日常生活安排得十分忙碌。每天清晨起來，就著書寫字或繪畫，直到午飯時休息；午後小睡醒來，又繼續工作，吃過晚飯，工作到十一時左右就寢。無間寒暑，天天過著這樣的刻板生活，為的是把全部思緒浸沉在工作之中，免得東想西想，他不喝酒，但在送給我的《舉杯邀明月圖》中，卻題了「余亦能飲，而不敢飲」。何以「不敢飲」？就怕酒後感懷身世。

然而儘管他做了許多自制功夫，他的特殊心情，仍不免在某些方面流露出來。例如：盡人皆智他在書畫上題識，只寫干支，從不寫民國年號；在日本時，某次，要給橫濱總領事寫信，因為地址要寫「中華民國領事館」，就故意要我替他寫信封。這些表現，使人意識到他的心中只有過去的「故國」，不愛現在的「國家」。其實，這不過表示他個人的「孤忠」而已，至於在立身處世的大節上，仍是深明大義，極有分寸的。

抗戰以後，溥儀為日軍擄往東北成立偽滿政權，平津一帶的宗室遺老，紛紛出關附逆，他曾撰了一篇〈臣篇〉，博引歷代興亂史實，詳申忠君愛國之道。雖然他的觀念，未必合於今日一般的尺度，但其撰文對象，既是那些宗室遺老，那就可以原諒的了。其中不乏警闢之言，如曰：

君德以恭己為敬，臣道以致身為忠。子曰：『名不正則言不順，言不順則事不成』，性命之道，窮通之理，窮理盡性，斯為聖明。未有效平原之智昏，貪百里而趨利，棄其天位身職，亂階而以為利者也。……未有九廟不立，宗社不續，祭非其鬼，奉非其朔，而可以為君者也。……召忽死義，猶為匹夫，非奉一人，即全臣節；資父事君，必有其道，臣之於君，無以過於父毋，母之嫁者，有終恩之服，無竭力之義。誠以作嬪異門，為鬼他族，……竊維屏藩之道，必重尊王，草莽之臣，始曰擇主，豈敢背先帝先王，而從其所不當從者也。

他說溥儀「九廟不立，宗社不續，祭非其鬼，奉非其朔」，在日本軍閥刺刀威脅之下作兒皇帝，等於是個「作嬪異門，為鬼他族」的再醮婦人，這樣的「人君」，當然談不到對他全「臣節」。所以他自己抱定主張，隱居西山不出。

偽滿成立四週年紀念，日本華北派遣軍司令要致送一份賀禮，請四位書畫名家，合作一堂屏，溥先生是其中之一，由派遣軍參謀長攜重金親到西山寓所面求，被嚴詞拒絕，日軍參謀長留下潤金，拂袖而去。事後一般朋友很為他的安全擔心，然他毫不在意，後來托王揖唐把潤金退了回去。大概由於他的名聲，使日本軍閥有所顧忌，不敢為了這點小事難為他，終告無事。在這裡，可以看出溥先生的基本態度，他雖出身於滿清皇族，雖心懷一去不復返的「故國」，但在行動的實踐上，早已接受了中華民族的傳統文化，並且處處以孔孟之學的衛道者自居，他很珍惜自己名字中的這個「儒」字，一生最大願望，是想身後在孔廟的兩傍廡廊中，有他一個名位。所以對於忠奸之辨，夷夏之分，看得非常嚴格，義之所在，雖刀斧鼎鑊加身，亦不能動搖其志。

我認識溥先生是在來臺以後，初次去看他，帶了一張他在三十七年秋後游西湖煙霞洞題詩的照片，他看了很高興，當即索紙疾書，寫了下面這首詩：

孤帆浮海等飄蓬，
今日逢君離亂中；
曾向煙霞題石壁，
不才敢比碧紗籠。

他一面和我談話，一面毫不思索地在寫，不知寫些什麼，直到寫完題上款，才知是送給我的，他的墨寶是出名的難求，不料如此輕易獲得，怎不喜出望外。這詩的首句，是紀念自己逃離匪區的經過。原來溥先生也有一般詩人墨客的共同習性，喜愛游山玩水，他一向生長在北方，很少到南方走動，故在出席行憲國民大會之後，乘便游覽江南各地名勝，最後到了杭州，被三橋六竺的景色吸引住了，一住好幾個月，直到杭州淪陷，中共廣播找他，要他出來「為人民服務」，才把他嚇慌了，忽忽取道定海，乘小舟到舟山，輾轉來到臺灣，曾有「夜度沈家門」一詩以紀其事。詩曰：

遠天烟水近黃昏，
初月微明帶雨痕；
故國鄉關何處是，
片帆吹渡沈家門。

他一生沒有著過急，這次是真急了。他為什麼急於離開大陸呢？他不是害怕被殺害，相反的，倒是害怕中共像利用齊白石一樣地利用他，中共要徹底毀滅中華民族的傳統文化，這是他所不能容忍的，怎肯做他們的工具。因此，寧肯捨棄了他的祖業，捨棄了十年心血搜羅得來的許多書畫古玩和書籍，隻身來到臺灣。在這裡，他平日雖不問政治，但到緊要關頭，進退之間，是一點也不馬虎的。

四十四年，他和朱騮先、董作賓二先生同被邀往南韓講學，返程之時，獨自中途在日本滯留下來，日本是他的舊游之地，戰前曾在那裡講過學，舊友很多；同時，日人研究中國文化和書道的風氣，至今不衰，對他都很仰慕，所以一住下來每天有人請他吃，陪他玩。日本官方對他的招待，也特別殷勤，皇弟高松宮夫婦，曾去旅邸看他，安排他和天皇見面，陪他游覽日本皇宮，外交當局也指定專人和他聯繫。他是喜歡熱鬧的，在臺灣悶居幾年，到了這裡，旅遊生活如此多姿多彩，老毛病又發作了，竟忘了歸程。於是海內外的謠言蠭起：說他受了中共統戰的影響，要回大陸了；又說他出去之時本就不打算回來；還有人說日本不放他走了。然而歸根到底，謠言畢竟是謠言，他之所以遲遲不歸，理由很簡單，只是游興未盡。但這時護照的期限早過，必須去大使館申請延期簽證，大使館因奉到命令勸他早點回去，當然不敢答允他。他感到非常氣惱。外務省的聯絡員聞訊去看他，說日本可以送他一張長期居留證，歡迎他在日本長期居住，不必再理會護照的事了。這在有些人是求之不得的，然而溥先生又毫不考慮地拒絕了，他說：「我用中華民國的護照出來，還要用中國旅客的身份在此停留，謝謝你們的好意」。在這裡，他還是表現了強熱的國家觀念。

有一次，他游金山回來，在海灘上檢到許多珊瑚石，作了一篇〈海石賦〉，大意說：海邊的岩石，同樣受風雨的吹淋，和浪濤的衝擊，然而，有的歷千百年而仍保持平滑和完整，有的卻佈滿蜂窩般小孔，原因在於前者的本身堅強，無懈可擊，而後者的本身有弱點，經不起風浪的打擊。以石喻人，君子與小人之分，也是如此。君子守身有則，百邪不侵，經得起風浪的打擊，受得住時代的考驗，故能屹立不倒，如那平滑完整的岩石。小人營營苟苟，身無所守，見利忘義，淪於物慾，終致身敗名裂，如那遍體創孔的珊瑚石。溥先生在偽滿時不附逆，大陸淪陷時不靠攏，旋居日本時不忘本，故以屹立不倒的磐石自說，並借此答覆那些批評者。

（六）安貧樂道

唐六如有一首自嘲詩說：

不煉金丹不參禪，
不作商賈不為官；
閒來寫得青山賣，
不使人間造孽錢。

溥先生的生活，也類似這位明代大畫家。不逐名，不求利，更難得的是不必為五斗米折腰。這種神仙般的生活，誰不羨慕！然而問題在於「寫」的「青山」能賣得出去。溥先生的書畫是不愁銷路的，並且等於是錢。在大陸時期，他的書畫都由榮寶齋等南紙舖經理，要用錢，無論多少，隨時到榮寶齋支取，榮寶齋等於是他的「銀行」，所以從來不愁沒有錢用。到臺灣以後他的「銀行」沒有帶來，所以初期的生活很苦。某次，蔣總統問起他的生活境況，他回答得好，他說既到臺灣就是準備吃苦來的，請總統不必以他的生活為念。

他的寓所，在一個僻巷裡，汽車開不進去，沒有庭院，光線很黯，兼作會客室的畫室，只有六席之地，有兩只舊矮沙發和一張椅子，同時只能招待三位客人，再多，就沒有坐位。他的臥室，只有三蓆地。這就是這位曠代大師一住十多年的生存空間。有人說：像他這樣「地位」的人，時有外國貴賓造訪（如前韓國大使金弘一，是和溥先生時常過從的；也經常向溥先生請教書道），在這樣一間陋室裡招待這些貴賓，實在顯得寒傖，予人的觀感，也不僅是他個人的體面問題。然而他自己安之若素，在他的心目中，只要有一桌一凳和一盞枱燈，供他終日盤膝工作之用，便已足夠。此外，只要不刮風下雨，就是屋頂沒有蓋瓦，他也不會在意。

他一生積了多少錢？自己不知道；長期的生活體驗，也使他從來不關心錢，因為他只要帶著一支筆，就可走遍天下，不愁吃用。不過，有時他還是覺得錢是寶貴的，例如當他看到心愛的端硯、古玉或是古人書畫而想買的時候，就要想到錢了。有一次，看到一本趙孟頫的行書冊，愛不忍釋，對我說：如在大陸，就可向「銀行」支錢買下來，現在不行。言下不勝感喟。我們平常買東西，一分錢，一分貨；只要出得起價錢，不愁買不到好貨。然而為於藝術家的作品，這個原則就不靈驗了。人們往往出了重金，求不到他一幅精品，只有覷準機會，在他需要錢的時候去求他，才肯認真替你畫幾筆。

貧而能安，已經不容易，安而能樂，那就更難得了。溥先生初來之時，生活的出路還未打開，家中沒有傭人，買菜燒飯和灑掃雜役，都是夫人一手包辦。有一天，他偶然看到擱在露天牆角的一把破掃帚，日久雨淋陰霉的結果，上面長了一個菌，忽然動興，把它的形狀描繪下來，題了一首長詩，文曰：

海隅恒風，卑濕湫溢，帚置牆陰，生菌焉，山妻以告。昔燕太子丹烏頭白而去秦，今帚生菌矣，吾其歸歟？且帚敝如是，勞可知也，為帚之言，作為是詩：

釜在灶上鳴，帚在牆下歌；
三月不雨將無禾，繞屋採薪執斧柯。
帚兮帚兮誰所使？落葉風瓢半床水；

擁帚驅霾霾復集，麻繩斷裂茵生尾。
中書髮禿老無用，烈士墓年長如此；
為我寄言釜與鬵，好共簞瓢事君子。
田光薦客恨衰朽，廉頗據鞍徒爾為？
老驥伏櫪志千里，黃鵠垂翅中心悲。
我欲長歌將何補？烽烟滿地龍在宇；
世衰不見燕昭王，誰向金臺掃塵土？

由眼前的生活，興起懷鄉之情，這是每一個海隅寄旅者的共同心情。溥先生詩以寄慨，不失其為苦中作樂。

（七）生活趣事

一般人對溥先生的批評是：其詩書畫是好到極點，其人則怪到極點。所謂「怪」，是說他不通人情。其實，只要和他接觸較久，就能領略到他的怪，怪得可愛，怪得構成他的特殊風趣。

他的第一怪，是不能管理自己的衣食起居。吃不知饑飽，衣不知寒暖，袋裡有錢不會買東西，出了門找不到途徑回家，穿衣常扣錯鈕扣，所以他須人隨時在身邊招呼，一個人不敢出門，單獨出門，就鬧笑話，在韓國時，某次，赴一個官式宴會，到了那裡，陪他的大使館參事，發現他未穿襪子，感到非常尷尬，又不便明告他，只好把茶案移近一點，替他遮蓋。

他的第二怪，是善忘。朋友見過幾次面，同過幾次席，他依然陌生，因此常常得罪了許多人，而自己還不知道。例如他旅居杭州時，周象賢先生是杭州市市長，招待他很多次，應該是非常熟悉，然而來臺以後，有一次周先生到他的寓所造訪，他竟向周先生請教「貴姓」，弄得周先生啼笑皆非。他的唯一嗜好是抽香烟，烟癮很大，每天至少要吸五十支以上。他的吸烟，習慣要用烟嘴，可是常常掉，等到用時發現沒有了，不怪自己善丟，卻怪別人不替他多預備幾只。在日本京都旅行時，旅館的老主婦，替他縫一個小荷囊，裝上香烟、火柴和烟嘴，並親自替他繫在衣鈕上，告訴他：這樣就不會丟了，他滿口稱讚日本人真會體貼。不想第二天就把個小荷囊丟了，回到旅館見了老主婦，指指衣襟，雙手一攤，彼此哈哈大笑。他吸烟總忘記搕烟灰，所以常常烟灰掉下來燒壞了書畫，不過，他雖善忘，但有一事卻不會忘記，如果你說請他吃飯，他會牢牢記在心頭，有一次一位姓黃的官員對他說：改天請他吃飯，這位先生很忙，當時大概是隨便說的，他卻認真記下了，後來始終沒有請，他就一直稱他為「黃牛」。

他的第三怪，是好吃，食量大，吃相難看。他最喜吃螃蟹，一餐可吃三、四十隻，蟹殼堆高起來看不到坐在餐桌對面的人。魚翅可以獨盡一大碗，西餐要吃雙份。他身體很胖，又少運動，朋友勸他減食和多吃蔬菜，這是他最聽不進的。許多菜館老闆，都歡迎這位「溥老師」，因為給他們帶來好生意，但是夥計們都怕他，因為他難伺候，茶要滾燙的，汽水要冰涼的；一到就要吃，吃完就要走；菜燒得火候不到要挨罵；鹹度不對又要罵。所以他一進門，從前堂到廚房，立即緊張起來，直到把他送出大門，大家才鬆了一口氣。朋友請他到家裡吃飯，也是如此，菜豐盛了，怪你準備得太多，害他回去吃胃藥；菜少了，又怪你這點菜，怎能請客，所以太太們都害怕這位「溥老師」進門。他的吃相，真是旁若無人，喜歡的菜，擺在自己面前，旁人伸一筷，會向你瞪眼，只有等他吃夠了，才能分嘗他的餘羹，這種吃相熟朋友見怪不怪，在陌生場合，就往往傳為笑談。曾聽朱騮先先生說起，他在韓國政府的官宴上，表現過這種移盤面前，狼吞虎咽的吃相，主人都停筷欣賞，害得他和董作賓先生非常難為情。

溥先生不但自己怪，也常常碰到許多怪事。在曼谷舉行畫展時，有一華僑來訂購一幅標價最高的畫，但附有一個條件：必須溥先生到他家裡吃一頓飯，如果不肯賞光，他就不買了。他不是為欣賞溥先生的畫而買畫，而是為請畫家吃飯而買畫，這怕是自有畫展以來第一個怪主顧了！溥先生當然不會因銷畫而接受別人的條件，然而這個條件卻正是「投其所好」，所以欣然而往。那次，筵開兩桌，客人只有溥先生夫婦、高逸鴻先生和我，主人卻是祖孫四代，坐得擠擠的，老主人年已八十開外，最小的主人則在襁褓之中，這餐飯吃得非常有趣，但還摸不透主人的用意。吃完飯，主人要求攝影留念，先來一個滿堂福，然後溥先生夫婦和主人們左一張，右一張，大概拍了十多張，這時我才明白主人請客的用意了。原來他從買畫到請客，最後的目的就在照相，因為主人眼中的溥先生，既不是三絕大師，也不是什麼博士教授，而是「皇帝的哥哥」，把「皇帝的哥哥」請到家裡，這是千載難逢的機會，也是萬金難買的光榮，所以要攝影留念，傳之子子孫孫了。

溥先生有一顆石章，四邊雕有似龍非龍，似蛇非蛇的圖案，這顆小小圖章，在華僑社會中竟發生許多妙用。先是有一開中藥舖的華僑，要溥先生寫「純陽正氣凡」、「諸葛行軍散」等藥名，一算要三、五百個正楷字，這是吃力而又無聊的工作，溥先生不肯寫，道位華僑說：「老實告訴你，溥先生的字寫得怎樣好？我並不懂；我們要的不是他的字，而是他寫了字之後蓋的那顆『龍印』。」在他想來，仿單上蓋上「龍印」，藥品就可身價十倍。無獨有偶，另有一位朋友，畫買去後又來退換，原因也是畫上沒蓋那顆足以避邪的「龍印」。這種「奇遇」，只有「舊王孫」才有，不是一般藝術大師都能遭遇的。

（八）仁者不壽

溥先生身體本很健壯，年近古稀，血壓和心臟都很正常，視力也未衰退，蠅頭小楷，工筆細畫，比從前毫無遜色，而功力只有更加精進，故當張大千先生患眼疾的消息傳來，大家都為他能保持健康而慶幸。以他的精力而言，藝事方面的巔峰狀態，至少還可維持若干年，尤其是晚年剛進入創作時期，無論字或畫，都逐漸表現出自己的獨特風格，如果天假以年，使他能活到齊白石、黃賓虹那樣年紀，不知更有多少佳作留傳後世！不想一病竟告不起，對我國傳統文藝的發揚光大，真是無可比擬的損失。

前年冬天，溥先生在香港，偶感鼻塞，不以為意。返臺後，隔了一兩個月，據說一夜之間右耳後下方突然出現腫塊，不紅不痛，初用中藥敷治，未見功效，五月廿七，至中心診所求治，斷為淋巴腺癌。後二日，入榮民總醫院接受放射治療，住了兩週，因不堪燒炙之苦，返家療養。這時，溥先生自己大概已知所患的乃不治之症，但為安慰家人和親友，堅稱沒有病，只要消掉這小小腫塊，週身都是好好的。話雖說得這樣輕鬆，暗中卻忙碌起來，許多未成的作品，逐件把它完工；許多自藏及贈給夫人的畫，沒有題詩的總有上百幅，幾天內都題上詩。此後，畫是停止了，卻忙於整理文稿，謄寫詩集，這些動作，分明是在趕辦後事。農曆七月廿四，他最後一次生日，往年總是賓客盈百，這天卻逢葛樂禮颱風過境，他已不能出門，所以叫了一桌菜在他家裡替他祝壽，除家人外，來賓只有李嘉猷、方震五兩兄和筆者三人，溥先生說話已失聲，嚥食物也很困難，他在席間只伸了三個指頭，表示這次生日只有三個客人，終席沒有說一句話，這餐飯大家吃得很難過。後來病情日益沉重，痛苦得不能安枕，但他猶強自鎮定，竭力不發出呻吟之聲。在那段痛苦時間，我看他有著矛盾心理，一面希望朋友常去看他，藉以調劑家中那種冷靜憂鬱的氣氛；一面又不願朋友看到他的痛苦神情。朋友對他也有著同樣的矛盾心理：一面覺得見面一次少一次，應該多去看他；一面又感到見面後無言可慰，所以怕去看他。

十月廿九日，是他死前的二十天託人帶了一個便條給我，這時他已不能說話，一切言語都用筆代替，而手腕也已不靈便，所以字跡也走了樣，非常難認，便條這樣說：「請章伯伯轉達萬先生，關於印詩事，須要再取回校對一次，以免萬一有錯字。聲帶不受浮腫壓迫，即能漸漸回復音響。」他最後的日子，念念不忘的就是急於把病中趕起來的詩文集，影印出版。幸好他的散文集《華林雲葉》，已經發行，印刷裝訂，他都很滿意。至於詩集，未能目睹問世，泉下有知，難免遺憾！便條的最後兩句，說他自己的病情，看來仍很輕鬆，表露了強烈的求生慾望。是的，他不願死，他還可寫出許多不朽之作，流傳於後世，可是蒼天不佑，竟奪去了他的生命，真是中國藝壇無比的損失。

附錄：溥傑與浩子一段政治性婚姻經過

思瑤

人們對於愛新覺羅慧生在日本之殉情慘事，多嘆息為滿清皇室裔苗的最後一幕悲劇！慧生固然香消玉殞了，但她的父親溥傑和母親嵯峨浩子那段政治性婚姻經過，外間尚少人知。溥傑為什麼要和日本貴族聯姻？當時是誰出的主意？而溥儀對這頭親事又為什麼不放心？本文對以上各點，皆有詳盡敘述。——雜誌編者

道光皇帝四代女孫

遜清宣統皇帝溥浩然（儀）的嫡親姪女愛新覺羅慧生，因為婚姻不遂，於一九五七年十二月初，在日本靜岡縣，與愛人大久保武道，雙雙飲彈殉情。這齣哀感頑艷的殉情悲劇，曾博得日本和香港等地多情人的熱淚；美國銷行甚廣的《時代週刊》，亦予以專文報導。香港《天文台報》，更

由其駐東京的特約撰述麥佐仁先生，將此一殉情的經過詳情，寫成專稿，源源本本地報導出來，極獲讀者歡迎。足徵這段愛情悲劇的受人重視了。

愛新覺羅慧生，確是不折不扣的天潢貴胄、金枝玉葉。她是清宣宗道光皇帝的第四代孫女。她的曾祖父是醇賢親王奕譞（文宗咸豐帝的弟弟，德宗光緒帝的本生父）；曾祖母是慈禧太后的妹妹。他的祖父是清末攝政王載灃。伯祖父是光緒皇帝；伯父是宣統皇帝。她的父親是溥傑。現在我將她的直屬世系，列一簡表於本頁左角，以清眉目：

清宣宗道光帝——醇賢親王奕譞

　　├德宗光緒帝載湉——宣統帝溥儀

　　└醇親王載灃——溥傑——愛新覺羅慧生

載灃生有十幾個子女，最大的兒子就是溥儀。光緒帝崩後，即由慈禧太后作主，命溥儀繼承皇位。載灃的第二子，就是慧生的父親溥傑。

溥傑改名清水次雄

溥傑字俊之，取了一個英文名叫威廉（溥儀英文名亨利）。能故詩（高明與否，不得而知），也會寫幾筆畫。民國十八年（一九二九），當時溥儀寄寓天津，命二弟溥傑和溥儀的妻弟潤麒，東渡扶桑去留學，為了避人耳目計，二人分別變姓名為金秉藩和郭繼英。後來兩人又改用日本姓名，溥傑改名為清水次雄，潤麒改為清水武雄。

溥傑在日本陸軍士官學校畢業後，溥儀的偽滿洲國，已袍笏登場，於是便返「國」，以中校官階服務。依據偽滿的「帝位繼承法」，如果溥儀死後無子，帝位即由溥傑承繼。溥儀迄今猶無子女，恐怕以後也不會有了。倘若偽滿不倒台的話，慧生的父親溥傑，大有可能成為第二任「皇帝」。溥傑倘若也無兒子的話，慧生即順理成章地繼任大位。

【按：「帝位繼承人」係於偽康德四年（民國廿六年，公元一九三七年）三月一日公佈。內第五條規定：「帝之子孫不在時，傳於其兄弟及其子孫。」】

溥傑初娶唐石霞為妻。石霞字怡瑩，是光緒帝瑾妃和珍妃的姪女。能詩工畫，不愧金閨國士之稱。可惜兩人感情不洽，終於離異。石霞現寓香港，偶為電台播講北平風光及清宮掌故，甚獲聽眾好評，近且尤為本刊撰稿。

日人撮合別具用心

偽康德四年（民國廿六年，溥儀的「帝室御用掛」（負責溥儀與關東軍間之聯絡）吉岡安直少將，秉承當時日本關東軍總司令兼駐偽滿大使本莊繁大將的意旨，竭力慫恿溥傑和日本貴族聯姻。

拉攏說合嵯峨實勝侯爵的孫女浩子，嫁給溥傑。結果在是年二月十八日訂婚，三月三日結婚。

這段婚姻是有政治性的，本莊繁、吉岡安直等的竭力拉攏，實在是別具用心。所以溥儀很擔心他的弟弟，在婚後會受制於其日籍妻子，據溥傑上溥傑稟函中云：「我君諭示云云，對傑實可謂對症下藥，謹當銘心識之，決不願再蹈太阿倒持之覆轍也。幸浩子為人……顯明大義。當言及我君時，輒肅然正襟；當瞻拜御容，輒立起瞻仰。即對莉莉（按：溥儀的三妹，閨名韞穎，又名莉莉，嫁與潤麒），亦有禮有情。如莉莉穿鞋時，立將鞋把子遞過。諸事皆怡聲請教，總自懼有失我國之禮等。……每事必請示於傑，得允許，始行之。又如上次見時，談笑頗暢，次日即來函告罪言：昨夕因過於愉快，致騷笑過度，務請勿怪，此後當作淑靜態度，再不敢如此輕浮也云云……。」

浩子婚後極盡恭順

這封信是在他們訂婚之後，結婚之前寫的。溥傑對嵯峨浩子的描述，有無誇張，不可得知。但依照日本女人「以順為正」的性格，再加上她出身侯門，大致是可信的。

結婚後，浩子也頗能勤儉持家，溥傑又有一信上溥儀云：「浩對於家中諸事，事無巨細，皆親自操作，甚至蓬首敝衣，收拾一切。傑不在家時，自以簡單食物果腹。傑歸時，將樽節之餘，豐饌為餉，誠傑有生以來，初次嘗到此種家庭之幸福也。」言下頗自得意。

溥傑和浩子的結婚，是在東京軍人會館舉行的，溥儀特派偽滿宮內府大臣熙洽，代表主持婚禮。溥傑當時尚在讀書，故於婚後四五日，即照常入校學習。

婚後，浩子也曾上稟溥儀云：「浩自此次與溥傑訂婚以來，即立志為滿洲帝國之人。雖言語禮節，尚未熟諳，矢當努力從事練習。三日結婚時拜聽御賜數語，不覺感激涕零，此後更當努力奮勉，決不敢稍違聖諭所期也。」

其後，浩子更有一函上溥儀。因溥儀曾函索她家庭生活照片，故浩子函云：「各種家庭之照片等，候洗出當早日進呈。惟因僻居鄉間，無照像館之故，較諸東京，實不可同日而語也。」（按：溥傑與浩子結婚後，遷往稻毛居住。）

痛失愛女溥傑何堪

信內又述及她們鄉居的生活：「即魚肉等物，亦無可購求，實不便也。不過面海之故，風景頗佳。有時同傑赴山中採仙蘑，更有時至海濱拾蛤類。星期之日，亦殊可樂。現蒐集奇異貝殼多種，不日可裝璜成匣，當即日付郵，恭呈御覽也。」（按：溥儀性情好怪、好玩，常與弟妹等寫作怪信，喜拍怪像片，喜蒐羅小巧希奇之物。浩子蒐集貝殼進呈，亦係知其性情，投其所好也。）

溥儀的個佳，尚不失篤厚一路。在偽滿洲國時，身為傀儡，無事可為，心情不免憂鬱，又與「皇后」不睦，故對手足間的情分，益見篤厚。常與在日本的弟弟溥傑；三妹韞穎及妹夫潤麒（本為其妻弟）等通信，互相笑謔，聊以寄興。自嵯峨浩子嫁給溥傑後，也時時和溥儀函札往來。

溥傑在陸軍士官學校卒業後，即返「國」供職。浩子也隨同前去。據知他們一共生了兩個女兒。最近殉情而死的慧生，是在長春（偽滿時稱為新京的）出世，時為民國廿七年（偽康德五年，公元一九三八年）二月廿六日，是溥傑和浩子的第一個女兒。

民國卅四年八月，溥儀被俘，溥傑一家也作了階下囚。後來浩子被釋，攜同女兒回日本居住，溥傑則仍被繫。十幾年磨折生活已自不堪，倘再聞愛女慘死之訊，當不知悲痛何如也。

溥儀姪女在日本殉情記往

朱顏

遜清宣統皇帝（亦即偽滿「皇帝」）溥儀之姪女愛新覺羅慧生，於一九五七年十二月在日本與愛人大久保同時飲彈殉情。由於女主角身份特殊，當時消息傳出，不祇日本舉國震動，即美國銷數極廣之《時代週刊》亦加以專題報導，若干人且以「現代羅密歐與朱麗葉」稱之。此一段殉情事件經過，雖已事隔二十餘年，但曲折動人之內容，知者無多，爰將手頭資料，整理成篇，投刊《春秋》。

發現了一雙殉情的男女

一九五七年十二月初，日本靜岡縣的消防人員奉命出發縣內深山大嶺，搜索一雙失蹤了的青年男女的蹤跡。結果，他們在天城山的連峯一隅，發現了失蹤男女的遺屍，她和他都是受了槍傷而死的。兩人被發現時，斃命已越六日七夜，從遺屍看，女的是先給男的打死，接著男的也就開槍殉情。

男屍的右手還緊握著閃亮的黑色手槍。

在發現屍體的旁邊，是一株已有樹齡二十年的大梅，樹腳下，有一包小東西，打開一看，是五六根女人的長頭髮，和一小撮男人的短頭髮，結纏在一起；明顯地，這是一種標記，說明死者為了結髮之願不能達成而殉情，這是一幕罕有而離奇的愛情悲劇。

屍體旁的遺物有如下列：女子的手提包裡，有英文本《思想自由的歷史》、《自由思想的誕生》，及國語史的抄本一冊，此外是三枝口紅，一個圓形粉盒。你可以想像得到，這是一個女大學生上學時通常攜帶的東西。

男子的遺物：手皮包有六月十五日至十二月四日的日記，從內文看，殉情的決心早在六月十五日便醞釀了。

這兩個殉情者：男的名大久保武道，是日本南部鐵路的高級職員大久保彌三郎的兒子；女的名愛新覺羅慧生，是遜清有名的西太后的曾孫女，偽滿皇帝溥儀的姪女，她的父親是溥儀之弟，名叫溥傑。

慧生大久保是同級同學

慧生是溥傑的日籍太太所生，這位太太是日本前貴族嵯峨侯爵的長女浩子。慧生出生於一九三七年的長春，大概在兩歲的時侯，便送到外祖母家養育。日本投降時，溥傑及浩子都被中共所俘，溥傑為了溥儀的連帶關係，被中共扣留了一段頗長時期；其妻浩子則在一九四五年底被釋放，一九四六年遣送返日本，此後便與慧生相依為命，一同住在嵯峨侯爵的橫濱私邸。

慧生自幼一直在日本貴族就讀的「學習院」唸書，一九五七年昇入大學，艷名早已傳遍校內，讀書、跳舞、歌唱她都擅長，大概因為她有「高貴的血統」（據說在系統上，她是有可能做皇位繼承人的，如果偽滿皇朝不倒的話），家教十分嚴格，每天晚上規定在八時以前要回到家門，據說有一次因為過了時，便受到家庭嚴厲的叱責。

慧生認識大久保，始於一九五七年四月，由於他們兩人同級及同時上課，大久保迅速被慧生的秀外慧中所吸引，他曾對同學們說過：「慧生是我生平看見的最好的女孩子。」兩人實際開始私人往還則始於一九五七年六七月間，同學們對於兩人的特深交誼已充分知道，可是大家都很喜歡他們來往得更密。

迫使慧生和大久保絕交

一九五七年九月，大久保正式向大學宿舍的校監穗積透露他和慧生「相處得很好」，可是過了幾天，穗積召見慧生，忠告她說：「大久保這個男子，表面看來相當誠實，但言行是否一致，還是一個疑問，這個人是有一種眼光短狹的短處的，你可以跟他作朋友，但是談到婚姻問題，便需要小心，假如時間證明他確是一個靠得住的人，我將完全支持你們的婚事，即使有旁人反對也在所不計。」慧生非常感激校監的忠告，當時曾答應：「我將充分瞭解他的優點和劣點，再作判斷。」

此後，大久保曾兩三次到慧生的家探訪。一九五七年六月某日，慧生患病在家，大久保竟然未經通傳，逕入慧生的房間，在病床之前坐了一整天。這使慧生的家人非常不滿，他們到底是「侯爵門第」呢！

於是，家人以「交際對象不合身份」為理由，迫使慧生向大久保寫了一通絕交信。

自然嘛，寫絕交信是一件事，照常往還又是一件事，兩人往還更密卻是必然的發展。

有人認為，這兩個男女對於「家庭的反抗」缺乏分析性的觀念，他們從不好好地分析自己的家庭背景，卻謬然走進歧途。

思想太進步儲蓄為死亡

原來大久保的父親是納妾的，大久保本人卻是嫡出，不過他常常因為父親的婚姻不純潔而大嘆「自己的血不夠純潔」，因此在思想方面，他似乎是相當「左傾」的，他讀《毛澤東選集》，讀史沫特萊著的《朱德》，讀《英國勞工運動史》，並且也勸慧生讀這些書。因為他的父親過去是個極右份子，大久保故示左傾，也許是心理上對父親的一種「報復」。

在慧生來說，她也常常嘆息自己的身世，因為她的母親和溥傑的結合，完全是一種「政略的結婚」（日人為併我東北，不惜以日本血統滲入偽滿皇朝）。慧生常常對人表示她不喜歡那樣的結婚。

試想，這兩個人的思想如此「進步」，遭遇如此接近，怎會對生命發生了疑問？對生命的價值那樣視如敝屣？

這是一種青年人的孤獨感所使然？有人這麼推測。假如是，那麼，孤獨感就是謀殺這一雙年輕男女的兇手？

有人說，這一雙青年男女，不管有多大原因，也是不足以構成雙雙殉情的，心理學家事後的分析，則認為這是青年人一遇戀愛稍見阻力，即不理一切，但求「雙宿雙棲」，擺脫任何第三者的心理作祟。

且說，兩個人在一九五七年六月，突然相約開始儲蓄。據說大久保每月在學校裡花一千八百元（按當時幣值，約合港幣三十元之譜）便足，可是他家庭環境不錯，每月匯給他一萬三千元；同時，大久保在課餘之暇又替一些高中學生補習數學，這方面當然也有些收入。他把所有省下來的錢，都放在附近一間郵政局裡儲蓄（按：日本全國各郵局均舉辦小額儲蓄）。

朋友們都以為這是他們一種儲款結婚的作法，卻沒有想到是拿來充當「死亡旅費」的。

到靜岡縣天城山去旅行

在一九五七年開始儲蓄的時候，慧生曾對人說及最近曾收到父親溥傑來信，提到「不久將來我們就可以住在一起了」。但慧生向人表示：她無意到中共大陸去。究竟那封信是溥傑叫她到中國去？還是意味著他和溥儀等一班人即將獲得自由，那就不得而知。

其次的問題是大久保從那裡弄到一隻手槍？那是一隻日本陸軍慣常使用的武器，相信是從大久保家裡帶來的。大久保的父親戰時曾擔任軍職，到中國大陸及華北東北一帶做過事，他有一隻手槍，不是奇事。但奇怪的是大久保在好幾個月前把手槍交給了慧生，慧生卻不敢放在自己家裡，便用一塊布包袱把手槍裹好，托給一個女朋友保管。這女朋友只覺得那包東西很重，但絕不想到是手槍呢！事後有人說，如果這個女朋友是男性，他一定會覺察包袱裡的物體是手槍了。

由這件事看來，可以看出慧生事前是知道雙雙殉情這回事的，這是兩個人有計劃的共同籌備。

一九五七年十一月底，也就是殉情事件發生前半個月，大久保到處向人借閱地圖，當時因為文學院的學生很喜歡到靜岡縣的天城山一帶作「文學訪問旅行」，大久保在地圖上找了許久，終於也找到天城山。並即決定在十二月初旬出發。他對同學們說：「我將與慧生偕行。」

慧生也對人說：「這次旅行全出自願，他沒有脅迫我。」

兩人並未發生肉體關係

一九五七年十二月初旬某日的早上，這一雙滿臉春風、喜氣洋溢的男女，往東京搭車向溫泉勝地的熱海進發。

從東京到熱海，車行約兩小時，他們下車後，在車站前徘徊，喚了一輛的士。

他們要去的地方離熱海很遠，算起來車費很不少，的士司機說：「你們坐巴士吧，的士是不很合算的。」

對於這談笑自若的一雙青年男女，的士司機的心裡非常羨慕，「大概他們是到熱海渡蜜月的吧，行李也許都放在旅館了。」是的，他們手上沒有攜帶什麼笨重的東西，看來像是旅行去的人。從熱海到天城山很遠，汽車要走幾小時。其間迂迴曲折，他們要走這條路，汽車司機也覺得奇怪，只是人家有錢付帳，不便過問。

這地方是人跡罕到的，只有喜歡特殊旅行節目的人才會來這裡。

他倆下車後，直往山裡走，大概步行一小時半以上，才能到達殉情的地方。

沒有人能確實知道他倆殉情的時間是幾時幾分。但是，在想像中，他倆在那兒曾「盤桓」頗久，也許曾擁抱、曾接吻；但，他們是保持了清白的，從事後的屍檢驗體中，知道兩人未嘗發生肉體關係。

在殉情之前，慧生剪下了幾根秀髮，接著大久保也剪了一撮短髮。接著，兩人又剪下了指甲。這些東西用白紙包好，放在大樹下，用樹葉掩蓋著。這是一種「預防措施」，希望在屍體不能合葬時，他們的頭髮和指甲先行合葬。

慧生家人堅決拒絕合葬

殉情的經過可能是這樣的：大久保先用一條白手帕蓋著慧生的臉，然後，他摟抱著她，拔出手槍上了膛。

第一發，不響，再發第二響，慧生的腰部中槍，當堂氣絕。接著，大久保實行殉情，統計一共發了四彈。

×　×　×

屍體是六夜七日之後才被發現的，死者的家人在山下守候的唯一最後希望——他們仍然生存——斷絕了。

火葬禮在靜岡縣一個火葬場舉行，兩人的同學在校監的領導下，從東京打長途電話給死者家屬，請求讓他倆合葬；但是慧生的家屬拒絕了這個要求；倒是他們把倆人在樹下遺留的一包指甲（大概也是男女均有）帶到橫濱的侯爵府去，舉行了一次追悼。

這一幕震動一時的殉情案就此結束，他留給了專家們一個新的課題。也是一個待揭的謎，究竟除了尋死之外，他們還能有更好的方法麼？

嵯峨浩對溥傑情深一往

遼東舊侶

朱顏先生所撰〈溥儀姪女在日本殉情記往〉一文，讀後感慨滋深。筆者籍隸遼寧，半世紀來，飽經離亂，對偽滿傀儡溥傑、尤其對所謂「皇帝」溥傑當年與日貴族嵯峨浩一段「邪惡」姻緣，耳聞目見，所知頗多，夏窗無俚，舊事縈懷，特草成〈嵯峨浩對溥傑情深一往〉（兼及慧生殉情若干資料）一文。

從偽滿帝位繼承法說起

溥儀在偽滿洲國，雖然一個、兩個、三個的納妃，但始終生育不出一個子女來，這樣才促使日人積極促成他的弟弟溥傑和日本貴族聯姻。日本為什麼一定要促成這段姻緣呢？原來依據偽滿洲國的「帝位繼承法」，如果溥儀死後無子，帝位就由皇弟溥傑繼承；日本既然無法迫溥儀娶日女，於是作一個長遠打算，明知溥儀不能生男育女，將來帝位只有由溥傑繼承，於是便在溥傑身上打主意了。

偽滿「帝泣繼承人」的法令係於一九三七年（康德四年）三月一日公佈，內第五條規定：「皇帝之子孫不在時，傳於其兄弟及其子孫。」

溥儀是載灃的長子，承祧光緒；溥傑是載灃的次子，所以在偽滿皇位繼承法上，溥儀無子，就可由溥傑承繼。

溥傑字俊之，和他哥哥一樣，亦有一個英文名，叫做威廉（溥儀叫亨利），能作舊詩，也會幾筆書畫。一九二九年溥儀住在天津時，派溥傑和妻弟潤麒東渡日本留學，當時不敢太公開，為避人耳目，二人都改中文名，溥傑改名金秉藩，潤麒改名郭繼英，都是溥儀替他們取的。後來兩人又改用日本姓名，溥傑叫清水次雄，潤麒叫清水武雄。

溥傑十四歲的自傳

溥傑十四歲入宮伴讀（當時溥儀尚住在紫禁城內），在他伴讀前後，他自己在他的自傳裡這樣寫著：

「我到二十歲離開北京為止，我的家庭一直是一個擁有房屋數百間、花園一大座、僕役七、八十名的『王府』。家中一直使用宣統年號，逢年過節還公然穿戴清朝袍褂，帶著護衛、聽差大搖大擺地走在街上。平日家庭往來無白丁，不是清朝遺老就是民國新貴……

「四歲斷乳，一直到十七歲，每天早晨一醒來，老媽子給我穿衣服，自己一動也不動，連洗腳剪指甲自己也不幹，倘若自己拿起剪刀，老媽子便大呼大叫，怕我剪了肉。平時由老媽子帶著，不許跑，不許爬高，不許出大門，不給吃魚，怕魚骨卡嗓子，不給……

「八歲開讀，塾師是陳寶琛介紹的一位貢生，姓趙，自稱是宋太祖的嫡系後裔，工褚字。老師常聲淚俱下地講三綱五常，大義名分。我十三、四歲時，老師開始罵民國，稱革命黨人『無父無君』。說中國除非『定於一』才有效，軍閥混戰是由於群龍無首。激發我『恢復祖業』，以天下為己任的志氣！

「『英國滅了印度，印度王侯至今世襲不斷；日本呑併朝鮮，李王一家現在也仍是殿下……』父親常和我這樣嘮叨。

「母親死前對我說：『你長大後好好幫助你哥哥，無論如何不可忘記你是愛新覺羅的子孫，這樣你才對得起我……』

「時常聽說滿族到處受排斥，皇族改姓金，瓜爾佳氏改姓關，不然就找不到職業。聽到這些，心中充滿了仇恨。

「十四五歲時，祖母和父親叫我把私蓄幾千元存到銀行吃息錢，自己研究結果，還是送外國銀行好，雖然利息太低，可是保險。

「十四歲起，入宮伴讀。……」

嵯峨浩為貴族家世顯赫

溥傑比溥儀小一歲，對一般社會知識比溥儀要豐富，這當然由於他能在外面活動，能接觸較多的人的原故。

溥傑的元配夫人名叫唐石霞，是光緒帝瑾妃和珍妃的姪女，貌娟好，能詩畫，但兩人感情不洽，終告仳離。唐石霞女士以後旅居香港數十年，偶為電臺播講清宮掌故，大有白頭宮女說天寶遺事之概。

由於日皇侍從長——即關東軍司令本莊繁大將的撮合，以及吉岡安直的奔走，溥傑和日貴族嵯峨浩終於在一九三七年三月六日訂婚，四月三日結婚。當時溥儀所最怕的，是這段政治婚烟，給偽滿皇族會帶來許多不幸，溥儀何嘗不知道日人別具用心，亦知道自己不能生育，若按照皇位繼承法，溥傑和溥儀的子女都是合法的偽滿皇位繼承人。

嵯峨浩的家世在日本也非常顯赫，他的父親是侯爵嵯峨實勝，母親尚子，祖母南加子和明治天皇的生母是親姊妹，所以和日本宮廷關係極深。這個家族在日本公卿裡，僅次於貴族五攝家和貴族九清華家。

嵯峨浩唸書時也是和其他貴族一樣，在日本學習院就讀，這是日本的貴族學校，分為前期、中期、後期、和高等科，嵯峨浩唸高等科時只有廿幾個同學，班級命名為如蘭會，全班學生把頭髮梳成髻，穿著流行的和服和裙子。這班上有竹田公主、地白川公主、以及朝鮮的德惠公主。學習院的高等科等於是新娘預備所，大家快樂的上學，熱心唸書，可是隨時都有同學結婚。這時候嵯峨浩課餘又學習書法、西畫、插花和鋼琴。廿三歲她畢業了，家人都為嵯峨浩的婚事而操心，可是她卻不在乎，專心於油畫。

異國姻緣乃由軍方內定

突然在昭和十一年十一月的一個傍晚，「滿洲建國之父」——日本天皇的侍從武官長本莊繁大將突然到東京赤坂區冰川町十號嵯峨家訪問，告訴嵯峨家說：軍方已內定嵯峨浩小姐為「滿洲國皇弟」溥傑的王妃。

這使嵯峨家手足無措，下嫁「滿洲」，多少有委屈的感覺，因為當時日本人自認是世界最優秀民族，可是軍方的帽子太大：一是加強和混合「日滿血統」；二是偽滿皇帝無後，依照皇位繼承法，溥傑的子女有繼承權。換句話說，就是移花接木，由日本皇族的後裔來統治「滿洲國」。

在這兩個大帽子下面，嵯峨家族很難反對這個婚姻，幸而雙方會親時，所有嵯峨家的人對溥傑的印象都很好，會親的那一天，溥傑穿著全套軍服，由本莊大將夫婦和吉岡中校（當時還是中校）陪同；女方相親的是嵯峨浩和她的父母、外祖父、舅父母，以及中山侯爵的母親。是日嵯峨浩穿著粉紅繡花的和服，美艷動人。

他們的婚禮，日期由日本陸軍省制定為昭和十二年四月三日，典禮在東京麴町區軍人會館，儀式則為日本式，新房設在帝國飯店，蜜月旅行到川奈去。日本軍方不知是什麼意思，不准其他皇族參加典禮，並限定參加人數為五百名以內。

婚後嵯峨浩感覺一切都很滿意，就是不滿日本軍方的橫加干涉。尤其當她回「滿洲」後親眼目睹關東軍的專橫凶惡，騎在中國人民頭上，就連嵯峨浩也常被侮辱，使得這位王妃對關東軍的痛恨憎惡無以復加。

只想做畫家並不想結婚

溥儀最初對這位弟婦略有戒心，認為她是一個間諜！可是逐漸的了解她是一位純粹日本貴族婦女，有優良的日本婦德，所以相處得便很融洽。

嵯峨浩在她的日記中，曾詳記她訂婚結婚的經過，日記內容如下：

「我畢業高等科以後，專心油畫，一直住在上大崎的濱口邸，我那時已二十三歲，也應該結婚了。每天安逸地還冒充畫家，以油彩塗遍上衣；但是父母和三舅已經替我選擇對象了。我對結婚不太關心，每次家裡的人給我看照片的時侯，我總是說『太早』。現在想起來很可笑，但是我當時認真地想做一個畫家，所以和滿洲『皇』弟溥傑談親事這個消息，對我真如晴天霹靂！那一天的情形我還記得清清楚楚：——

「那是昭和十一年十一月的一個傍晚，我那晚預定和舅母去歌舞伎座看戲劇的。我們準備請住在赤坂的母親也一同去看。我和舅母坐車到赤坂區冰川町十號的嵯峨家去接母親，覺得家裡的情形有一點不對，不像平常，好像有些不安靜的情緒。『也許有什麼事情發生了！』我最初這麼想，但想不出什麼來。

「母親說剛剛本莊繁陸軍上將來說，已經內定嵯峨家的浩小姐為『滿洲國皇弟』溥傑的王妃，為了決定看親的日子，關東軍的吉岡中校馬上回東京來。

「坦白地說，我找不出適當的言語來表達我當時那一種驚駭、躊躇和忿怒的感情。我和舅母兩人也忘了歌舞伎，受了騙似的又回到濱口邸。可能母親已經打電話告訴過外祖母，她匆匆出來接我們，一開口就抱怨說：『浩！何必嫁到那麼遠的地方去？』我又吃了一驚，因為我連看親都還沒有答應呢。

見到溥傑大家都喜歡他

「濱口邸忽然被混亂所籠罩，這像天上掉下來的親事，軍部多事的『內定』。大家議論紛紛地討論著，父母親也來參加這個對策會議，那晚亂極了。我也想不出什麼辦法，自己以為很大了，其實只是一個一點也不懂世事的貴族小姐而已。態度最強硬的外祖母，她好像以為明天我就會被搶走似的。她抱著我的肩膀流著眼淚說：『浩，妳不會丟下我吧！妳不會和中國人結婚吧？』——不過這門親事是有計劃的，使我非接受不可，事情的發端當然在關東軍。

「溥傑為『滿洲國皇帝』溥儀唯一的胞弟，也就是清朝的直系愛新覺羅家的兩個嗣子。

「溥儀在關東軍的擺佈下就位『滿洲國』『皇帝』。溥儀雖然有秋鴻『皇后』和『他他拉貴人』等側室，不過一直不曾生育繼承皇位的嗣子。關東軍想在溥傑身上動腦筋，他們想辦法讓溥傑娶日本皇族的王女，由這段婚姻來強化『日滿一體』，這是一種軍人的單純想法。

「我母親做夢也沒想到自己的女兒會被選中，結果我們只好放棄一切，只希望溥傑是一位可尊敬的人了。

「母親拿著登在雜誌上的溥傑的相片去看相，後來我們都當作笑柄；但是當時母親是極認真的。舅父也為我找陸軍士官學校的同學（因溥傑就讀於士官學校），探聽他的性格和為人等。由於本莊上將嚴厲地命令『還沒有決定以前決不能讓消息傳出去』，因此我們不能和住在杉並區和田本町（東京街名）的祖父嵯峨么勝侯爵或親友們商量。當初認為是天災的這門親事，到後來也慢慢地使我安心了。這就是因為由調查的結果，覺得溥傑不但是頭腦清晰、並且是個很會體貼部下，人格高尚，找不出什麼缺點的人，從開始就反對這門親事的外祖母，一看到他也就喜歡。

婚後在千葉縣租屋而居

「看親的日子決定了，地點是品川區上大崎中丸的濱口邸。男方出席的有溥傑、本庄繁大將夫婦和『滿洲國』宮內府事務官吉岡中校。我們這邊是我的父母、外祖母和舅父母、我、以及中山侯爵的母親。看親以晚宴的形式秘密舉行，男方都是嚴肅的軍服。我當天穿粉紅繡花的和服進入『路易室』，溥傑和本庄上將不太講話，只有吉岡中校在講述他回國時在飛機上吃皇太后賜與的糖果，一吃才知道都是泡泡糖，或到濱口邸時在門口大理石上滑了一腳……等等來解開沉悶的氣氛。用完晚餐，退到別室的本庄繁大將說：『溥傑外很滿意嵯峨小姐，你們怎麼樣？』我們沒有答覆，但是大家看上了溥傑，喜歡他這個春風似的人物，所以贊成的意見佔多數。決定以後，大家就商量如何防止新聞外洩的方法。

「四月二日晚，我就覺得心裡很沉悶，從明天起，就得離開家和外婆家的親人，而一個人靠溥傑生活了。我覺得非常孤獨，非常不安。告別晚餐後，我對家人感謝多年的教養，同時不停地流淚，雖然很早就上床，但是一直睡不著——。

「四月三日是我們的吉日，我們在神前舉行日本式的結婚典禮，然後開始宴會，那晚我們住在帝國飯店。第二天到川奈去旅行，一星期後才回來。

「溥傑繼續要上步兵學校，所以我們在千葉縣的稻毛地方租屋而居。房子在離稻毛車站不到五分鐘的小丘山。在走廊上可以眺望袖浦一帶的風景。」

他倆呈給溥儀的幾封信

嵯峨浩由於出身日本貴族家庭，受到的日本舊禮教培育，所以完全是一個舊式日本女性，恪守婦道，對丈夫和丈夫的家族都很恭順，這可以從下面幾封信中得到證明：

一封信是溥傑和嵯峨浩訂婚前所寫給溥儀的：「我君諭示，對傑實可謂對症下藥，謹當銘心識之，決不願再蹈太阿倒持之覆轍也。幸嵯峨浩為人深明大義，當言及我君時，輒肅然正襟；當瞻拜御容時，輒立起瞻仰。即對莉莉（按：指溥儀三妹，嫁與潤麟），亦有禮有情，如莉莉穿鞋時，立將鞋把子遞過。諸事皆怡聲請教，總懼有失我國之禮等。……每事必請示於傑，得允許始行之。又如上次相見時，談笑頗暢，次日即來函告罪，言昨夕因過於愉快，致騷笑過度，務請勿怪；此後當淑靜態度，再不敢如此輕浮也云云……。」

倆人結婚後，嵯峨浩頗能勤儉持家，溥傑給溥儀的信也提到：「嵯峨浩對於家中諸事，事無巨細，皆親自操作，甚至蓬首敝衣，收拾一切。傑不在家時，自以簡單食物裹腹；傑歸時，將樽節之餘豐饌為餉，誠傑有生以來，初次嘗到此種家庭之幸福也。」

嵯峨浩也曾上稟給她的夫兄溥儀：「浩自此次與溥傑訂婚以來，即立志為滿洲帝國之人。雖言語禮節尚未熟諳，矢當努力從事練習。四月三日結婚時拜聽御賜數語，不覺感激涕零，此後更當努力奮勉，決不敢稍違聖諭所期也。」

後來溥儀賜函浩子，索取她家庭生活照片，浩又上一函：「各種家庭之照片等，候洗出當早日進呈。惟因僻居鄉間（按：他們婚後遷稻尾居住），無照像館之故，較諸東京，實不可同日而語也。……即魚肉等物，亦無可購求，實不便也。不過面海之故，風景頗佳。有時同傑赴山中採仙露，更有時至海濱拾蛤類，星期之日亦殊可樂。現蒐集異奇貝殼多種，不日可裝璜成匣，當即日付郵，恭呈御覽也。」

溥儀為人尚篤厚，在偽滿雖貴為『皇帝』，但無事可為，心情自然不免憂鬱，又與皇后不睦，故對兄弟姊妹手足情分甚篤。他平素常與弟妹寫作怪信，常拍攝怪照片，蒐集小巧稀奇的物件。嵯峨浩欲以貝殼進呈，亦係投兄皇所好也。

滿洲皇帝退位黯然收場

當嵯峨浩在偽滿政權崩潰，日本投降，東北戰亂後，歷盡千辛萬苦，經華北和華中而被遣返日本時，她的經過是充滿了傳奇而又危險萬分。可是她畢竟還是一個幸運的王妃，她能在那混亂的時候，回到她的祖國。所以當她抵達日本後，偽滿最後的變亂，皇族們如何逃亡，逃亡後的遭遇等，才得很真實的透露了出來。

原來，當俄軍突然向偽滿進攻後，當時關東軍已毫無抵抗能力，主要將領的家族全數撤退回國，司令部也撤退至朝鮮國境通化，因此偽滿也倉促決定遷都通化附近的大栗子溝。大栗子溝是長白山脈和鴨綠江中間的一個小村落，這兒車站一公里的地方，有東邊道開發股份有限公司的大栗子礦業所，所長的住宅暫時定為臨時宮殿，其他偽滿皇族則分住附近的職員住宅。

在這兒聽到日本投降的廣播，於是偽滿總理張景惠召開緊急的國務會議，宣佈「滿洲國」解體和「皇帝」退位，退位儀式簡單而隆重，由溥儀宣讀退位詔書，然後和參加典禮的各大臣一一握手，黯然收場。

以後溥儀、溥傑、潤麒等先飛瀋陽，準備轉飛日本，遂在瀋陽機場被俄軍所俘，俄軍將他兩人掠去俄境，剩下來的「皇族」（包括嵯峨浩及其次女　生在內），仍留在大栗子溝，好像被人忘記了似的。

一個月後，東北遍處是動亂，秩序不寧靜，到處有暴徒四出搶掠，尤其洗劫日本人。這期間真是風聲鶴唳，一夕數驚。有一次俄軍正在搜查偽滿皇族，結果被一群囚犯出而迎擊，原來囚犯們聽說，偽滿皇后在這兒，所以前來保駕。有一天突然有一個俄國兵出現，要見「皇后」，不待通知便硬闖進去，「皇族」們大家認為，這次一定會被俄軍帶走，可能押往俄境，怎知這俄國兵卻志在搜括，結果搜去了五萬塊錢，便歡天喜地的走了。

由於大栗子溝目標顯著，於是大家商定遷去臨江暫住。不幸俄軍亦跟蹤進駐臨江，同時立即監視這群偽滿皇族。俄軍最初命令他們獻出一切藥品，隨後又說司令部的官長要毛毯，所以把他們的被蓋都搶光了，最後則向這群皇族作最徹底的搜查！

又經過了無數驚駭，第二年初，共軍司令部通知「皇族」，說有到通化的卡車可以搭乘，於是嵯峨浩母女便被送到通化共軍司令部，被關在公安局的二樓上。第二天開始嚴格的問話，還檢查身體，最後被命令寫冗長的自傳。

嵯峨浩母女經歷了一段最悲慘的生活，幸而她母女倆以日本人的身份，終獲得共軍釋放。

嵯峨在北京見到了家翁

嵯峨浩最後命運的轉機，是從她離開佳木斯開始的。

她們到達了哈爾濱！

在哈爾濱，她們和押送的共軍分手，這一群漏網之魚，可真有些不擇路，於是她們竟投奔一間寺廟裡暫住。這一群人由於飲食不正常，又缺乏營養，她們患的赤痢一直沒有好，身體非常衰弱。

這時候，哈爾濱雖然有中共軍，但國軍的情報人員很活躍，也可以公開活動，嵯峨浩不知道國軍對她們是什麼態度，所以也很怕落在國軍手中。

嵯峨浩因為醫藥需要，遂由寺廟搬到哈爾濱的「日本人會」居住，並化名「濱口」，偽裝是一個開墾團團員的太太。可是不久仍被國軍情報人員發現她是溥傑的太太，乃把她母女引渡了過去。

這次她母女倆乘坐運煤的無篷車，經過國軍和中共軍對峙的地帶，然後改乘火車到錦州。這時錦州尚在國軍手中，嵯峨浩接受一位李上校的訪問後，然後將她母女倆轉運到葫盧島，又被軟禁在上海日本戰犯管理所所長鄒任之少將家中；在那兒她遇見了一位前日本海軍上校木村正治，他受僱在國軍中服務。木村知道嵯峨浩的經過，自願向葫蘆島司令官何世禮中將請求釋放她們母女，不料當時何將軍適因公到南京去了，所以不得要領。木村無可奈何，只好送她母女一筆錢作生活費。

稍後，嵯峨浩母女終於被送到北京，仍被軟禁在市郊一個旅館內，她嘗試偷偷的和醇親王府通電話，告訴王府說她現已抵達北京，卻不敢說住在何處。可是第二天她母女被允許前往王府探候家人，日本戰犯管理所長鄒任之派副官用汽軍送她們，汽車穿過東安市場，最後進入王府，王府的侍僕照舊出來跪迎，溥傑的異母弟弟也跑出來大叫：「嫂嫂，您好啊，歡迎您回來！」

「攝政王」載灃已很衰弱，見到媳婦就問溥儀、溥傑和婉容的消息？嵯峨浩不敢把婉容的慘死講出來，當載灃知道嵯峨浩是俘虜身份時，大吃一驚，乃給了她一筆路費，叮囑她們一旦恢復自由，趕快回到王府來。

俘虜母女在家翁的王府中享受了一段短暫快樂的時間，她和家人一塊吃包餅，喝雞湯，大家搶著做吃的東西給她們母女，那都是很久沒有吃過的東西了。

搭上了最後一班遣俘船

幾天之後，嵯峨浩母女被指定附搭國軍運輸機離開北京，轉押至上海，抵上海後即寄身於日本俘虜收容所。

這時候，有許多日本人在致力於促成她們母女由上海遣返日本的計劃，一方面透過當時還在南京擔任聯絡的岡村寧次大將，正式向國府要求；另一方面想以秘密方式偷運她母女上船。據說國府同意她母女返日，但是有一個條件：必須保守秘密，不能公開她的身份，即使是回到日本以後也不能公開，如果她返日消息洩露，則將立刻把她送回中國來。

當她母女上船返日時還有一場虛驚，因為她們在頭一天由一名前日軍上尉田中徹雄接出去，她的女兒嫮生化裝成一個男孩子；怎知上船時卻遇見了戰犯管理所長鄒任之，他勸嵯峨浩改乘飛機回去。嵯峨浩怕又有變化，所以堅持要上船。這是最後一班遣俘船，十分擁擠，嵯峨浩在甲板上凝視著即將告別的中國，她的心情既複雜又沉重，一方面在經歷了顛沛苦難，為了即將回到自己娘家而高興；另一方面則是毫無丈夫溥傑的消息，夫妻何年何日方能重聚？渺不可知。在她日記上這樣寫著：「在大陸，從甲午戰爭以來流過好多中國人和日本人的血，為什麼日本不能對中國友好相處？我有慧生和生兩個小女孩，是日本和中國的混血兒。對！我回日本之後，要嚴格教育這兩個女兒，準備做將來中國和日本的橋樑，慧生和嫮生擔負得起這個使命的。我雖然是中國人的太太，但是我放心不下留在日本的大女兒慧生，也就是這個原因我才上船的。我沒有達成中日親善的使命，為了悼念因戰爭而死亡的無數人的靈魂，我一定要我女兒來繼承我的使命。」

在充滿了歡喜和憂愁中，嵯峨浩母女搭乘的遣俘船，由上海駛入日本九州的佐世保。日本，戰敗又破碎，在盟國的佔領下，一切都是悲慘的。山河依舊，人事全非，嵯峨浩的祖父、外祖父、和舅父，都已不在人世，在赤坂的娘家巨宅，已經燒光，外祖母所住的大崎濱口邸，則被英國領事館接收，不過嵯峨浩的父母和弟妹則尚健在，她的大女兒慧生也長大了。

山河雖依舊人事已全非

一家人見面時，相對黯然，雖然為了彼此劫後重逢而欣慰，可是卻有許多憂愁的陰影。在這種場合中，由於慧生一句話而又使大家笑了起來，她說：「我以為媽媽和妹妹在滿洲山裡給老虎吃掉了哩！」

彼時，嵯峨浩和嫮生便也寄住在東橫線（東京到橫濱的電車線）上日吉的娘家了。

溥傑的長女慧生在日本東京高馬場的學習院上學，每天早晨六時就由女傭或是慧生的外祖母陪著搭電車前往學校，因為遲了便趕不上車，戰敗後的日本交通情形破爛而擁擠，慧生這女孩子又聰明又有幽默感，有一天她指著東橫線的英文縮寫「T、K、K」問她的母親：「媽媽，你知道那三個字的意思嗎？」

嵯峨浩回答說是：「東京快車股份有限公司」的英文第一字母呀。

慧生卻笑著說：「不對，那是 Tottemo Konde Komarunoyo（日語說擠得沒有辦法的意思）的第一個字母啊！」

溥傑的次女嫮生也開始上學，參加學習院初等科的考試，考試官口試時問她：「妳以前在那兒？」她毫不遲疑地，充滿天真爛漫的說：「在監獄。」把考試官嚇了一大跳！

其實這也難怪，這個可憐的小女孩，在她幼稚的心靈上，只有吉林、延吉、佳木斯，不停的監獄生活，充滿了可怕的記憶。

母女慶重逢太后曾召見

這時候的日本貴族學習院，財政困難，校舍也破舊不堪，教室中沒有取暖設備，上課時學生要戴手套、穿大衣。

一般家庭的糧食也很缺乏，嵯峨家以包米粉、麵粉、馬鈴薯為主食，嵯峨侯爵夫妻以種菜養雞來補充嵯峨母女三人的營養。她們母女常常去拔草、採野芹和蕨作為菜蔬。

慧生從小就是個很懂事而又可愛的小孩，整天，她一個人可以在房裡看圖書或愛撫小貓、小鴨。有一次她飼養的小鴨，在夜間給黃鼠狼咬死了，她哭著替它們做墳墓……她是個心很軟的小孩。

她還記得溥傑曾答允在她長大後，送一隻名貴的提琴給她，有一次她對母親提起這件事，母親為了要達成她的願望，便把她誕生時熙洽贈送給她的首飾拿去變賣，然後買了一隻新的小提琴。慧生得到提琴後，歡喜得跳起來，她日夜練習提琴，想做一個有名的提琴家。

她們母女相依為命，雖然艱苦，卻很快樂，唯一遺憾的是溥傑依然不知下落。

日皇裕仁的母后貞明太后在她的宮中召見嵯峨浩，由曾任偽滿宮內府次長的鹿兒島陪同。皇太后的宮殿當時已為戰火燒燬，顯得一片荒涼。她見到嵯峨浩，劫後重逢，用慈祥溫婉的態度說：「我真高興妳平安的回來，這一趟太苦妳了，妳的丈夫有沒有音訊？還有『滿洲皇帝』呢？有沒有他的消息？日本不能只利用他，困難時也應該幫助他才對。」說至此處，皇太后嘆了一口氣，繼續說：「當然，日本現在的處境也很困難。」

這次進謁，皇太后很高興，並留嵯峨浩吃飯，親手替她倒酒，臨行時還賞賜許多盒子裝的菜，還給許多衣料，有可以為慧生和嫮生做制服的羊毛衣料。由於那時物資缺乏，這些賞賜便顯得貴重。

偽滿一批金條運日失踪

嵯峨浩又知道一項秘密，就是溥儀當日本宣佈無條件投降、偽滿洲國跟著垮台時，原擬逃往日本，曾秘令偽滿中央銀行總裁偷運一批金條來日。她因為生計困難，便托鹿兒島去找那位保藏金條的總裁求助。這位總裁既沒有承認、也沒有否認，可是答覆時口氣非常曖昧。鹿兒島當時也不便深究下去，恐怕引起其他麻煩，諸如：對嵯峨浩不利，或引起中國方面索取這些金條。不久之後，鹿兒島因年事已高，一病不起，索取金條的事也告中止。

可是，嵯峨浩卻的確知道有這回事，這些金條當時約值四億日幣，是由偽滿中央銀行總裁用飛機在俄軍進入長春前運到日本的，不過當時搬運這些金條有關係的人，事後都被槍斃，甚至連總裁的秘書也被暗殺；不過，還有一個飛機駕駛員就是駕駛運金條飛機的，還活在人間，住在九州，嵯峨浩想請他來作證人，他卻不敢，他認為接觸到這件事，生命會有危險的。

但可肯定的說，這批金條確已運入日本，為了怕人索取，日本方面對此事保持高度的沉默。

溥傑從伯力寄來明信片

一九五一年四月，嵯峨浩在日本突然接到從俄國寄來的一張明信片，這是溥傑經過俄國紅十字會寄出的家書，寫給她們母女三人。溥傑是從偽滿總務長官武部口中得到她母女們的消息，武部亦在俄境被扣押，曾被送到日本戰犯法庭作證，所以聽到嵯峨浩返日的消息。

從這短短的明信片裡，溥傑說他和溥儀是住在俄境西伯利亞的伯力「日滿將官收容所」中。溥傑並寫著：「請妳們努力讀書，保重身體，鼓起勇氣等著！」最後一句的末二字當然含有深意，「等著」自然是等他們一家重逢和團聚，這恐怕是溥傑那時唯一的希望了。

母女三人得到這封家信，捧著唸著，真是視同至寶，同時她們立刻寫回信，簡單的敘述她們的近況，這封信不知經過了多少時間才到溥傑手中，可是卻好久好久沒有收到溥傑回信。

但是，漸漸的，有戰俘從俄國遣返日本，因此溥儀和溥傑的消息也陸續傳來了許多。據說：溥傑在收容所中教日本軍官的中國話，溥儀則沒有和日本人往來，這位「皇帝」被羈囚於伯力將官收容所是一九四六年七月五日的事，他住的是一號房，是一間俄人辦公室，兩年後又移到九號房，跟偽滿大臣們一同起居，他常常著木屐在菜園中種胡瓜、豌豆和蕃茄。

西伯利亞是不毛之地，伯力尤其貧瘠，這地方沒有菜，只吃得到脫水蔬果和羊肉，很多人因為缺乏維他命而死亡，很多人因受不起精神痛苦而自戕，有的人則為自己而出賣其他的囚犯。溥儀還好，可是大家卻傳他在鬧同性戀，這個毛病是他在清宮時就有的。

慧生寫信給周恩來求助

使嵯峨浩母女最感痛苦的，便是每一批由俄境遣返的戰俘，都是衣服破爛，瘦骨嶙峋，形容憔悴，看起來十分可憐。她們有一次看到由俄遣返的前日本首相近衛文麿之子近衛文隆，也是一樣的非復人形！

後來，俄境遣俘返日的工作告一段落，於是，再沒有人從西伯利亞回來了，她們便無法再能知道溥儀和溥傑的消息。但有來自中國大陸的消息，說溥儀已被送回東北，在中共的「戰犯」管理所中，而溥傑則沒有下落。

韓戰發生後，溥傑夫婦更無法連絡得上，由於聽說溥儀已在撫順「戰犯」管理所，所以推想溥傑可能也在那兒。寫信投到撫順毫無消息，投到北京醇王府，也沒有回信，後來有一個與醇親王家有親戚關係的日籍美國人到東京去探望嵯峨浩，因此她們母女得到了許多消息，諸如：「攝政王」載灃已把醇親王府賣了，把財產分給了溥傑的弟妹們，載灃則搬往從前滿清大臣的一處房屋居住；但卻沒有溥傑的真實下落。

嵯峨浩母女不放棄希望，繼續設法打聽溥傑的消息息，她們向中共紅十字會和瑞士的紅十字會總部要求，請透過國際紅十字會給他們援助，可是仍毫無結果。

慧生漸漸的長大了，她留著長辮子，對人和藹，既聰明、又美麗，她有文學的修養，又有音樂的天才，而更難得的是，她有一片純潔偉大的孝心。她從小就離開母親，寄養在外婆家，可是她對父親特別想念，當她和母親尋找父親下落的一切努力都已失敗後，她並不失望，有一天她忽發奇想，看見報上有中共「總理」周恩來的名字，她於是偷偷的寫了一封信給周恩來，信上的大意是：「……雖然思想不同，但是父女的愛情總是不變的。如果您有小孩的話，應該知道我對父親的心情。我們不曉得給親愛的父親寫了多少次信，照片也寄過好幾次，但是總得不到回信，傷心得很！請您把這封信和照片送到我父親的手裡。……」

也許是一個奇蹟，由於慧生這個大膽的嘗試，竟使他們夫婦父女之間已中斷的連繫恢復了！溥傑有了回信從撫順「戰犯」管理所寄到日本紅十字會轉交，這個家庭有了春天。自從她們有了溥傑的消息後，她們的快樂是無法形容的。

嵯峨浩對女兒的寫信給周恩來，有極深刻的印象，了解她有敢作敢為的魄力，也感到她已長大了。很多時候慧生會用如下的語句，安慰她的母親：「我覺得我的父親一直是過著精神上不自由的生活，這種生活多麼不幸，所以我們自己如果有什麼不舒暢、不愉快的事，可以想想自己父親的處境，便一切都能夠忍受了。」

她這種深邃的思想，完全是中國儒家傳統的「恕」和「忍」。

是學習院國文科高材生

最令嵯峨浩值得安慰的，是慧生和嫮生兩姊妹都很用功，好學不倦。慧生在女子部一年級時，曾以「讀少年維特之煩惱」的書評，使國文老師大為驚嘆。由於她只看書而不運動，故被醫生提議每天要打針。

唸初中時，這位中日混血郡主的書架上，除中國古典文學和詩詞外，還有林語堂的《京華烟雲》、熊彼得的《資本主義、社會主義、民主主義》、岩村三千夫的《三民主義和現代中國》、《希臘神話》、《中國》、《凱因斯的經濟》等書，她一方面對哲學有興趣，同時另一方面又想研究中國的社會情況。

這時候有一位中國教授應東京大學之聘到日本講學，可是竟被一部份學生反抗，因而辭職。他名叫伍俶，在澀谷住了下來，並在家中教授中國文學。於是嵯峨浩便帶慧生去請教，自此便由伍老師教她中國文學和哲學，另由山井湧先生教她中國話。她的中國話進步得很快，國語影片《清宮秘史》在日本上映時，慧生陪母親去看，已能全部聽得懂。由於想一溫皇族的家史，她讀了《清朝三百年史》、莊士頓的《紫禁城的黃昏》、德齡公主的《御香飄渺錄》，還讀過《三國演義》和《紅樓夢》。

中學唸完後，慧生本想投考東京大學的中國哲學系，因為這一系沒有女生，所以仍繼續唸學習院大學的國文科。在大學一年級時，班上曾選「從你同學裡選擇未來理想的丈夫和妻子」，結果女生是由慧生當選，她回到家裡時對媽媽說：「太難為情了，我竟是同學心目中理想的妻子呢！」

溥心畬訪日本欣逢姪女

當慧生在高中時，曾過了一段很歡樂的日子，便是陪伴來自台灣的堂伯父溥儒（心畬）。溥儒和溥傑是堂兄弟，他是小恭親王溥偉的弟弟，也是近代著名的書畫家，嵯峨浩母女得到當時中國駐日大使館的通知，曾趕到羽田機場去迎接溥儒，他們劫後相見，高興極了。原來他們在北京曾見過，那時慧生才三歲，嵯峨浩曾攜慧生到北京萬壽山去拜望過他。分別已十多年了。

溥儒在東京時，住在東京西南郊目黑區，慧生常去陪伴他，陪他到市區遊覽，替他擔任日語通譯；有一次慧生陪他伯父溥儒去遊玩東橫百貨公司，在這間公司的屋頂上看猴子，也許因為溥儒穿了中國長袍，日本猴子感到很新奇，所以它抓住了溥儒的長袍衫角不放，害得慧生在一旁拉扯，又扯不過來，還是其他遊客來幫忙才能拉開。在商店中曾有店員問慧生和溥儒是不是父女？慧生回家後對著鏡子顧影自問：「真的我像伯父嗎？」

溥儒曾給慧生取了一個名字叫「佩英」。自此以後，慧生更中國化了，她喜歡穿中國旗袍，並且講標準的國語，而且最喜歡吃餃子，每逢生日總說：「只要有餃子吃就好了。」她並不考究新衣服，不講美飾，對媽媽很崇拜。她有時笑著對嵯峨浩說：「媽媽真了不起，過海嫁到陌生的滿洲去，我就恐怕沒有這種勇氣。」又說：「媽媽真是一位貞女，經過這麼多折磨和苦難，還要忍受和爸爸分離的痛苦，忍受著一切，相信媽媽終有一天會和爸爸重逢，媽媽實在偉大！」

在溥儒回台北後，伍俶教授也回香港去了，接著是對她母女很關心的貞明太后（裕仁母親）以及秩父宮（裕仁的兄弟）亦皆先後去世，這對嵯峨浩來說，確是很淒涼的。

溥儀與溥傑仍覇留撫順

像慧生這樣的女孩子，自然易被男同學所追求，其中有一個是日本東北部來的，常向慧生借筆記去抄，又儘量找機會死釘她。慧生把這事告訴母親和外祖母，兩位老人家都不大贊成，因此外祖母便要慧生和這同學斷絕往來。慧生把這話告訴了那個同學，他竟然大失所望，剃光了頭到神奈縣三溥半島鎌倉的圓覺寺去坐禪，可是坐了沒幾天又回學校上課，他說：「我從癡想中醒悟了。」慧生回家把這一段故事告訴外祖母和母親，她並笑著說：「大學裡也有這種前世紀的遺物！」

由於不斷有同學追求慧生，還有人向嵯峨家提親，使嵯峨浩不堪其擾，所以就寫信給溥傑，詢問他對於慧生婚姻的意見。溥傑很快就有回信，他說：「慧女婚事完全照她自己意思好了，長輩當然也應該給她提供一點意見。我想慧生看中的人一定不會錯的，我也託人物色合適的人家。…」

慧生得到她父親的信，高興得跳起來，她叫著說：「父親是世界上最能了解我的人，真是最好的人。」

可是，她這個時候，對結婚並不感興趣，並且對男同學的追求很感煩惱。她曾嘆息的說：「為什麼男女之間沒有友情？我與男同學接近，是想和他們交換知識，怎知卻被他們誤會這是愛情，真是頭痛萬分！」

當伍俶先生回香港後，慧生非常傷感，感到自己像是一隻失去舵而漂流在江湖上的小舟，她給父親寫信時也是這麼說。以後她們母女徵得溥傑的同意，邀請一位與慈禧太后有親戚關係的景嘉先生來代替伍俶先生，景嘉還為她們教授清宮的食譜。

慧生大學二年級時，傳來溥傑在撫順「戰犯」管理所將被釋放的消息。溥傑來信也透露樂觀的口氣，他說：「妳們隨時可以準備回來，不過慧生則以在日本讀完大學再回來。」後來被證實，獲釋的只是三格格的丈夫郭潤麟和五格格的丈夫華嘉熙兩位，而溥儀和溥傑則仍在撫順羈留中。

小恭親王溥偉來信報告一個噩耗，便是攝政王載灃去世了，同時也提到希望嵯峨浩母女早點到北京去，已替她們準備了房子。

殉情前曾給老師一封信

嵯峨浩——溥傑的夫人，溥儀的弟婦，她的一生象徵了中日兩民族不幸的命運，這裡面有陰謀、野心、戰爭、愛情和家族血統的交融。但更不幸的是：她的女兒慧生於一九五七年十二月四日和日籍同學大久保武道同時失蹤，到十二月十日才發現他倆的屍體並肩躺在距東京以北約九十英里的伊豆半島的天城山中。

這對小情侶，女的才十九歲，男的廿歲，因熱戀被雙方家長反對，遂採取日本的傳統方式，以殉情來結束這齣愛情的悲劇。這樁悲劇最動人的緣故是：女主角是偽滿的郡主；男主角是一個世家子弟，他的父親大久保彌三郎，是日本一家規模很大的私營鐵路公司——青森縣南部鐵路會社的董事長。

他們同在學習院大學續書（這是一所貴族學校，昭和的公主義宮、清宮都和他們是同學）。當他們知道雙方家長反對他們的婚姻後，一同離開家庭，遺書說希望在「天上尋求永恆的歡樂」，然後到僻靜的天城山，由大久保用手槍對準他愛人的頭部開了一槍，然後又以第二顆子彈結束了自己的生命。

「郡主」出走那天，曾有一封類似遺書的信留給學習院大學教授穗積五一，她在信上說：「……關於我們的事，我根本不願告訴任何人的，不過，對老師似乎不能這樣做，你對我實在太好了。大久保正為著他父親的頑固而苦惱，我雖曾屢次勸解過他，犯不著那麼庸人自擾；但漸漸地，我卻給他的話打動了，我不能不承認他的話有理由，而我的一套想法是錯誤了。我勸過他不要求死；但他的意志卻那麼堅決，我怎能讓他獨自去那樣做呢？我的苦衷，除了老師以外，再沒有第二個人會明白的。老師，這件事就讓你一個人藏在心底深處吧！」

謫紅塵傷心徒喚奈何天

老師收到這個心愛的女學生的信後，大吃一驚，馬上打長途電話給住在橫濱的嵯峨浩，但已來不及了，因為慧生已和大久保出走了。

他們的戀愛開始於一九五六年秋天，大久保第一眼看見慧生就產生了愛。他不久去慧生家，被她家人拒於客廳，大久保堅持不肯走，硬要見慧生，使嵯峨浩對大久保留有一個惡劣印象；而大久保的父親也反對這件事。只有他們的老師穗積五一關心他們。

他們的殉情事件，在當時使很多日本男女青年流下同情之淚；但最傷心的則是慧生的母親。

慧生和大久保殉情而死是無疑問的，但慧生可能是勉強的同意。檢查現場，慧生的右頰有槍彈擦過而有很深的創傷，戴戒指的右手無名指下，遺下的紙包裡，留有慧生的頭髮和用齒咬斷的指甲。據說手槍共開了四發，中了兩發。從登山口起，就有撕破的學習院大學生手冊，一路往上去都有發現。

也許這對小情侶是上山後才決定殉情的，因為在天城山上他們搭過的公共汽車司機曾聽到慧生對大久保說：「到這裡就好了，很晚了，我們回去吧！」她下車時還問過回程汽車的時間。

自慧生的女同學口中，可以證明慧生對大久保的愛情煩惱已久，因為大久保夏慧生愛得發狂，獨佔慾又強，每次慧生和別的男同學講話，大久保就會指責她說：「你為什麼跟這人那麼親熱？如果下次再跟他講話，我就把你們倆都毀掉。」慧生個性也強，總是輕輕的對他說：「你沒有權利來管我。」當大久保發覺另一個男同學也在追求慧生時，便宣稱要和這個男同學決鬥。

有家日本報紙對於這個殉情案的描寫說：「最後慧生想說服大久保，反而被大久保的熱情所克服，涉世未深的慧生，終於被拖進枉死城。」

這位有中日兩民族混合血液的偽滿郡主，聰明好學，大家都很喜愛她，不幸跳不出情網，殉情而死。一位中國詩人曾在她的墳前獻了下面一首小詩：

小謫紅塵二十年，傷心徒喚奈何天；
而今忽向瑤池去，不逐春風化杜鵑！

血歷史228　PC1067

新銳文創
INDEPENDENT & UNIQUE

晚清遺事　續編

原　著	高伯雨等
主　編	蔡登山
責任編輯	夏天安
圖文排版	黃莉珊
封面設計	劉肇昇

出版策劃	新銳文創
發行人	宋政坤
法律顧問	毛國樑　律師
製作發行	秀威資訊科技股份有限公司 114 台北市內湖區瑞光路76巷65號1樓 電話：+886-2-2796-3638　傳真：+886-2-2796-1377 服務信箱：service@showwe.com.tw http://www.showwe.com.tw
郵政劃撥	19563868　戶名：秀威資訊科技股份有限公司
展售門市	國家書店【松江門市】 104 台北市中山區松江路209號1樓 電話：+886-2-2518-0207　傳真：+886-2-2518-0778
網路訂購	秀威網路書店：https://store.showwe.tw 國家網路書店：https://www.govbooks.com.tw

出版日期	2022年9月　BOD一版
定　價	430元

版權所有・翻印必究（本書如有缺頁、破損或裝訂錯誤，請寄回更換）
Copyright © 2022 by Showwe Information Co., Ltd.
All Rights Reserved

Printed in Taiwan

國家圖書館出版品預行編目

晚清遺事. 續編 / 高伯雨等著 ; 蔡登山主編. -- 一版. -- 臺北市 : 新銳文創, 2022.09

面 ; 公分. -- (血歷史 ; 228)

BOD版

ISBN 978-626-7128-30-5(平裝)

1.CST: 晚清史 2.CST: 近代史 3.CST: 通俗史話

627.6 111010147